Kohlhammer

Praxis Heilpädagogik – Grundlagen

Herausgegeben von
Heinrich Greving

René Wenk
Antje Groth-Simonides

Rechtliche Grundlagen in der Heilpädagogik

Verlag W. Kohlhammer

1. Auflage 2017

Alle Rechte vorbehalten
© W. Kohlhammer GmbH, Stuttgart
Gesamtherstellung: W. Kohlhammer GmbH, Stuttgart

Print:
ISBN 978-3-17-028606-1

E-Book-Formate:
pdf: ISBN 978-3-17-028607-8
epub: ISBN 978-3-17-028608-5
mobi: ISBN 978-3-17-028609-2

Inhalt

Vorwort

»Trocken« ist das am meisten genannte Adjektiv, welches von Studierenden sowie Teilnehmerinnen/Teilnehmern von Aus-, Fort- und Weiterbildungen genannt wird, wenn wir fragen, welche Erfahrungen diese mit dem Unterrichtsfach »Recht in der Heilpädagogik« gemacht haben.

Unser ambitioniertes Ziel ist es, die rechtlichen Grundlagen der Heilpädagogik in diesem Buch weniger »trocken«, sondern vielmehr sehr praxisnah, praxisrelevant und leicht verständlich darzulegen. Hierfür haben wir verschiedene inhaltliche Schwerpunkte gesetzt, die sich – wie ein »roter Faden« – durch dieses Buch ziehen.

Besonders wichtig erscheint es uns, dass sich das Buch hierfür speziell an den Berufs- und Handlungsfeldern der Heilpädagogik – respektive der Heilpädagoginnen und Heilpädagogen – orientiert.[1] Die Berufs- und Handlungsfelder (Dieckmann, 2009, 52 ff.), in denen der größte Teil der ausgebildeten und studierten Heilpädagoginnen arbeitet, sind:

- integrativ und/oder inklusiv arbeitende Kindertageseinrichtungen/Kindertagesstätten (sogenannte I-Kitas)
- interdisziplinäre Frühförderstellen (IFF) und/oder Sozialpädiatrische Zentren (SPZ)
- Einrichtungen der stationären Kinder- und Jugendhilfe, hier heilpädagogische Kinder- und Jugendheime
- Wohneinrichtungen der vollstationären Behindertenhilfe.

Natürlich gibt es weitere Berufs- und Handlungsfelder, in denen Heilpädagoginnen beschäftigt sind. Zu nennen wären:

- Beratungsstellen der Kinder- und Jugendhilfe, welche oftmals zusammengefasst im Sinne des § 18 in Verbindung mit § 28 Sozialgesetzbuch VIII (Kinder- und Jugendhilfegesetz) – nachfolgend SGB abgekürzt – als »Ehe-, Familien- und Erziehungsberatungsstellen« zu finden sind.

---

1 Der Einfachheit halber und der Lesefreundlichkeit wegen werden wir künftig nur noch die weibliche Berufsbezeichnung verwenden, da der Großteil dieser Berufsgruppe weiblich ist.

§ 18 SGB VIII »Beratung und Unterstützung bei der Ausübung der Personensorge und des Umgangsrechts«

(1) Mütter und Väter, die allein für ein Kind oder einen Jugendlichen zu sorgen haben oder tatsächlich sorgen, haben Anspruch auf Beratung und Unterstützung
1. bei der Ausübung der Personensorge einschließlich der Geltendmachung von Unterhalts- oder Unterhaltsersatzansprüchen des Kindes oder Jugendlichen,
2. bei der Geltendmachung ihrer Unterhaltsansprüche nach § 1615l des Bürgerlichen Gesetzbuchs.

(2) Mütter und Väter, die mit dem anderen Elternteil nicht verheiratet sind, haben Anspruch auf Beratung über die Abgabe einer Sorgeerklärung und die Möglichkeit der gerichtlichen Übertragung der gemeinsamen elterlichen Sorge.

(3) Kinder und Jugendliche haben Anspruch auf Beratung und Unterstützung bei der Ausübung des Umgangsrechts nach § 1684 Absatz 1 des Bürgerlichen Gesetzbuchs. Sie sollen darin unterstützt werden, dass die Personen, die nach Maßgabe der §§ 1684, 1685 und 1686a des Bürgerlichen Gesetzbuchs zum Umgang mit ihnen berechtigt sind, von diesem Recht zu ihrem Wohl Gebrauch machen. Eltern, andere Umgangsberechtigte sowie Personen, in deren Obhut sich das Kind befindet, haben Anspruch auf Beratung und Unterstützung bei der Ausübung des Umgangsrechts. Bei der Befugnis, Auskunft über die persönlichen Verhältnisse des Kindes zu verlangen, bei der Herstellung von Umgangskontakten und bei der Ausführung gerichtlicher oder vereinbarter Umgangsregelungen soll vermittelt und in geeigneten Fällen Hilfestellung geleistet werden.

§ 28 SGB VIII »Erziehungsberatung«

Erziehungsberatungsstellen und andere Beratungsdienste und -einrichtungen sollen Kinder, Jugendliche, Eltern und andere Erziehungsberechtigte bei der Klärung und Bewältigung individueller und familienbezogener Probleme und der zugrunde liegenden Faktoren, bei der Lösung von Erziehungsfragen sowie bei Trennung und Scheidung unterstützen. Dabei sollen Fachkräfte verschiedener Fachrichtungen zusammenwirken, die mit unterschiedlichen methodischen Ansätzen vertraut sind.

- Auch Einrichtungen der Geragogik (Altenhilfe) beschäftigen Heilpädagoginnen, hier größtenteils als sogenannte »zusätzliche Betreuungskraft« im Sinne des § 87b SGB XI (Soziale Pflegeversicherung) für die Versorgung (zum Beispiel in Form von Freizeitbeschäftigung in einem tagestrukturierenden Angebot) von psychisch kranken Menschen, Menschen mit Demenz und Menschen mit mentalen (geistigen) Behinderungen in stationären Pflegeeinrichtungen.

Als weitere Berufs- und Handlungsfelder der Heilpädagogik seien hier noch die Lehre (schulische Ausbildung) zum Beispiel in einer Fachschule für Heilerziehungspfleger/innen und/oder die Möglichkeit, als selbstständige Heilpädagogin zu arbeiten, genannt. Die beiden zuvor genannten Felder eint, dass es überwiegend rechtliche Regelungen der einzelnen Bundesländer gibt, die diese zulassen.

Wir werden uns in diesem Buch im ersten Schwerpunkt auf die vier zuvor genannten Berufs- und Handlungsfelder konzentrieren, in denen die meisten der Heilpädagoginnen arbeiten. Ausgewählte Fallbeispiele aus der heilpädagogischen Praxis (Kapitel 4) des jeweiligen Berufs- und Handlungsfeldes sollen ergänzen.

Eine wichtige rechtliche Grundlage der Heilpädagogik ist, dass die Einrichtungen der Kinder- und Jugendhilfe, der Frühförderung und der Behindertenhilfe gesetzlich verpflichtet sind, »Qualität« zu sichern und weiterzuentwickeln. Diese Verpflichtung ergibt sich unter anderem aus § 22a, Abs. 1 SGB VIII, § 78a, Abs. 1 SGB VIII, § 20 SGB IX in Verbindung mit § 135a SGB V sowie § 75, Abs. 3 SGB XII.

Qualität unterteilt sich in drei Dimensionen (Eitle, 2012, 278 ff.), der sogenannten »Strukturqualität«, »Prozessqualität« und der »Ergebnisqualität«. Die »Strukturqualität« beschreibt die strukturellen Voraussetzungen, die notwendig sind, um eine heilpädagogische Dienstleistung zu erbringen. Strukturelle Voraussetzungen sind neben dem Menschenbild, welches die Einrichtung präferiert, dem (qualifizierten) Personal auch die konzeptionellen Schwerpunkte und die konzeptionelle Ausrichtung der Einrichtung, in der Heilpädagoginnen beschäftigt sind. Diesen Teil der »Strukturqualität« kann man allgemeinhin als »Konzeptqualität« bezeichnen.

»Prozessqualität« hingegen beschreibt, mit welchen Mitteln und Methoden ein heilpädagogisch angestrebtes Ziel (z. B. welche Form der Förderung) erreicht werden soll. Es erklärt sich von selbst, dass die konzeptionelle Ausrichtung als Teil der »Strukturqualität« gleichwohl d'accord sein muss mit den Mitteln und Methoden der genannten und einrichtungsspezifischen »Prozessqualität«.

Als »Ergebnisqualität« ist lediglich der Zielerreichungsgrad zum Beispiel der Fördereinheit definiert.

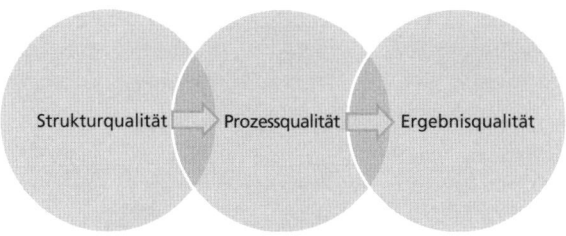

Abb. 1: Drei Dimensionen der Qualität (nach Eitle, 2012)

In der Fachzeitschrift »Vierteljahresschrift für Heilpädagogik und ihre Nachbargebiete« (VHN) appelliert Otto Speck eindringlich, dass Heilpädagogik sich dem

Thema »Qualität/Qualitätsentwicklung in heilpädagogischen Einrichtungen« verstärkt annehmen muss und es inhaltlich ausgestalten sollte (Speck, 2000, 240 ff.). Daraus ergibt sich ein weiterer wichtiger Schwerpunkt dieses Buches. Neben dem Darlegen und Erläutern der rechtlichen Bedingungen in den jeweiligen heilpädagogischen Berufs- und Handlungsfeldern werden auch ergänzende, konzeptionell-inhaltliche Hinweise für eine – vom Gesetzgeber geforderte – Qualitätsentwicklung aufgezeigt.

Beispiel

Der Gesetzgeber verlangt im § 11, Punkt 2 des Heimgesetzes (HeimG), dass volljährige Menschen mit Behinderung in vollstationären Einrichtungen der Behindertenhilfe (hier: »Heim«) einen rechtlichen Anspruch auf »sozialpädagogische Betreuung *und heilpädagogische* Förderung« haben. Welche Möglichkeiten und Methoden Heilpädagoginnen in solchen »Heimen« haben und anwenden, soll dargestellt werden.

Was »heilpädagogische Förderung« in einer vollstationären Wohneinrichtung für erwachsene Menschen mit Behinderung bedeuten kann, wird im Kapitel 4.4 erläutert.

Zur Gliederung des Buches

Es liegt in der Natur der Sache, dass wir im ersten Kapitel unter der Überschrift *»Heilpädagogik zwischen Assistenz und Anwaltschaft«* auf die geschichtliche Verantwortung und die Definition der Heilpädagogik, auch im Kontext zum Themengebiet »Recht«, eingehen werden.

Im zweiten Kapitel werden wir allgemeine rechtliche Grundlagen darstellen und uns dabei einem Konstrukt bedienen, welches wir »Rechtsdreieck für Heilpädagoginnen« nennen. Dieses Modell soll sich als roter Faden durch das Buch ziehen.

Eine Darstellung der rechtlichen und konzeptionellen Aspekte der Berufs- und Handlungsfelder (Integrationskindertagesstätten, Frühfördereinrichtungen, Kinderheime der Jugendhilfe und Einrichtungen der Behindertenhilfe), in denen die meisten bundesdeutschen Heilpädagoginnen arbeiten, wird das dritte Kapitel in diesem Buch beinhalten.

»In der heilpädagogischen Arbeit steht man doch stets mit einem Bein im Gefängnis« ist eine häufig gehörte Aussage von Heilpädagoginnen. Dass dem nicht so ist, wird im vierten Kapitel erläutert.

Heilpädagoginnen befinden sich zumeist in einem arbeitsrechtlichen Verhältnis. Das vorletzte Kapitel des Buches wird die wesentlichen Aspekte des Arbeitsrechts behandeln.

1 Heilpädagogik zwischen Assistenz und Anwaltschaft – Hinführung an ein komplexes Themengebiet

1.1 Heilpädagogik als ganzheitliche (Handlungs-)Wissenschaft

Schon 1925 schrieb Theodor Heller: »Der Begriff ›Heilpädagogik‹ ist keineswegs eindeutig bestimmt« und verwies damit zurecht auf die Unklarheiten und Missverstände, die der Begriff »Heilpädagogik« mit sich bringen kann. Insofern sind eine geschichtliche Betrachtung, eine Definition und eine Darstellung der Heilpädagogik notwendig.

Der Begriff »Heilpädagogik«, begründet von Heinrich Marianus Deinhardt, Jan-Daniel Georgens und Jeanne Marie von Gayette, geht zurück auf das Jahr 1861/1863. Die Pädagogen Deinhardt und Georgens veröffentlichten ihre Erkenntnisse und Beobachtungen zum Thema »Heilpädagogik« in zwei Bänden unter dem Titel *Die Heilpädagogik mit besonderer Berücksichtigung der Idiotie und der Idiotenanstalten* (Georgens/Deinhardt, 1979). Sie betrieben in der Nähe von Wien eine Einrichtung mit dem Namen »Levana« (Bundschuh, 2010, 47 ff.), welche heute einem Wohnheim für Menschen mit mentalen Beeinträchtigungen gleichkommen dürfte.

Ein von Theodor Heller problematisiertes Missverständnis der Heilpädagogik verbirgt sich schon im Namen, genauer gesagt im Wortteil »Heil-«. Allzu oft wird »heil« gedanklich im Sinne eines medizinischen Heilens verwendet. Es ist jedoch dem historisch-deutschen Sprachgebrauch nach von »ganz« abgeleitet.

> **Beispiel**
>
> »Da sind die Verfasser aber heilfroh, dass Sie sich für dieses Fachbuch entschieden haben.«

An dem genannten Beispiel wird deutlich, dass der Begriff »heil« in dem Wort »Heilpädagogik« einen ganzheitlichen Ansatz in der Arbeit mit Menschen verfolgt (Speck, 2003).

Heilpädagogik ist demnach eine ganzheitliche Pädagogik am/für/mit Menschen!

Der heilpädagogische (ganzheitliche) Ansatz und Anspruch verortet sich auf zwei Ebenen:

- der individuellen Ebene in der heilpädagogischen Arbeit und
- der systemischen Ebene in der heilpädagogischen Arbeit.

1.1.1 Zur individuellen Ebene/Betrachtungsweise des Menschen in der Heilpädagogik

Die individuelle Ebene in der heilpädagogischen Arbeit impliziert auch die Annahme der Untrennbarkeit des Körpers, der Seele und des Geistes eines Individuums. Dass der Mensch mehr als die Summe seiner Teile ist, zeigt sich in der heilpädagogischen Arbeit täglich.

Beispiel

Ein neunjähriger Junge erlebt mit seiner Mutter einen Autounfall, die Mutter verstirbt. Der Junge verarbeitet diese traumatischen Erlebnisse nicht bzw. sehr schwer. Er »entwickelt« einen selektiven Mutismus. In diesem Fall spricht der Junge nicht mehr verbal, sondern schreibt alles, was er möchte, auf ein Blatt Papier und zeigt dieses Blatt nur bestimmten, von ihm ausgewählten (subjektiv vertrauenswürdigen) Personen. Es wäre nicht zielführend, mit dem Jungen eine sprachheilpädagogische Behandlung durchzuführen, da man bestenfalls nur die körperlichen (physischen) Symptome behandeln könnte. Die Ursache ist – wie dargestellt – jedoch seelischer (psychischer) Natur, die seine soziale (somit auch geistige) Umwelt, im Sinne von »Kommunikation ist Interaktion« beeinträchtigt.

Beim Selektiven Mutismus (ICD-10: F94.0) zeigen die Kinder nur bestimmten Personen gegenüber eine Sprechverweigerung und wirken ängstlich und gehemmt, unterschwellig oft trotzig und verbohrt (Möller/Laux/Deister, 2005, 454).

Dieser Gedanke, dass der Mensch sich nicht in seine »Einzelteile« aufteilen lässt, unterscheidet die Heilpädagogik bisweilen von medizinisch-therapeutischen Berufen. Diesem »Bio-Psycho-Soziomodell« und der damit einhergehenden Untrennbarkeit findet sich auch in der Definition der Weltgesundheitsorganisation (WHO) zur »Internationalen Klassifikation der Funktionsfähigkeit, Behinderung und Gesundheit« (WHO-ICF) wieder. Der ganzheitliche Ansatz der WHO-ICF einer untrennbaren »Bio-Psycho-Sozio-Einheit« eines Menschen war auch federführend (Deinert/Welti, 2014, 147) für den im Jahr 2001 eingeführten § 2, Abs. 1 im SGB IX. Dort heißt es:

»Menschen sind behindert, wenn ihre körperliche Funktion, geistige Fähigkeit oder seelische Gesundheit mit hoher Wahrscheinlichkeit länger als sechs Monate von dem für das Lebensalter typischen Zustand abweichen und daher ihre Teilhabe am Leben in der Gesellschaft beeinträchtigt ist.«

1.1.2 Zur systemischen Ebene der Heilpädagogik

Ein wesentlicher Wegbereiter des systemischen Denkens ist der Schweizer Uri Bronfenbrenner. In seinem Buch *Die Ökologie der menschlichen Entwicklung* (1981) unterscheidet er vier bzw. fünf Systeme, in denen der Mensch – mehr oder weniger – aktiv teilhat. Das systemische Denken in der Tradition Bronfenbrenners hat sich in den vergangenen dreißig Jahren stetig weiterentwickelt und ist heute für die Heilpädagogik nicht mehr wegzudenken.

Bronfenbrenner benennt vier Systeme, welche synonym auch »Kosmen« genannt werden können: das *Mikrosystem*, das *Mesosystem, Exosystem* und das *Makrosystem*. Ergänzend hinzu kommt das *Chronosystem*.

Das *Mikrosystem* ist ein Lebensbereich (z. B. Familie, Wohngruppe, Schulklasse, Arbeitsstelle etc.), in dem der Mensch durch direkte Interaktion teilnimmt und im Rahmen seiner Möglichkeiten interagiert.

Die nächsthöhere Ordnung nimmt das *Mesosystem* ein. Es ist gekennzeichnet durch die Wechselwirkungen der einzelnen Mikrosysteme, z. B. Kindertagesstätte → elterliches Zuhause, Werkstatt für Menschen mit Behinderung (WfbM) → Wohngruppe für Menschen mit Behinderung etc.

Als *Exosystem* kennzeichnet Bronfenbrenner ein System, das keinen direkten Einfluss mehr auf die unmittelbare Lebenswelt des individuellen Mikrosystems hat. Als Beispiele seien hier genannt: Freundschaften oder Großeltern, die den Eltern in der Erziehung ihrer Kinder zureden, Beschlüsse von Teamsitzungen, die in Wohngruppen eines Kinderheimes umgesetzt werden, etc.

Gesellschaftliche Weltanschauungen und Ideologien, die durch Politik und ggf. Kirche repräsentiert werden, finden sich im sogenannten *Makrosystem*. Beispielhaft sei hier die Integration von Menschen mit Behinderung genannt.

Das *Chronosystem* schließlich repräsentiert die geschichtlichen und paradigmatischen Wandlungen der einzelnen zuvor genannten Systeme, z. B., dass Frauen heutzutage als Arbeitnehmerinnen zum familiären Einkommen beitragen. Im Jahr 1920 war das nahezu undenkbar.

Paul Moor schrieb bereits 1965 in seinem Buch »Heilpädagogik – ein pädagogisches Lehrbuch« wesentliche Grundannahmen des ganzheitlichen (heilpädagogischen) und systemischen Denkens und Handelns der Heilpädagogik in drei Grundsätzen wider:

1. Erst verstehen, dann erziehen.
2. Nicht gegen die Fehler, sondern für das Fehlende.
3. Nicht das Kind ist zu erziehen, sondern sein Umfeld.

Die gedankliche Übereinstimmung der Aussage Moors »Nicht das Kind ist zu erziehen, sondern sein Umfeld« zum systemischen Denken Bronfenbrenners ist naheliegend. Besonders, wenn man die zuvor genannten horizontalen und linearen Einflussfaktoren des jeweiligen Mikrosystems auf die Entwicklungsfähigkeit des Menschen berücksichtigt.

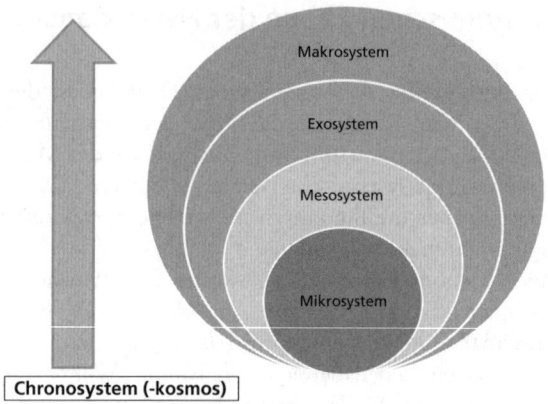

Abb. 2: Systemische Sichtweise der Heilpädagogik (Köhn, 2003, 82 ff.)

Besonders deutlich ergibt sich aus der Aussage Paul Moors »*Nicht das Kind ist zu erziehen, sondern sein Umfeld*« der Auftrag, nicht *nur* mit dem Kind (respektive Klienten), sondern auch mit seinen Eltern (respektive Angehörigen) zu arbeiten. Diese Forderung ergibt sich unter anderem auch aus § 22a, Abs. 2, Punkt 1 des SGB VIII, in dem eine Zusammenarbeit der Fachkräfte in Kindertagesstätten mit den Erziehungsberechtigten gefordert wird.

---

§ 22a SGB VIII »Förderung in Tageseinrichtungen«

(2) Die Träger der öffentlichen Jugendhilfe sollen sicherstellen, dass die Fachkräfte in ihren Einrichtungen zusammenarbeiten

1. mit den Erziehungsberechtigten und Tagespflegepersonen zum Wohl der Kinder und zur Sicherung der Kontinuität des Erziehungsprozesses, [...]

Auch § 5, Abs. 2 der Verordnung zur Früherkennung und Frühförderung behinderter und von Behinderung bedrohter Kinder (Frühförderungsverordnung – FrühV), fordert die Zusammenarbeit mit den Eltern/Erziehungsberechtigten. Heilpädagoginnen sollen die Erziehungsberechtigten nicht nur beraten, sondern auch begleitend (bei dem Bewältigungsprozess) zur Seite stehen.

---

§ 5 FrühV »Leistungen zur medizinischen Rehabilitation«

(2) Die Leistungen nach Absatz 1 umfassen auch die Beratung der Erziehungsberechtigten, insbesondere

1. das Erstgespräch,
2. anamnestische Gespräche mit Eltern und anderen Bezugspersonen,
3. die Vermittlung der Diagnose,

---

4. Erörterung und Beratung des Förder- und Behandlungsplans,
5. Austausch über den Entwicklungs- und Förderprozess des Kindes einschließlich Verhaltens- und Beziehungsfragen,
6. Anleitung und Hilfe bei der Gestaltung des Alltags,
7. Anleitung zur Einbeziehung in Förderung und Behandlung,
8. Hilfen zur Unterstützung der Bezugspersonen bei der Krankheits- und Behinderungsverarbeitung,
9. Vermittlung von weiteren Hilfs- und Beratungsangeboten.

Den Menschen ganzheitlich in seiner Bio-Psycho-Sozio-Einheit zu betrachten, zu begegnen und ggf. auch entsprechend zu fördern ist eine Denkweise, die der Heilpädagogik eigen ist. Diese Denk- und Handlungsweise wird jedoch noch ergänzt: »*Nicht gegen die Fehler, sondern für das Fehlende*« postuliert den ressourcenorientierten (Denk- und Handlungs-)Ansatz der Heilpädagogik.

Insbesondere in den Fällen ist der ressourcenorientierte Ansatz Paul Moors vonnöten, in dem die autonome Kybernetik der Mikrosysteme erschwerende Bedingungen schafft.

Beispiel

Ein vierjähriges Mädchen mit einer körperlichen Behinderung (Spina bifida in der Ausbreitung einer Meningomyelozele) in einer Intergrations-Kindertagesstätte fällt durch ihr herausforderndes Verhalten auf. Sie ist wenig in der Lage, sich an Regeln und Abläufe in der Einrichtung zu halten. Ihr oppositionelles Verhalten zeigt sich in der schwierigen Interaktion mit Kindern (nimmt einfach deren Spielzeug weg) und dem pädagogischen Personal (spuckt dieses an, wenn ihr etwas nicht gefällt). In einer Dienstberatung wird festgestellt, dass sich dieses Verhalten besonders am Montag/Dienstag zu manifestieren scheint. Gespräche mit der alleinerziehenden Mutter gestalten sich schwierig, immer wieder rekurriert die Mutter darauf, dass man doch Rücksicht auf ihr »behindertes Kind« nehmen müsse, weil dieses »doch schwer gebeutelt ist«. Eines Tages fällt Ihnen auf, dass das Mädchen einen sehr einfühlenden Kontakt zu einem kleineren Jungen (zwei Jahre) aufbaut, der neu in die Gruppe gekommen ist. Das Mädchen mit Behinderung zeigt ihm alles und nimmt ihn auch bei Konflikten mit anderen Kindern in Schutz. Das Mikrosystem »Familie« bietet (scheinbar besonders am Wochenende) wenig Kontinuität und Regeln, im Mikrosystem »Kita« können Ressourcen bei dem Kind entdeckt und entsprechend gefördert werden.

Neben dem Postulat des systemischen Denkens und des ressourcenorientierten Handels in der Heilpädagogik werden in Paul Moors Aussage »Erst verstehen, dann erziehen« die verstehenden und analytischen Anforderungen an die Heilpädagogin zum Tragen gebracht (Lotz, 2009, 83 ff.). Deutlich wird der verstehende/analytische Anspruch der Heilpädagogik auch in Beispiel auf Seite 16; die Heilpädagogin muss die Besonderheiten des Kindes (z. B. mit selektiven Mutismus) erst verstehen, um fachgerechte und sinnvolle Hilfsangebote zu erarbeiten.

1.2 Heilpädagogik als integrative Wissenschaft

Nach dieser kurzen Einführung in die Geschichte und wesentlichen Grundlagen der Heilpädagogik erscheint es angebracht, sich dem Themengebiet und der Relevanz der Jurisprudenz in der Heilpädagogik zu widmen.

Heilpädagogik ist, laut Deinhardt und Georgens, ein Zweig der allgemeinen Pädagogik, insofern kann davon ausgegangen werden, dass die Heilpädagogik als eklektische Wissenschaft sich auch der Erkenntnisse anderer Nachbargebiete, z. B. der allgemeinen Pädagogik bedient (so auch Greving/Ondracek, 2009b, 118 ff.).

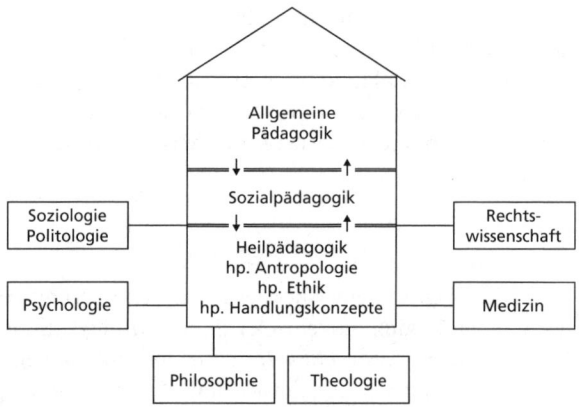

Abb. 3: Das »gemeinsame Haus von Allgemeiner, Sozial- und Heilpädagogik und seiner Nachbargebiete« (Gröschke, 1997, 74)

Neben der »Theologie« als Ergänzung zu Greving und Ondracek hebt Gröschke (1997) auch die »Politologie« und die »*Rechtswissenschaften*« als Nachbargebiete der Heilpädagogik hervor. Insbesondere Urs Haeberlin (1996) gilt als einer der vehementen Verfechter dafür, dass sich die Heilpädagogik auch ihrer gesellschaftlichen und politischen Verantwortung deutlicher bewusst sein muss.

Einigkeit besteht allgemein darin, dass »Heilpädagogik Pädagogik ist und nichts anderes«, daraus folgt, dass sie im Grundsätzlichen dieselben Möglichkeiten besitzt wie »Normalpädagogik« (Moor, 1974, 273). Aus diesem Grund gibt es auch in der Grafik keine klare Trennung zwischen der Heilpädagogik und der Sozialpädagogik/Sozialarbeit. In letzteren als eigenständige Berufsgruppe ist man sich der sozialpolitischen Verantwortung bewusst.

Neben einem Mandat der Sozialpädagogen/Sozialarbeiter für das Individuum benennt Dieter Röh (2013, 68 ff.) das Mandat der politischen Verantwortung der Sozialarbeit gegenüber der Gesellschaft sowie das Mandat für die eigene Berufsgruppe (Selbstmandatierung der Profession Sozialer Arbeit). Zudem verweist er auf das sozialpolitische Mandat, welches sich in Zeiten ökonomisierender und marktwirtschaftlicher Verteilungskämpfe national und international zu verschärfen droht. Deutlich wird, dass sich auch die Sozialpädagogik/-arbeit als Nachbardisziplin der Heilpädagogik ihrer Verantwortung zur Assistenz und zur Anwaltschaft sehr wohl bewusst ist.

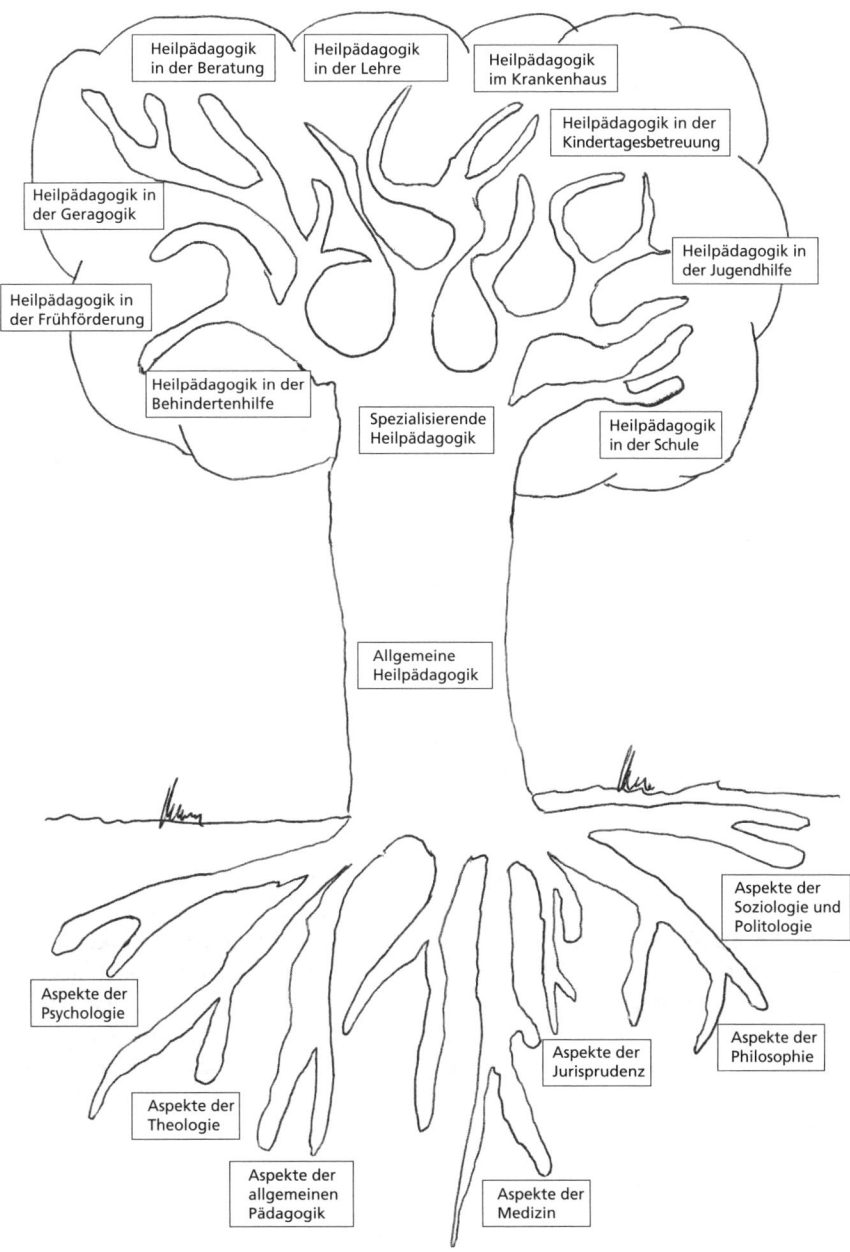

Abb. 4: Heilpädagogik als eklektische Wissenschaft

21

1.2.1 Weiterführende Gedanken zur systemischen Sichtweise der Heilpädagogik

Diese Notwendigkeit des politischen Mandats im Sinne einer *Anwaltschaft* ergibt sich zwingend, betrachtet man die geschichtlichen Aspekte (chronosystemischen Betrachtungsweisen) der Heilpädagogik (Dederich, 2013) und Pädagogik für Menschen, die unsere Hilfen bedürfen.

Die Begründer der Heilpädagogik Deinhardt und Georgens kamen gleichwohl zu der Überzeugung, dass die Heilpädagogik – eo ipso – ein politisches Mandat (im Makrosystem) innehat, gesellschaftliche Entwicklungen und Strukturen kritisch zu betrachten und zu begleiten. Dieses Mandat der (politischen und gesellschaftlichen) Anwaltschaft, welches die Autoren der Heilpädagogik mit »auf die Fahnen geschrieben haben«, zeigt sich in folgenden Zitaten:

> »Die Sorge für diese Anstalten kommt dem Staate eben so zu, wie die Sorge für das allgemeine und öffentliche Schulwesen [...].«
> »Man darf gewiss nicht bedenken zu sagen, dass derjenige der sich für die Reform des Gefängniswesens und der öffentlichen Krankenanstalten interessiert, sich vernünftiger Weise ebenso oder noch entschiedener für die Reform und Herstellung der heilpädagogischen Anstalten interessieren müsste [...].«(Georgens/Deinhardt, 1979, 157, 361)

Unter »Anstalten« versteht man im heutigen Sprachgebrauch »Einrichtungen«.

1.3 Exkurs: Heilpädagogik als Metakompetenz bezogen auf das Themengebiet »Recht«

Über die Notwendigkeit der Heilpädagogik, sich aus verschiedenen Perspektiven mit dem Themengebiet »Recht« auseinander zu setzen, wurde berichtet.

Martin Stahlmann (2005, 62 ff.) weist auf die sogenannten Metakompetenzen der Heilpädagogik hin. Das Präfix »Meta-« impliziert, dass es sich dabei um übergeordnete Kompetenzen handelt, die die Heilpädagogin und auch die in Ausbildung befindliche Heilpädagogin für ihre berufliche Tätigkeit noch erlernen sollte. In seinen Ausführungen unterteilt Stahlmann sowie nachfolgend Greving und Ondracek (2009b, 108 ff.) vier grundlegende Metakompetenzen für die Heilpädagogik:

- hermeneutische Metakompetenz
- heuristische Metakompetenz
- mediative Metakompetenz
- berufsbiografische Metakompetenz.

Unter hermeneutischer Metakompetenzen (Hermeneutik = Deuten, Verstehen) versteht Stahlmann die Fähigkeit der Heilpädagogin, sich in den Menschen, welchen sie begleitet, fördert und betreut, hineinzuversetzen und ihn zu verstehen. Dabei ist es wichtig, den Menschen als eigenständiges Subjekt in seiner eigenen Lebenswelt wahrzunehmen, ggf. sein Verhalten zu deuten und zu verstehen. Diese Fähigkeit der hermeneutischen Metakompetenz ist, so Stahlmann, auch eine Basiskompetenz der Heilpädagogin im Sinne Moors »Erst verstehen, dann erziehen«. Die Bereitschaft einer Heilpädagogin, sich jedes Mal über mehrere Berufsjahre auf diesen Prozess einzulassen, wird zur hermeneutischen Metakompetenz.

Das Wort »heureka« entspringt dem altgriechischen Satz »Hurra, ich habe es entdeckt«. In der heuristischen Metakompetenz geht es um die Tatsache, dass Heilpädagoginnen in ihrem beruflichen Alltag und Werdegang eine Vielzahl von Veränderungen erlebt haben, aktuell erleben und auch weiterhin erleben werden.

Diesen Veränderungen, z. B. bei neuen Methoden der Heilpädagogik oder *sich stetig veränderten, neuen rechtlichen Bedingungen* für die heilpädagogische Arbeit, gegenüber grundsätzlich offen und bestenfalls neugierig zu sein, impliziert die heuristische Metakompetenz der Heilpädagogik. Exemplarisch sei an dieser Stelle das derzeit vieldiskutierte »Bundesteilhabegesetz für Menschen mit Behinderung« und die weitere Umsetzung der »UN-Behindertenrechtskonvention« genannt, die die Heilpädagogik an ihr Mandat der *Anwaltschaft* im heuristischen Kontext verweisen.

Eine weitere Metakompetenz, die Stahlmann aufzeigt, ist die mediative Metakompetenz. Der Begriff »Mediation« bedeutet »vermitteln« und impliziert die vermittelnde Fähigkeit, auch als Metakompetenz der Heilpädagogin. Die mediative Metakompetenz ist sowohl im Umgang mit Klienten, Kolleginnen, Vorgesetzten, aber auch mit Leistungsträgern zu sehen. In vielen Berufs- und Handlungsfeldern der Heilpädagogik hat in den letzten Jahren ein Prozess des Umdenkens stattgefunden, der die mediativen Metakompetenzen der Heilpädagogin fordert. So konstatierte schon Otto Speck einen paradigmatischen Wandel von der Heilpädagogin als alleinige Expertin in der Frühförderung von Kindern mit Behinderung, oder die von Behinderung bedroht sind, hin zu einem Modell der Erziehungspartnerschaft (Speck/Warnke, 1983, 13 ff). Gerade der Ansatz, Eltern als Partner und somit gleichwohl als Experten in eigener Sache zu betrachten, erfordert einerseits eine Abkehr vom traditionellen Expertendasein hin zu einer mediativen Rolle den Eltern und dem Kind gegenüber für die Heilpädagogin selbst.

Ein weiteres Beispiel für die mediative Metakompetenz ist der Umdenkungsprozess der Behindertenhilfe in den letzten Jahren. Hatte die Heilpädagogin in der Vergangenheit noch oft die alleinige Expertenrolle inne, wandelt sich dieser Gedanke im Zuge des Empowerment-Prozesses (Herriger, 1996, 290 ff.) dergestalt, dass der Mensch mit Behinderung Experte in eigener Sache wird und die Heilpädagogin eher assistierend zur Seite steht. Der Gedanke dieses Paradigmenwechsels im beruflichen Selbstverständnis der Heilpädagogin hin zur mediativen Metakompetenz findet sich teilweise auch in Paul Moors Aussage »Nicht gegen die Fehler, sondern für das Fehlende« wieder.

Diesen Veränderungsprozess im beruflichen Selbstverständnis von der Experten-rolle hin zur Heilpädagogin als Entwicklungsbegleiterin nennt Stahlmann u. a. »berufsbiographische Metakompetenz«. Diese Veränderungen in der Berufsbio-grafie der Heilpädagogin, welche einerseits individuell (z. B. Wechsel des Berufs- und Handlungsfeldes) sein kann, aber auch sozialpolitisch-gesellschaftlich gefor-dert wird (z. B. durch die Abschaffung von Sondereinrichtungen für Kinder mit Behinderung), erfordern durch ein ständiges sich darauf Einlassen berufsbiografische Metakompetenzen der Heilpädagogin.

Metakompetenzen sind die Fähigkeiten der Heilpädagogin, sich veränderten gesellschaftlichen, politischen (makrosystemischen und chronosystemischen) Ent-wicklungen und sozialrechtlichen Bedingungen anpassen zu können. Vor 25 Jahren zum Beispiel wäre es undenkbar gewesen, dass Menschen mit Behinderung sich einen Teil ihrer Leistungen als »persönliches Budget« nach § 17 SGB IX vom je-weiligen Leistungsträger auszahlen lassen und dann damit Heilpädagogen als persönliche Assistenzen einstellen.

Es ist jedoch anzumerken, dass es auch gesellschaftliche Veränderungen gibt, die von der Heilpädagogik kritisch wachsam (metakompetent) beobachtet werden müssen. Insbesondere die Entwicklungen der Humangenetik und die damit ein-hergehenden Gefahren der Selektion »lebensunwerten« Lebens fordern die Heil-pädagogik in dem Mandat der Anwaltschaft:

> »Heilpädagogik ist in ihrem ethischen Grundsatz zum wertorientierten Handeln her-ausgefordert, will sie sich nicht an der schon voraussehbaren Barbarei der Zukunft – gentechnologisch ermöglichte Züchtung Erwünschter und Eliminierung Unerwünsch-ter – mitschuldig machen.« (Haeberlin, 2000, 40 ff.)

Es wäre demnach nicht verkehrt, der Heilpädagogik eine »anthropologische Meta-kompetenz« zuzusprechen, um das heilpädagogisch-anwaltschaftliche Mandat zu fundamentieren.

Um die Bedeutung und den Stellenwert der heilpädagogische Metakompeten-zen, als Kompetenzerwerb welcher noch im beruflichen Alltag erworben werden muss, darzustellen, bedienen wir uns der Geschichte des Straßenkehrers Beppo in Michael Endes *Momo*:

> »Siehst Du, Momo«, sagte Beppo, »es ist so: Manchmal hat man eine sehr lange Straße vor sich. Man denkt, die ist so schrecklich lang; das kann man niemals schaffen, denkt man.«
> Er blickte eine Weile schweigend vor sich hin, dann fuhr er fort: »Und dann fängt man an, sich zu eilen. Und man eilt sich immer mehr. Jedes Mal, wenn man aufblickt, sieht man, dass es gar nicht weniger wird, was noch vor einem liegt.
> Und man strengt sich noch mehr an, man kriegt es mit der Angst, und zum Schluss ist man ganz außer Puste und kann nicht mehr. Und die Straße liegt immer noch vor einem. So darf man es nicht machen.«
> Er dachte einige Zeit nach.
> Dann sprach er weiter: »Man darf nie an die ganze Straße auf einmal denken, verstehst du?
> Man muss immer nur an den nächsten Schritt denken, an den nächsten Atemzug, an den nächsten Besenstrich.
> Und immer wieder nur an den nächsten.«
> Wieder hielt er inne und überlegte, ehe er hinzufügte:

»Dann macht es Freude; das ist wichtig, dann macht man seine Sache gut. Und so soll es sein.«

Und abermals nach einer langen Pause fuhr er fort: »Auf einmal merkt man, dass man Schritt für Schritt die ganze Straße gemacht hat. Man hat gar nicht gemerkt wie, und man ist nicht außer Puste.«

Er nickte vor sich hin und sagte abschließend: »Das ist wichtig.« (Ende, 2015, 39 ff.)

2 Allgemeine rechtliche Bedingungen

In den vorangegangenen Kapiteln wurde dargelegt, warum sozialrechtliche, politische und gesellschaftliche Aspekte und Bedingungsfaktoren in der Heilpädagogik zwingend Berücksichtigung finden müssen.

2.1 Vier einführende Thesen zum Recht für Heilpädagoginnen

Um Heilpädagoginnen für das Themengebiet »Recht« zu sensibilisieren, erscheint es zweckmäßig, vier einführende und ausgewählte Thesen zu benennen und zu erörtern, um das »Rechtsbewusstsein« anzustoßen und zu schärfen.

These 1: Es gibt keinen rechtsfreien Raum!

UN-BRK, UN-KRK, EUV-Lissabon, GG, AGG, BGG, LpartG, SGB I, SGB II, SGB III, SGB X, BDSG, KunstUrhG, VwVfG, VwGO, ZPO, SGB IX, SGB VIII, SGB XI, IfSG, SGB V, FrühV, JGG, JugSchG, SGB XII, BKGG, EingliederungsVO, WerkstattVO, HeimG, HeimPersVO, MeinMindVO, HeimratsVO, WBVG, BudgetV, BGB, OEG, GewSchG, MediationsG, StGB, StPO, BtMG, FamFG, BKiSchG, TVöD, AVR-Diakonie, AVR-Caritas, TVG, ArbZG, BetrVG, KSchG, HGB, TzBfG, AentG, MuSchG, JuArbSchG, EStG, BAföG, BFDG etc.

Diese Auflistung relevanter Gesetzbücher in der heilpädagogischen Arbeit muss naturgemäß dahingehend differenziert werden, in welchem Berufs- und Handlungsfeld die Heilpädagogin beschäftigt ist. Wenn zum Beispiel eine Heilpädagogin in einer Werkstatt für behinderte Menschen tätig ist, braucht sie keine detaillierten Kenntnisse über das »Gesetz zur Regelung von Verträgen über Wohnraum mit Pflege- oder Betreuungsleistungen« (WBVG).

Zudem ist anzumerken, dass die rechtlichen Regelungen auf Landesebene, z. B. das »Gesetz für psychisch Kranke« (PsychKG) oder auch die landestypischen Regelungen zur Integration/Inklusion von Kindern mit Behinderung in Kindertageseinrichtungen (§ 26 SGB VIII), berücksichtigt werden müssen. Diese wurden in der Auflistung relevanter Gesetze für die heilpädagogische Arbeit nicht aufgeführt. Auch sind im Arbeitsrecht unterschiedliche Tarifverträge auf die einzelnen Bundesländer, Gebiete und Träger vorhanden. Diese einzeln aufzuzählen würde den Rahmen sprengen.

Dennoch erstaunt die Menge an Gesetzeswerken für Heilpädagoginnen, wenngleich die Auflistung nicht den Anspruch auf Vollständigkeit erhebt. »Heuristische Metakompetenzen« der Heilpädagogik sind hier ein wichtiges Stichwort. Die Heilpädagogin muss sich bewusst werden, dass sie *nicht im rechtsfreien Raum* agiert, sondern dass eine Vielzahl von gesetzlichen Regelungen ihren Arbeitsplatz tangiert.

Es ist immer wieder erstaunlich, dass zum Beispiel Jugendfreizeiteinrichtungen, auch Fachschulen für Heilpädagogik und Kinderheime nicht wissen, dass sie Gemeinschaftseinrichtungen im Sinne des § 33 Gesetz zur Verhütung und Bekämpfung von Infektionskrankheiten beim Menschen (IfSG) sind und dementsprechend alle Mitarbeiter/innen regelmäßig belehren müssen (siehe § 35 IfSG).

These 2: Recht reflektiert in Paragraphen und Gesetzestexte »gegossene« geschichtliche Normen und Werte!

Paragraphen und Gesetze unterliegen einem geschichtlichen und somit politisch-gesellschaftlichen Wandel.

Im Jahr *1900* hatte die Mutter erst die »elterliche Gewalt« über ihre minderjährigen Kinder, wenn der Vater »verstorben oder für Tod erklärt wurde« (siehe § 1684 Bürgerliches Gesetzbuch – BGB).

Betrachtet man das BGB aus dem Jahre *1974*, dann hat nur die Mutter die »elterliche Gewalt« bei nichtehelichen Kindern (§ 1705 BGB).

Geht man in der Geschichte wieder ein Schritt weiter ins Jahr *2015*, dann hat die Mutter die »elterliche Sorge« über die minderjährigen Kinder, wenn die Eltern nicht miteinander verheiratet sind und auch keine sogenannte Sorgeerklärung abgegeben haben (§ 1626a BGB).

Signifikant ist der gesellschaftliche Paradigmenwechsel von Familie bei diesen drei Beispielen. Während man im Jahr 1900 noch sehr patriarchalisch vom Vater als absolutem Familienoberhaupt ausging, wandelte sich das Bild von Familie. Der Mutter minderjähriger, nichtehelicher Kinder wurde deutlich mehr, bzw. das alleinige Recht an den Kindern zugesprochen.

Bedingt durch einen gesellschaftlichen Wandel in vielen bundesdeutschen Familien, die die gemeinsame Verantwortung für ihre Kinder nicht erst durch eine Hochzeit legitimieren wollten, fügte der Gesetzgeber die Möglichkeit der »gemeinsamen Sorgeerklärung nicht miteinander verheirateter Eltern minderjähriger Kinder« (§§ 1626a–e BGB) hinzu, um den veränderten Familienstrukturen gerecht zu werden. Wenn Elternteile allerdings nicht einander heiraten wollen und auch keine Sorgeerklärung abgegeben wurde, hat die Mutter gemäß § 1626a, Abs. 2 BGB die alleinige elterliche Sorge über das Kind bzw. die Kinder. Dies rügte das Bundesverfassungsgericht im Jahre 2010 in einem Urteil und forderte den Gesetzgeber auf, hier mehr Gleichbehandlung beider Elternteile herbeizuführen.

Die zuvor genannten Beispiele für einen geschichtlichen Wandel der Paragraphen und Gesetze sind durchaus erfreulich und waren absolut erstrebenswert.

Betrachtet man aber weitere Kapitel dieses historischen, gesellschaftlichen, politischen und rechtlichen Wandels der Jurisprudenz, dann stimmt die »Bilanz« eher nachdenklich. Beispielsweise das »Gesetz zur Verhütung erbkranken Nachwuchses« (Bleidick, 1999) aus dem Jahr 1934, das zur Folge hatte, dass Menschen mit mentalen/kognitiven Beeinträchtigungen und psychischen Erkrankungen sowie Alkoholiker zwangssterilisiert wurden. Auch die Tatsache, dass Menschen mit mentalen/kognitiven Beeinträchtigungen oder Menschen, die alkoholkrank waren, bis zum Jahre 1974 »entmündigt« werden konnten, sollte die Heilpädagogik in ihrem Mandat zur Anwaltschaft hellhörig werden lassen. Erschwerend kam hinzu, dass es keine Möglichkeit der Revision bei sogenannten »Entmündigungen« nach § 6 BGB gab.

Auch in den kommenden Jahren und Jahrzehnten werden Paragraphen und Gesetze geschichtlichen (chronosystemischen), gesellschaftlichen und politischen (makrosystemischen) Wandlungen unterliegen. In der Tradition Deinhardts und Georgens sollte die Heilpädagogik diese Veränderungen allerdings kritisch begleiten und sich ggf. in einem anwaltlichen Mandat zu Wort melden.

These 3: Recht unterscheidet sich in objektive und subjektive Merkmale!

Bleiben wir beim Familienrecht und betrachten zum besseren Verständnis dieser These den § 1619 BGB. Erstaunlicherweise erleben die Heilpädagoginnen in der Aus-, Fort- und Weiterbildung zum Themengebiet »Recht« beim Lesen dieses Paragraphen immer wieder ein »Aha-Erlebnis« und kommentieren allzu oft: »Solange du die Füße unter meinen Tisch stellst, hast du zu machen, was ich sage.«

> ### § 1619 BGB »Dienstleistungen in Haus und Geschäft«
>
> Das Kind ist, solange es dem elterlichen Hausstand angehört und von den Eltern erzogen oder unterhalten wird, verpflichtet, in einer seinen Kräften und seiner Lebensstellung entsprechenden Weise den Eltern in ihrem Hauswesen und Geschäft Dienste zu leisten.

Deutlich wird das objektive Merkmal dieses Paragraphen, das Kind sei verpflichtet im Haushalt mitzuhelfen.

Schwieriger hingegen sind die subjektiven Merkmale des § 1619 BGB. Dort heißt es: »[...] in einer seinen Kräften und seiner Lebensstellung entsprechenden Weise [...]«. Der Gesetzgeber sagt hier ganz klar, dass es im Einzelfall (gemessen an dem Subjekt) abgewogen werden müsse, was das Kind (mit seinen Kräften) im Haushalt zu leisten vermag und in welcher Lebensstellung (z. B. mitten im Abiturprüfungsstress) sich das Kind befindet. Diese »subjektiven Merkmale« sind besonders den Heilpädagoginnen bekannt. Gerade sie wissen, dass zwischen Lebens- und Entwicklungsalter eines Kindes oft eine Divergenz besteht. Auch diese sollte als »subjektives Merkmal« Berücksichtigung finden.

Besonders in der Beurteilung der Aufsichts- und Sorgfaltspflicht von Heilpädagoginnen sollten die objektiven und subjektiven Merkmale zum Tragen kommen. Objektiv kann eine Gruppe mit 14 Kindern im Alter von zwei bis sechs Jahren von einer Heilpädagogin beaufsichtigt werden; dieses ist der Heilpädagogin zuzumuten. Wenn allerdings von diesen 14 Kindern sechs Kinder ein nicht unerhebliches herausforderndes Verhalten haben, zum Beispiel »Impulskontrollverluststörungen« und die Heilpädagogin gerade erst den zweiten Tag in dieser Gruppe beschäftigt ist, sind diese subjektiven Merkmale bei der Beurteilung der Aufsichts- und Sorgfaltspflicht zwingend zu berücksichtigen.

Besonders deutlich ergibt sich aus dem Strafrecht, dass Unterscheidungen zwischen objektiven und subjektiven Merkmalen gemacht werden. Kommt ein Kind, welches die Heilpädagogin zu beaufsichtigen hat, zu Schaden, drohen ihr gemäß § 223 Strafgesetzbuch (StGB) eine Geldbuße oder *bis* zu fünf Jahren Haft. Das kleine Wort »bis« macht deutlich, dass das Gericht die objektiven und subjektiven Merkmale, wie es zu dieser Körperverletzung gekommen ist, prüfen und entsprechend werten muss.

These 4: Recht hat nichts mit »richtig« und »falsch« zu tun, sondern unterliegt einem subjektiven Rechtsverständnis!

Beispiel

Eine Mitarbeiterin in einer stationären Wohneinrichtung der Behindertenhilfe verkauft ihren Fernsehsessel für 50 € an eine Bewohnerin mit einer leichten mentalen/kognitiven Beeinträchtigung, die in eine eigene, ambulant betreute Wohnform ziehen möchte. Die Mitarbeiterin meint, sie habe »richtig« (subjektiv richtig) gehandelt, weil die Bewohnerin den Sessel schön fand, sich dadurch den Weg durch die überfüllten Möbelhäuser erspart und auch noch Geld gespart hat.

Nicht bedacht bei dieser, vielleicht gut gemeinten, Tat hat die Mitarbeiterin, ob die Bewohnerin nach § 104 BGB geschäftsfähig ist, wobei hier anzumerken ist, dass auch Menschen mit mentalen/kognitiven Beeinträchtigungen im Rahmen des § 105a BGB Geschäfte im geringen (Geld-)Umfang machen dürfen. Zudem ist fragwürdig, ob die Mitarbeiterin ein Abhängigkeitsverhältnis ausgenutzt hat. Auch stellt sich die Frage ob, der Fernsehsessel überhaupt 50 € wert ist. Ob ein Abhängigkeitsverhältnis von der Mitarbeiterin ausgenutzt wurde, ist ein subjektiver Tatbestand. Der tatsächliche Wert des Fernsehsessels wird schwer nachzuweisen sein. Auch, ob Geschäfte im Rahmen von 50 € noch unter den § 105a BGB, dem sogenannten »Taschengeldparagraphen«, fallen, ist schwer zu verifizieren.

Die Mitarbeiterin wurde jedoch von ihrem Arbeitgeber abgemahnt. Der Grund: Sie sei während ihrer hauptberuflichen Beschäftigung eine Nebentätigkeit nachgegangen, wofür nicht einmal das Einverständnis des Arbeitgebers vorgelegen habe. Nun mag man sich fragen, ob dieser gut gemeinte Verkauf eines Fernsehsessels eine derart drakonische arbeitsrechtliche Reaktion des Arbeitgebers rechtfertigt. Man sollte jedoch bedenken, dass das Verhalten der Mitarbeiterin, während ihrer hauptberuflichen Tätigkeit einer Nebentätigkeit nachzugehen, potenziert werden kann. Wenn zum Beispiel ein junger Mann im Bundesfreiwilligendienst während seiner Arbeitszeit 120 Artikel bei eBay oder Amazon einstellt, macht er im Grund genommen nichts anderes, nur eben mit einem höheren Zeitaufwand.

So meinen viele Heilpädagoginnen zum Beispiel, es sei ihr Recht (subjektives Rechtsverständnis), mal eine Zigarette rauchen zu gehen oder während ihrer Arbeitszeit SMS- oder WhatsApp-Nachrichten zu versenden. Es sollte jedoch bedacht werden, dass dem Arbeitgeber hier Arbeitszeit »gestohlen« wird, was objektiv nicht richtig ist.

Ein abschließendes Beispiel zum objektiven und subjektiven Rechtsverständnis bezieht sich auf das Kindschaftsrecht:

Beispiel

Eine getrennt lebende Mutter erzählt ihrem zehnjährigen Sohn, dass der geplante Kinobesuch nicht stattfinden kann, da der Vater des Jungen seinen Unterhalt noch nicht überwiesen hat.

Die Mutter glaubt – subjektives Rechtsverständnis – richtig gehandelt zu haben, da der Sohn ein Recht hat, die Wahrheit über den »geplatzten« Kinobesuch zu erfahren. Sie bedenkt jedoch nicht, dass sie damit den Sohn gegen den Vater aufbringt und das Verhältnis des Sohnes zum Vater durch diese (und ähnliche) Aussagen belastet. Gemäß § 1684, Abs. 2 BGB hat die Mutter alles zu unterlassen, was das Verhältnis zum Vater erschwert.

2.2 Eine Übersicht – das »Rechtsdreieck der Heilpädagogik«

Es wäre unangemessen, wenn man nach dem vorhergehenden Kapitel behaupten würde, »Recht« sei einfach und ein Verständnis für die komplexe Materie könnte ohne weitere Mühen erlernt werden. Das genau ist vermutlich auch der Grund, warum Heilpädagoginnen in der Ausbildung, im Studium und in ihrer heilpädagogischen Tätigkeit Recht als »trocken« bezeichnen.

Im Nachfolgenden soll ein Modell vorgestellt werden, das helfen kann, die komplexe Thematik des »Rechts in der Heilpädagogik« zu verstehen:

Es liegt in der Natur der Sache, dass die jeweiligen inhaltlichen Schwerpunkte der drei Spitzen des »Rechtsdreiecks der Heilpädagogik« etwas miteinander zu tun haben bzw. sich bedingen.

Unter Berücksichtigung der erwähnten heilpädagogischen Metakompetenzen im Bereich des »Rechts« soll kurz skizziert werden, welche derzeitigen (Stand: 2015) rechtlichen Grundlagen sich an der jeweiligen Spitze des »Rechtsdreieck für Heilpädagoginnen« befinden.

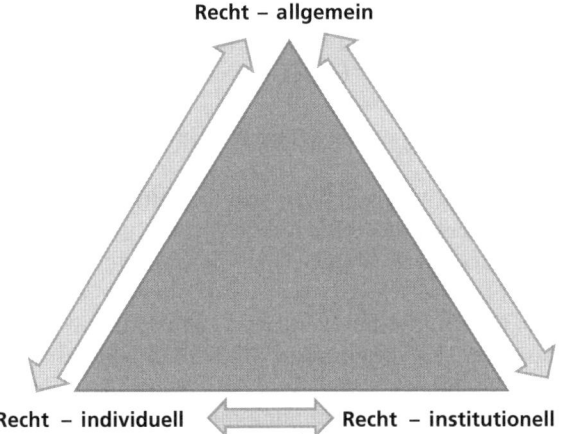

Abb. 5: Das »Rechtsdreieck der Heilpädagogik«

Recht – allgemein

- UN-Behindertenrechtskonvention (UN-BRK) (internationales Recht)
- UN-Kinderrechtskonvention (UN-KRK) (internationales Recht)
- Europäische Verträge von Lissabon (EUV-Lissabon) (europäisches/supranationales Recht)
- Grundgesetz (GG) (bundesdeutsches Recht)
- Verschiedene, für die Heilpädagogik relevante Sozialgesetzbücher (SGBs) (bundesdeutsches Recht mit Bezug auf Art. 1 GG), unter anderem:
  - SGB I (hier: Datenschutz)
  - SGB II (hier: Beratung bei finanziellen Hilfen und Antragstellung, z. B. für Familien)
  - SGB III (hier: Arbeitsförderung für Menschen mit Behinderung)
  - SGB V (hier: Hilfen für Familien und Kinder, z. B. bei Behinderung durch Sozialpädiatrische Zentren)
  - SGB VIII (hier: Kindertagesbetreuung, Hilfen zur Erziehung etc.)
  - SGB IX (hier: Leistungen für Menschen mit Behinderung)
  - SGB X (hier: Datenschutz und Verwaltungsrecht)
  - SGB XI (hier: häusliche Pflegeleistungen)
  - SGB XII (hier: Eingliederungshilfe für behinderte Menschen)
- Bundesdatenschutzgesetz (BDSG) (mit Bezug auf SGB I und SGB X)
- Kunsturheberschutzgesetz (KunstUrhSchG) (mit Bezug auf SGB I und SGB X)
- Verwaltungsverfahrensgesetz (VwVfG) (mit Bezug auf SGB X)
- Verwaltungsgerichtsordnung (VwGO) (mit Bezug auf SGB X)
- Gesetz zur Gleichstellung behinderter Menschen (BGG) (mit Bezug auf Art. 3 GG)
- Allgemeines Gleichbehandlungsgesetz (AGG) (mit Bezug auf Art. 3 GG)
- Gesetz über die Eingetragene Lebenspartnerschaft (LPartG) (mit Bezug auf Art. 3 GG)

- Mediationsgesetz (MeditationsG) (mit Bezug auf BGB und SGB VIII)
- Gesetz über das Verfahren in Familiensachen und in den Angelegenheiten der freiwilligen Gerichtsbarkeit (FamFG) (mit Bezug auf BGB, SGB VIII und SGB XII)
- Gesetz über die Entschädigung für Opfer von Gewalttaten (OEG) (mit Bezug auf BGB und SGB VIII)
- Gesetz zum zivilrechtlichen Schutz vor Gewalttaten und Nachstellungen (GewSchG) (mit Bezug auf BGB und SGB VIII)
- Bundeskinderschutzgesetz (BuKiSchG – KKG) (mit Bezug auf BGB und SGB VIII)
- Strafgesetzbuch (StGB) (mit Bezug auf BGB, SGB VIII und das Arbeitsrecht)
- Jugendgerichtsgesetz (JGG) (mit Bezug auf BGB, StGB und SGB VIII)
- Jugendschutzgesetz (JugSchG) (mit Bezug auf SGB VIII)
- Gesetz über den Verkehr mit Betäubungsmitteln (BtmG) (mit Bezug auf StGB und SGB VIII)
- verschiedene, für die Heilpädagogik relevante Bereiche und Paragraphen des BGB (bundesdeutsches Recht)
  - Aufsichtspflicht
  - Haftung
  - Arbeitsrecht
- Tarifvertragsgesetz (TVG) (mit Bezug auf Art. 9 GG)
  - Tarifvertrag für den öffentlichen Dienst (TvÖD)
  - Arbeitsvertragsrichtlinien (AVR)
- Arbeitszeitengesetz (ArbZG)
- Betriebsverfassungsgesetz (BetrVG)
- Kündigungsschutzgesetz(KSchG)
- Teilzeitarbeit und befristete Arbeitsverträge (TzBfG)
- Arbeitnehmer-Entsendegesetz (AentG)
- Mutterschutzgesetz (MuSchG)
- Jugendarbeitsschutzgesetz (JuArbSchG)
- Heimgesetz (HeimG) (mit Bezug auf SGB XII)
- Gesetz zur Regelung von Verträgen über Wohnraum mit Pflege- oder Betreuungsleistungen (mit Bezug zum SGB XI und XII)
- Verordnung zur Durchführung des § 17, Abs. 2 bis 4 des Neunten Buches Sozialgesetzbuch (mit Bezug zum SGB IX und XII)
- Werkstättenverordnung (WVO) (mit Bezug zum SGB IX und XII)
- Verordnung nach § 60 des Zwölften Buches SGB (Eingliederungshilfe-Verordnung) (mit Bezug zum SGB IX und XII)
- Infektionsschutzgesetz

Recht – institutionell

- rechtliche Grundlagen in der Institution »Sozialpädiatrisches Zentrum oder der Interdisziplinären Frühförderstelle« für Kinder mit Behinderung oder Kinder, die von Behinderung bedroht sind (mit Bezug auf BGB, SGB V, IX, XII,

FrühV sowie der jeweiligen rechtlichen Regelungen/Besonderheiten auf Landesebene)
- rechtliche Grundlagen in der Institution »Integrative/inklusive Kindertagesbetreuung« für Kinder bis zur Einschulung (mit Bezug auf BGB, SGB VIII, SGB IX sowie der jeweiligen rechtlichen Regelungen/Besonderheiten auf Landesebene)
- rechtliche Grundlagen in der Institution »Heimerziehung« (mit Bezug auf BGB, SGB VIII sowie der jeweiligen rechtlichen Regelungen/Besonderheiten auf Landesebene)
- rechtliche Grundlagen in der Institution »Wohnen für Menschen mit Behinderung« (mit Bezug auf BGB, SGB XII sowie der jeweiligen rechtlichen Regelungen/Besonderheiten auf Landesebene)

Recht – individuell

- elterliche Sorge – Kindschaftsrecht (mit Bezug auf BGB, FamFG und SGB VIII)
- Betreuungsrecht (mit Bezug auf BGB, FamFG und SGB VIII)

Im Folgenden sollen die wichtigsten Aspekte des »Rechtsdreiecks der Heilpädagogik« erläutert werden.

3 Recht – individuell

Unter dem Stichpunkt »Recht – individuell« des »Rechtsdreiecks der Heilpädagogik« wird das Recht des Individuums bzw. des Subjektes der heilpädagogischen Arbeit verstanden.

3.1 Elterliche Sorge – Kindschaftsrecht

Menschen, mit denen Heilpädagoginnen arbeiten, sind in der Regel Kinder (z. B. in den jeweiligen Berufs- und Handlungsfeldern »Frühförderung«, »Integrations-/ Inklusionskindertagesstätten«, »Kinder- und Jugendheime«) oder erwachsene Menschen mit Behinderungen. Daraus ergibt sich hier der Schwerpunkt »Kindschaftsrecht« und das »Betreuungsrecht«, welche inhaltlich dargestellt und erläutert werden.

Erlaubt sei erneut der Hinweis, dass es sich bei diesem Buch nicht um ein Werk handelt, in dem die gesamten rechtlichen Grundlagen der Heilpädagogik abschließend erläutert werden. Dies würde den quantitativen Rahmen sprengen. Vielmehr sollen die zentralen und wichtigen rechtlichen Aspekte der Heilpädagogik erklärt werden.

Eltern sein ist, gemäß Art. 6, Abs. 2 des Grundgesetzes (GG) ein Grundrecht.

Art. 6 GG

(2) Pflege und Erziehung der Kinder sind das natürliche Recht der Eltern und die zuvörderst ihnen obliegende Pflicht. Über ihre Betätigung wacht die staatliche Gemeinschaft.

Dieses grundgesetzlich verortete Recht der Eltern ist konkludent mit der am 10. Juli 1992 in Kraft getretenen UN-Kinderrechtskonvention (UN-KRK).

Art. 5 UN-KRK »Respektierung des Elternrechts«

Die Vertragsstaaten achten die Aufgaben, Rechte und Pflichten der Eltern oder gegebenenfalls, soweit nach Ortsbrauch vorgesehen, der Mitglieder der weiteren Familie oder der Gemeinschaft, des Vormunds oder anderer für das Kind gesetzlich verantwortlicher Personen, das Kind bei der Ausübung der in diesem Übereinkommen anerkannten Rechte in einer seiner Entwicklung entsprechenden Weise angemessen zu leiten und zu führen.

Diese »natürlichen Rechte« und die »zuvörderst ihnen obliegende Pflicht« des Art. 6 GG der Eltern ihren Kindern gegenüber werden im Vierten Buch des BGB konkretisiert und inhaltlich ausgestaltet.

§ 1626, Abs. 1 BGB »Elterliche Sorge«

Die Eltern haben die Pflicht und das Recht, für das minderjährige Kind zu sorgen (elterliche Sorge). Die elterliche Sorge umfasst die Sorge für die Person des Kindes (Personensorge) und das Vermögen des Kindes (Vermögenssorge).

Der Gesetzgeber macht hier auf die Rechte und Pflichten der Eltern gegenüber ihrem Kind aufmerksam und konkretisiert diese in zwei Schwerpunkten, der »Personensorge« und der »Vermögenssorge«. Da das BGB, wie auch viele andere Gesetzestexte deduktiv aufgebaut ist, konkretisiert der Gesetzgeber den Bereich der im § 1631, Abs. 1 BGB »Personensorge« ergänzend:

§ 1631 BGB »Inhalt und Grenzen der Personensorge«

(1) Die Personensorge umfasst insbesondere die Pflicht und das Recht, das Kind zu pflegen, zu erziehen, zu beaufsichtigen und seinen Aufenthalt zu bestimmen.

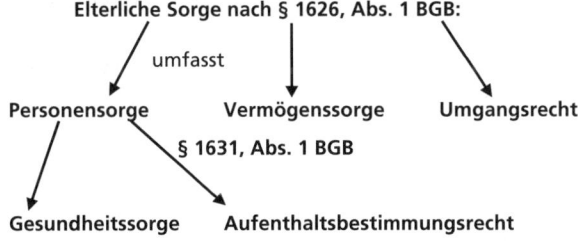

Abb. 6: Elterliche Sorge

Die *elterliche Sorge* (§ 1626, Abs. 1 in Verbindung mit § 1631, Abs. 1 BGB) umfasst demnach fünf wesentliche Teilbereiche: *Personensorge, Vermögenssorge, Gesundheitssorge* und das *Aufenthaltsbestimmungsrecht*. Das *Umgangsrecht* ist auch ein Teilbereich der elterlichen Sorge, welcher als besonders schützenswert gilt. Diese Auffassung teilt auch der Art. 18, Abs. 1 der UN-KRK.

Art. 18 UN-KRK »Verantwortung für das Kindeswohl«

1) Die Vertragsstaaten bemühen sich nach besten Kräften, die Anerkennung des Grundsatzes sicherzustellen, dass *beide* Elternteile gemeinsam für die Erziehung und Entwicklung des Kindes verantwortlich sind. Für die Erziehung und Entwicklung des Kindes sind in erster Linie die Eltern oder gegebenenfalls der Vormund verantwortlich. Dabei ist das Wohl des Kindes ihr Grundanliegen.

Subjektive Interessen eines Elternteils, z. B. bei Trennung und Scheidung der Eltern, stehen den kindlichen Interessen nach Kontakt und Umgang mit dem anderen Elternteil bisweilen entgegen (siehe § 1626, Abs. 3 in Verbindung mit § 1684, Abs. 1 BGB). Im nachfolgenden Kapitel dieses Buches soll auf diese Problematik weiter eingegangen werden.

§ 1626, Abs. 3 BGB »Elterliche Sorge«

(3) Zum Wohl des Kindes gehört in der Regel der Umgang mit beiden Elternteilen. Gleiches gilt für den Umgang mit anderen Personen, zu denen das Kind Bindungen besitzt, wenn ihre Aufrechterhaltung für seine Entwicklung förderlich ist.

§ 1684 BGB »Umgang des Kindes mit den Eltern«

(1) Das Kind hat das Recht auf Umgang mit jedem Elternteil; jeder Elternteil ist zum Umgang mit dem Kind verpflichtet und berechtigt.

So auch:

Art. 9, Abs. 3 UN-KRK »Trennung von den Eltern; persönlicher Umgang«

(3) Die Vertragsstaaten achten das Recht des Kindes, das von einem oder beiden Elternteilen getrennt ist, regelmäßige persönliche Beziehungen und unmittelbare Kontakte zu beiden Elternteilen zu pflegen, soweit dies nicht dem Wohl des Kindes widerspricht

Zu den Aufgaben der »elterlichen Sorge« gegenüber den minderjährigen Kindern kann zusammenfassend subsumiert werden (Doll, 2005, 62):

Personensorge

- Erziehung des Kindes (§ 1631, Abs. 1 BGB)
- Aufsichtspflicht (§ 1631, Abs. 1 BGB)
- Aufenthaltsbestimmung (§ 1631, Abs. 1 BGB)
- Umgangsrecht (§ 1626, Abs. 3 BGB)
- Pflege/Gesundheit (§ 1631, Abs. 1 BGB)
- Vertretung des Kindes (§ 1629 BGB)
- Herausgabeanspruch gegenüber Dritten (z. B. Kindertagesstätten) (§ 1632 BGB)

Vermögenssorge

- Verwaltung und Pflege der Vermögen des Kindes (§ 1626, Abs. 1 BGB)

Ergänzend zum Aufenthaltsbestimmungsrecht ist zu sagen, dass der Gesetzgeber davon ausgeht, dass das Kind seinen Wohnsitz mit den Eltern teilt.

---

§ 11 BGB »Wohnsitz des Kindes«

Ein minderjähriges Kind teilt den Wohnsitz der Eltern; es teilt nicht den Wohnsitz eines Elternteils, dem das Recht fehlt, für die Person des Kindes zu sorgen. Steht keinem Elternteil das Recht zu, für die Person des Kindes zu sorgen, so teilt das Kind den Wohnsitz desjenigen, dem dieses Recht zusteht. Das Kind behält den Wohnsitz, bis es ihn rechtsgültig aufhebt.

Grundsätzlich geht der Gesetzgeber im BGB davon aus, dass die elterliche Sorge von *beiden* Elternteilen übernommen wird, wenn

1. sie *verheiratet sind* oder
2. *einander heiraten* (§ 1626a, Abs. 1, Pkt. 2 BGB) oder
3. eine *gemeinsame Sorgeerklärung* zur »elterlichen Sorge« abgegeben haben (§ 1626a, Abs. 1, Pkt. 1 BGB)

Sollte eine Frau ein Kind unehelich gebären und keine (gemeinsame) »Sorgeerklärung« für das minderjährige Kind abgeben oder zu einem späteren Zeitpunkt heiraten, dann steht ihr die »elterliche Sorge« allein zu (§ 1626a, Abs. 3 BGB).

In einem Urteil (1 BvR 420/09) vom 21. Juli 2010 rügte der Erste Senats des Bundesverfassungsgerichts diese Praxis, sodass der Gesetzgeber im Rahmen des »Gesetzes zur Reform der elterlichen Sorge nicht miteinander verheirateter Eltern« im Jahr 2013 den Vätern das Recht auf Antrag zur Überprüfung einer gemeinsamen elterlichen Sorge für das minderjährige Kind einräumen musste (§ 1626a, Abs. 2 BGB). Ausschlaggebend für die Übertragung der gemeinsamen elterlichen Sorge für das minderjährige Kind auf beide Elternteile, die nicht miteinander verheiratet sind, keine (gemeinsame) Sorgeerklärung abgegeben haben und auch nicht vorhaben zu heiraten,

ist stets das Kindeswohl. Inwiefern eine Beweisführung für einen familiengerichtlichen Beschluss, dass es generell zum Wohl des Kindes gehört, wenn beide Elternteile sich die elterliche Sorge gleichberechtigt teilen, möglich ist, bleibt abzuwarten.

---

§ 1626a BGB »Elterliche Sorge nicht miteinander verheirateter Eltern; Sorgeerklärungen«

(1) Sind die Eltern bei der Geburt des Kindes nicht miteinander verheiratet, so steht ihnen die elterliche Sorge gemeinsam zu,

1. wenn sie erklären, dass sie die Sorge gemeinsam übernehmen wollen (Sorge-erklärungen),
2. wenn sie einander heiraten oder
3. soweit ihnen das Familiengericht die elterliche Sorge gemeinsam überträgt.

(2) Das Familiengericht überträgt gemäß Absatz 1 Nummer 3 auf Antrag eines Elternteils die elterliche Sorge oder einen Teil der elterlichen Sorge beiden Eltern gemeinsam, wenn die Übertragung dem Kindeswohl nicht widerspricht. Trägt der andere Elternteil keine Gründe vor, die der Übertragung der gemeinsamen elterlichen Sorge entgegenstehen können, und sind solche Gründe auch sonst nicht ersichtlich, wird vermutet, dass die gemeinsame elterliche Sorge dem Kindeswohl nicht widerspricht.

Ein Kind zu haben und groß zu ziehen ist – wie bereits erwähnt – ein »natürliches« (Grund-)Recht und »die zuvörderst obliegende Pflicht« der Eltern, gemäß Art. 6, Abs. 2 GG.

3.1.1 Die Anwaltschaft der Heilpädagogik bei Kindeswohlgefährdung

Der Gesetzgeber sagt in demselben Artikel (Art. 6, Abs. 2, Satz 2) des GG jedoch auch »Über ihre Betätigung wacht die staatliche Gemeinschaft«. Mit dieser Aussage wird festgehalten, dass es eine Wächterfunktion des Staates in Form von (z. B.) Polizei und Jugendamt gibt. Diese Funktion ist insofern auch von Bedeutung, da jeder Mensch gleichwohl ein grundgesetzliches Recht auf körperliche Unversehrtheit (Art. 2, Abs. 2 GG) hat und hier ggf. zwei Rechtsgüter (Erziehung der Kinder vs. Unversehrtheit) sich gegenüberstehen könnten.

Art. 2 GG

(2) Jeder hat das Recht auf Leben und körperliche Unversehrtheit. Die Freiheit der Person ist unverletzlich. In diese Rechte darf nur auf Grund eines Gesetzes eingegriffen werden.

Diese Rechtsauffassung findet sich auch in der UN-Kinderrechtskonvention wieder.

Art. 19 UN-KRK »Schutz vor Gewaltanwendung, Misshandlung, Verwahrlosung«

(1) Die Vertragsstaaten treffen alle geeigneten Gesetzgebungs-, Verwaltungs-, Sozial- und Bildungsmaßnahmen, um das Kind vor jeder Form körperlicher oder geistiger Gewaltanwendung, Schadenszufügung oder Misshandlung, vor Verwahrlosung oder Vernachlässigung, vor schlechter Behandlung oder Ausbeutung einschließlich des sexuellen Missbrauchs zu schützen, solange es sich in der Obhut der Eltern oder eines Elternteils, eines Vormunds oder anderen gesetzlichen Vertreters oder einer anderen Person befindet, die das Kind betreut.

Wie notwendig diese Wächterfunktion ist, um das Wohl des Kindes zu beobachten und ggf. zu schützen, wird gerade in den vergangen Jahren in Deutschland deutlich. Immer mehr Fälle von Kindeswohlgefährdung haben dazu geführt, dass die Jugendämter in ihrer Rolle als Überwachungs- und Schutzgarant Kinder aus den Ursprungsfamilien herausnehmen und in eine institutionalisierte Betreuungsform (Kinder- und Jugendheim, betreute Wohngruppen etc.) unterbringen (sogenannte »Inobhutnahme«) mussten. Die »Arbeitsstelle Kinder- und Jugendhilfestatistik« (AKJ Stat) (2014) konstatiert, dass die Anzahl der Inobhutnahmen von 2008 bis 2012 bei gleichzeitigem Rückgang der Geburtenrate um 17 % gestiegen ist. Wie auch das Statistische Bundesamt (Destatis) in einer Pressemitteilung vom 16. September 2015 erklärte, hat die Zahl der Inobhutnahmen des Jugendamtes wegen Kindeswohlgefährdung deutlich zugenommen.

Im § 1666 BGB wird definiert, was unter »Kindeswohlgefährdung« zu verstehen ist.

---

§ 1666 BGB »Gerichtliche Maßnahmen bei Gefährdung des Kindeswohls«

(1) Wird das körperliche, geistige oder seelische Wohl des Kindes oder sein Vermögen gefährdet und sind die Eltern nicht gewillt oder nicht in der Lage, die Gefahr abzuwenden, so hat das Familiengericht die Maßnahmen zu treffen, die zur Abwendung der Gefahr erforderlich sind.

(3) Zu den gerichtlichen Maßnahmen nach Absatz 1 gehören insbesondere

1. Gebote, öffentliche Hilfen wie zum Beispiel Leistungen der Kinder- und Jugendhilfe und der Gesundheitsfürsorge in Anspruch zu nehmen,
2. Gebote, für die Einhaltung der Schulpflicht zu sorgen,
3. Verbote, vorübergehend oder auf unbestimmte Zeit die Familienwohnung oder eine andere Wohnung zu nutzen, sich in einem bestimmten Umkreis der

---

Wohnung aufzuhalten oder zu bestimmende andere Orte aufzusuchen, an denen sich das Kind regelmäßig aufhält,
4. Verbote, Verbindung zum Kind aufzunehmen oder ein Zusammentreffen mit dem Kind herbeizuführen,
5. die Ersetzung von Erklärungen des Inhabers der elterlichen Sorge,
6. die teilweise oder vollständige Entziehung der elterlichen Sorge.

(4) In Angelegenheiten der Personensorge kann das Gericht auch Maßnahmen mit Wirkung gegen einen Dritten treffen.

Es ist hilfreich, komplex strukturierte Paragraphen besser zu verstehen, wenn man diese zur Visualisierung aufteilt. Diese Technik nennt man »subsumieren«.

Bei dem Satzteil »Wird das körperliche, geistige oder seelische Wohl des Kindes oder sein Vermögen gefährdet...« benennt der Gesetzgeber das sogenannte
→ **Rechtsgut (A)**

In der Aussage »sind die Eltern nicht gewillt oder nicht in der Lage« ist unzweifelhaft eine
→ **schadhafte Handlung (B)**

zu verstehen. Ergänzend muss hinzugefügt werden, dass eine Handlung nicht immer ein aktiver Akt sein muss, auch ein Nicht-Handeln, das sogenannte »Unterlassen« (Hundmeyer, 2013, 38), zählt als Handlung.

Sind Eltern »nicht in der Lage«, eine Kindeswohlgefährdung abzustellen, dann meint der Gesetzgeber damit u. a. eine psychische Erkrankung, z. B. die schwere Depression einer alleinerziehenden Mutter, die es ihr unmöglich macht, sich um das Kind zu kümmern. Auch eine stoffgebundene Suchtmittelerkrankung (z. B. Drogen und/oder Alkohol) (Palandt et al., 2010, 1978, Note 14) oder eine mentale/kognitive (»geistige«) Behinderung der Eltern, die das Kindeswohl gefährden können, wenn diese aufgrund ihres Zustandes nicht die kindlichen Bedürfnisse erkennen und befriedigen können, subsumiert der Gesetzgeber unter dem Terminus »nicht in der Lage«.

Sind Eltern »nicht gewillt«, kann ihnen das Gericht schon einen Vorsatz oder zumindest eine Fahrlässigkeit unterstellen. Unter dem Begriff »Fahrlässigkeit« ist das Außerachtlassen der sogenannten Sorgfaltspflicht zu verstehen. Vorsätzlich handeln bedeutet: »Wissen und wollen«.

Mit dem Satzteil: »hat das Familiengericht die Maßnahmen zu treffen, die zur Abwendung der Gefahr erforderlich sind.« Skizziert der Gesetzgeber (eine oder mehrere) mögliche
→ **Rechtsfolge (C)**

Im dritten Absatz des § 1666 BGB benennt der Gesetzgeber, welche Optionen das Gericht hat, um die Kinderwohlgefährdung zu beenden. Wichtig zu beachten ist dabei das Wort »insbesondere«. Es skizziert eine nicht abschließende, exemplarische Aufzählung. Das Gericht kann und muss immer in der Besonderheit des Einzelfalls der Kindeswohlgefährdung reagieren, um diese zu beenden (siehe auch »objektive und subjektive Merkmale«). Dem Gericht stehen dafür viele verschiedene Handlungsoptionen (§ 1666, Abs. 3 BGB) zur Verfügung.

→ Handlungsoption (**D**)

Wird also ein Rechtsgut (**A**) des minderjährigen Kindes durch eine schadhafte Handlung der Eltern (**B**) beeinträchtigt (in diesem Fall das Kindeswohl), dann ergibt sich daraus eine entsprechende Rechtsfolge (**C**) (Rechtsfolge als Notwendigkeit des Handelns gegen die Eltern) und das zuständige Familiengericht muss handeln (**D**). Diese in Absatz 3 des § 1666 BGB nicht abschließend genannten Handlungsoptionen sind unter anderem:

- Den Eltern wird z. B. aufgegeben, eine Erziehungs- und Familienberatungsstelle, gemäß § 18 in Verbindung mit § 28 SGB VIII, aufzusuchen und/oder die Leistungen der staatlichen Gesundheitsvorsorge, z. B. in Form der Vorsorgeuntersuchungen durch die kommunalen Gesundheitsämter, in Anspruch zu nehmen.
- Um die Schulpflicht minderjähriger Kinder zu gewährleisten, kann das zuständige Familiengericht unter anderem das Jugendamt beauftragen, Kontakt mit der Schule aufzunehmen oder anzuordnen, dass das Kind/der Jugendliche zur Schule begleitet wird.
- Ein effektives Instrumentarium beim Thema »häusliche Gewalt« gegen ein minderjähriges Kind, das bei seinen Eltern lebt, hat der Gesetzgeber mit dem »Gesetz zum zivilrechtlichen Schutz vor Gewalttaten und Nachstellungen – GewSchG« geschaffen. Schon die Polizei ist berechtigt, einen gewalttätigen Elternteil der gemeinsamen Wohnung zu verweisen und diesem gegenüber zusätzlich ein zehntägiges Rückkehrverbot auszusprechen. Hat zum Beispiel ein Elternteil aufgrund einer Alkoholkrankheit und damit verbundenen gewaltvollen Übergriffen gegen das Kind das Kindeswohl gefährdet, so kann das Gericht (so auch § 1666, Abs. 3, Punkt 3 BGB) diesem Elternteil untersagen, die gemeinsam genutzte Wohnung wieder zu betreten. Dazu bestimmt das GewSchG in den §§ 1 und 2:

§ 1 GewSchG »Gerichtliche Maßnahmen zum Schutz vor Gewalt und Nachstellungen«

(1) Hat eine Person vorsätzlich den Körper, die Gesundheit oder die Freiheit einer anderen Person widerrechtlich verletzt, hat das Gericht auf Antrag der verletzten Person die zur Abwendung weiterer Verletzungen erforderlichen Maßnahmen zu treffen. Die Anordnungen sollen befristet werden; die Frist kann verlängert werden.

§ 2 GewSchG »Überlassung einer gemeinsam genutzten Wohnung«

(1) Hat die verletzte Person zum Zeitpunkt einer Tat nach § 1 Abs. 1 Satz 1, auch in Verbindung mit Abs. 3, mit dem Täter einen auf Dauer angelegten gemeinsamen Haushalt geführt, so kann sie von diesem verlangen, ihr die gemeinsam genutzte Wohnung zur alleinigen Benutzung zu überlassen.

- Ebenso kann das Familiengericht verfügen, dass eine Person (z. B. ein gewalttätiger Ehepartner) Kontakt (z. B. durch Umgangskontakte) mit dem Kind aufnimmt.
- Wenn alle anderen familiengerichtlichen Maßnahmen des § 1666, Abs. 3 BGB gescheitert oder aufgrund des Einzelfalls nicht in Frage kommen, kann das Familiengericht Eltern die elterliche Sorge oder Teile der elterlichen Sorge aberkennen und diese einem Dritten (zumeist dem zuständigen Jugendamt) übertragen. Das Kind bekommt dann einen »Vormund«, der die inne liegenden Aufgaben der elterlichen Sorge regelt.

---

§ 1773 BGB »Voraussetzungen«

(1) Ein Minderjähriger erhält einen Vormund, wenn er nicht unter elterlicher Sorge steht oder wenn die Eltern weder in den die Person noch in den das Vermögen betreffenden Angelegenheiten zur Vertretung des Minderjährigen berechtigt sind.

In Verbindung mit:

§ 55 SGB VIII »Beistandschaft, Amtspflegschaft und Amtsvormundschaft«

(1) Das Jugendamt wird Beistand, Pfleger oder Vormund in den durch das Bürgerliche Gesetzbuch vorgesehenen Fällen (Beistandschaft, Amtspflegschaft, Amtsvormundschaft).

(2) Das Jugendamt überträgt die Ausübung der Aufgaben des Beistands, des Amtspflegers oder des Amtsvormunds einzelnen seiner Beamten oder Angestellten. Vor der Übertragung der Aufgaben des Amtspflegers oder des Amtsvormunds soll das Jugendamt das Kind oder den Jugendlichen zur Auswahl des Beamten oder Angestellten mündlich anhören, soweit dies nach Alter und Entwicklungsstand des Kindes oder Jugendlichen möglich ist. Eine ausnahmsweise vor der Übertragung unterbliebene Anhörung ist unverzüglich nachzuholen. Ein vollzeitbeschäftigter Beamter oder Angestellter, der nur mit der Führung von Vormundschaften oder Pflegschaften betraut ist, soll höchstens 50 und bei gleichzeitiger Wahrnehmung anderer Aufgaben entsprechend weniger Vormundschaften oder Pflegschaften führen.

Pflege und Erziehung der Kinder sind das natürliche Recht der Eltern und die zuvörderst ihnen obliegende Pflicht, schreibt der Art. 6 des Grundgesetz vor und rekurriert darauf, dass Eltern-Sein ein Grundrecht sei. Dieses Grundrecht zu »beschneiden«, wie es Art. 6, Abs. 2, Satz 2 GG vorsehen kann und Kinder von ihren Eltern zu trennen und von ihnen die »ihnen zuvörderst obliegende Pflicht« zur Erziehung ihrer Kinder zu übernehmen, ist rechtsstaatlich geregelt und ein komplexes Prozedere.

Ein Beispiel aus der Praxis des Kindschaftsrecht soll das Vorgehen des Staates bei Kindeswohlgefährdung verdeutlichen:

Beispiel

Eine besorgte Nachbarin eines Mehrfamilienhauses in Hamburg-Billstedt meldet sich beim Jugendamt. Sie gibt an, dass sie vermutet, die alleinerziehende Nachbarin sei mit der Erziehung und Versorgung ihrer drei minderjährigen Kinder (zwei, vier und fünf Jahre alt) überfordert. Die Kinder seien eigentlich nie witterungsentsprechend gekleidet, fragten schon mehrfach nach Essen bei ihr und hielten sich zu später Stunde vor dem Haus auf der Straße auf. Mehrfach habe die Frau ihre Nachbarin stark alkoholisiert angetroffen. Bei einem unangekündigten Hausbesuch des zuständigen Jugendamts bestätigen sich die Aussagen der besorgten Nachbarin. Der fünfjährige Junge öffnet die Wohnungstür, als den beiden Mitarbeitern des Jugendamts ein übler Geruch entgegen strömt. Die Wohnung ist verwahrlost und zugemüllt. Der Junge, der stark unterernährt wirkt, hat nur einen schmutzige Unterhose und ein schmutziges T-Shirt an, seine Geschwisterkinder sind in einem Gitterbettchen in der Küche. Die Mutter ist, laut Aussage des Fünfjährigen, nicht da, er wisse auch nicht, wo diese sei und wann sie wiederkomme. Die Mitarbeiter des Jugendamts beschließen, zur Gefahrenabwehr die Kinder in ihre Obhut zu nehmen und bringen alle drei in eine Not-Pflegefamilie. Nach drei Tagen meldet sich die Mutter telefonisch beim Jugendamt und wirkt am Telefon stark alkoholisiert. Die Mitarbeiter des Jugendamts bitten die Mutter zu einem Gespräch in die Behörde. Als die Mutter der drei Kinder an dem vereinbarten Termin im Jugendamt erscheint, ist sie wiederum alkoholisiert und macht Aussagen wie, »es sei ihr egal, was mit diesen Blagen passiert« und »die fressen mir eh' nur die Haare vom Kopf und sind zu nichts nutze«. Hilfsangebote, z. B. eine Familienhilfe, lehnt die aggressiv wirkende Frau kategorisch ab.

Da die derzeitige Gesprächsbereitschaft der Mutter kaum gegeben ist und sie sehr deutlich ihren Standpunkt zu ihren Kindern deutlich gemacht hat, beschließt das Jugendamt beim Familiengericht einen Antrag auf Entzug der »elterlichen Sorge« zum Nachteil der Mutter zu stellen.

Im Folgenden soll dargestellt werden, welche familienrechtliche Schritte gegangen werden, um der Mutter als Personensorgeberechtigte für ihre drei minderjährigen Kinder die elterliche Sorge abzuerkennen:

1. Nachdem das Jugendamt die Kinder zur Gefahrenabwehr *in Obhut genommen* hat, muss eine richterliche Entscheidung eingeholt werden.

Art. 9, Abs. 1, Satz 2 UN-KRK »Trennung von den Eltern; persönlicher Umgang«

(1) Die Vertragsstaaten stellen sicher, dass ein Kind nicht gegen den Willen seiner Eltern von diesen getrennt wird, es sei denn, dass die zu-

ständigen Behörden in einer gerichtlich nachprüfbaren Entscheidung nach den anzuwendenden Rechtsvorschriften und Verfahren bestimmen, dass diese Trennung zum Wohl des Kindes notwendig ist. Eine solche Entscheidung kann im Einzelfall notwendig werden, wie etwa wenn das Kind durch die Eltern misshandelt oder vernachlässigt wird oder wenn bei getrennt lebenden Eltern eine Entscheidung über den Aufenthaltsort des Kindes zu treffen ist.

§ 42 SGB VIII »Inobhutnahme von Kindern und Jugendlichen«

(1) Das Jugendamt ist berechtigt und verpflichtet, ein Kind oder einen Jugendlichen in seine Obhut zu nehmen, wenn

1. das Kind oder der Jugendliche um Obhut bittet oder
2. eine dringende Gefahr für das Wohl des Kindes oder des Jugendlichen die Inobhutnahme erfordert und die Personensorgeberechtigten nicht widersprechen oder eine familiengerichtliche Entscheidung nicht rechtzeitig eingeholt werden kann oder
3. ein ausländisches Kind oder ein ausländischer Jugendlicher unbegleitet nach Deutschland kommt und sich weder Personensorge- noch Erziehungsberechtigte im Inland aufhalten.

§ 23b GVG (Gerichtsverfassungsgesetz)

(1) Bei den Amtsgerichten werden Abteilungen für Familiensachen (Familiengerichte) gebildet.

§ 49 FamFG »Einstweilige Anordnung« (Gesetz über das Verfahren in Familiensachen und in den Angelegenheiten der freiwilligen Gerichtsbarkeit (FamFG))

(1) Das Gericht kann durch einstweilige Anordnung eine vorläufige Maßnahme treffen, soweit dies nach den für das Rechtsverhältnis maßgebenden Vorschriften gerechtfertigt ist und ein dringendes Bedürfnis für ein sofortiges Tätigwerden besteht.

2. Gleich mehrere Tatbestände des § 1666 BGB lagen vor: das körperliche Wohl (Mangelernährung, Kleidung), das seelische Wohl (Kinder wussten nicht, wo ihre Mutter ist) waren gefährdet. Die Mutter zeigte kein Interesse, diese Situation abzustellen, sodass dem Jugendamt kein anderer Weg übrigblieb, als beim zuständigen Familiengericht einen *Antrag auf Übertragung der »elterlichen Sorge«* oder – *hilfsweise* – auf *Übertragung des »Aufenthaltsbestimmungsrechts«* zu stellen.
3. Das zuständige Familiengericht *muss* Anträge auf Entziehung der elterlichen Sorge bei Kindeswohlgefährdung zügig bearbeiten.

---

§ 155 FamFG »Vorrang- und Beschleunigungsgebot«

(1) Kindschaftssachen, die den Aufenthalt des Kindes, das Umgangsrecht oder die Herausgabe des Kindes betreffen, sowie Verfahren wegen Gefährdung des Kindeswohls sind vorrangig und beschleunigt durchzuführen.

4. Zur Beweissicherung sind die *Verfahrensbeteiligten* zu *laden und anzuhören*. In diesem Fall zwingend die *Mutter*, das zuständige *Jugendamt* und *ggf. die Kinder*.

§ 160 FamFG »Anhörung der Eltern«

(1) In Verfahren, die die Person des Kindes betreffen, soll das Gericht die Eltern persönlich anhören. In Verfahren nach den §§ 1666 und 1666a des Bürgerlichen Gesetzbuchs sind die Eltern persönlich anzuhören.

§ 162 FamFG »Mitwirkung des Jugendamts«

(1) Das Gericht hat in Verfahren, die die Person des Kindes betreffen, das Jugendamt anzuhören. Unterbleibt die Anhörung wegen Gefahr im Verzug, ist sie unverzüglich nachzuholen.

(2) In Verfahren nach den §§ 1666 und 1666a des Bürgerlichen Gesetzbuchs ist das Jugendamt zu beteiligen. Im Übrigen ist das Jugendamt auf seinen Antrag am Verfahren zu beteiligen.

§ 50 SGB VIII »Mitwirkung in Verfahren vor den Familiengerichten«

(1) Das Jugendamt unterstützt das Familiengericht bei allen Maßnahmen, die die Sorge für die Person von Kindern und Jugendlichen betreffen. Es hat in folgenden Verfahren nach dem Gesetz über das Verfahren in Familiensachen und in den Angelegenheiten der freiwilligen Gerichtsbarkeit mitzuwirken:

1. Kindschaftssachen (§ 162 des Gesetzes über das Verfahren in Familiensachen und in den Angelegenheiten der freiwilligen Gerichtsbarkeit), [...]

(2) Das Jugendamt unterrichtet insbesondere über angebotene und erbrachte Leistungen, bringt erzieherische und soziale Gesichtspunkte zur Entwicklung des Kindes oder des Jugendlichen ein und weist auf weitere Möglichkeiten der Hilfe hin. In Kindschaftssachen informiert das Jugendamt das Familiengericht in dem Termin nach § 155 Absatz 2 des Gesetzes über das Verfahren in Familiensachen und in den Angelegenheiten der freiwilligen Gerichtsbarkeit über den Stand des Beratungsprozesses.

§ 159 FamFG »Persönliche Anhörung des Kindes«

(1) Das Gericht hat das Kind persönlich anzuhören, wenn es das 14. Lebensjahr vollendet hat. Betrifft das Verfahren ausschließlich das Vermögen des Kindes, kann von einer persönlichen Anhörung abgesehen werden, wenn eine solche nach der Art der Angelegenheit nicht angezeigt ist.

(2) Hat das Kind das 14. Lebensjahr noch nicht vollendet, ist es persönlich anzuhören, wenn die Neigungen, Bindungen oder der Wille des Kindes für die Entscheidung von Bedeutung sind oder wenn eine persönliche Anhörung aus sonstigen Gründen angezeigt ist.

(3) Von einer persönlichen Anhörung nach Absatz 1 oder Absatz 2 darf das Gericht aus schwerwiegenden Gründen absehen. Unterbleibt eine Anhörung allein wegen Gefahr im Verzug, ist sie unverzüglich nachzuholen.

So auch:

Art. 9, Abs. 2 UN-KRK »Trennung von den Eltern; persönlicher Umgang«

(2) In Verfahren nach Absatz 1 ist allen Beteiligten Gelegenheit zu geben, am Verfahren teilzunehmen und ihre Meinung zu äußern.

5. Zudem muss das Familiengericht einen sogenannten *Verfahrensbeistand* bestellen. Der Verfahrensbeistand fungiert als *Anwalt des Kindes* und hat die Aufgabe, die Interessen des Kindes, die oftmals widersprüchlich gegenüber einem oder manchmal auch mehreren weiteren Verfahrensbeteiligten (z. B. bei Sorgerechtsstreitigkeiten getrennt lebender Eltern) sein können, zum Ausdruck zu bringen.

§ 158 FamFG »Verfahrensbeistand«

(1) Das Gericht hat dem minderjährigen Kind in Kindschaftssachen, die seine Person betreffen, einen geeigneten Verfahrensbeistand zu bestellen, soweit dies zur Wahrnehmung seiner Interessen erforderlich ist.

(2) Die Bestellung ist in der Regel erforderlich,

1. wenn das Interesse des Kindes zu dem seiner gesetzlichen Vertreter in erheblichem Gegensatz steht,

in Verfahren nach den §§ 1666 und 1666a des Bürgerlichen Gesetzbuchs, wenn die teilweise oder vollständige Entziehung der Personensorge in Betracht kommt, [...]

6. Auch ein *Sachverständigengutachten*, z. B. zur Beurteilung der derzeitigen Erziehungsfähigkeit der Mutter, kann vom Familiengericht eingeholt werden.

> **§ 163 FamFG »Fristsetzung bei schriftlicher Begutachtung; Inhalt des Gutachtenauftrags; Vernehmung des Kindes«**
>
> (1) Wird schriftliche Begutachtung angeordnet, setzt das Gericht dem Sachverständigen zugleich eine Frist, innerhalb derer er das Gutachten einzureichen hat.

7. Zur Beweissicherung kann das Familiengericht noch weitere Personen, die zum Sachverhalt beitragen können, laden. In diesem Fall wäre es ggf. die Nachbarin sowie die Pflegefamilie. Auch Heilpädagoginnen, die im Auftrag des Jugendamtes die Kinder in einer Kindertagesstätte betreuen, kann das Familiengericht laden, wenn sie zur Sachverhaltsklärung dienlich sind.

> **§ 161 FamFG »Mitwirkung der Pflegeperson«**
>
> (1) Das Gericht kann in Verfahren, die die Person des Kindes betreffen, die Pflegeperson im Interesse des Kindes als Beteiligte hinzuziehen, wenn das Kind seit längerer Zeit in Familienpflege lebt. Satz 1 gilt entsprechend, wenn das Kind auf Grund einer Entscheidung nach § 1682 des Bürgerlichen Gesetzbuchs bei dem dort genannten Ehegatten, Lebenspartner oder Umgangsberechtigten lebt.

8. Es ist davon auszugehen, dass das zuständige Familiengericht nunmehr genügend Informationen, Stellungnahmen und Eindrücke von der Situation hat, sodass die/der verantwortliche Richterin/Richter einen *Beschluss* (Kroiß/Seiler, 2008, 111) verkünden kann.

> **§ 38 FamFG »Entscheidung durch Beschluss«**
>
> (1) Das Gericht entscheidet durch Beschluss, soweit durch die Entscheidung der Verfahrensgegenstand ganz oder teilweise erledigt wird (Endentscheidung). Für Registersachen kann durch Gesetz Abweichendes bestimmt werden.

9. Mit an Sicherheit grenzender Wahrscheinlichkeit wird das Familiengericht in diesem Fall der Mutter die elterliche Sorge bzw. das Aufenthaltsbestimmungsrecht für ihre drei minderjährigen Kinder entziehen (siehe § 1666 BGB) und dem Jugendamt Hamburg-Mitte – in diesem Fall einem sogenannten »Vormund« (siehe § 1773 BGB) – übertragen.

Heilpädagoginnen die in Integration-/Inklusionskindertagesstätten, Jugendfreizeit-einrichtungen und/oder Kinder- und Jugendheimen beschäftigt sind, kommt seit dem 1. Oktober 2005 eine besondere Rolle und ggf. Funktion in Sachen »Kindesschutz bei Kindeswohlgefährdung« zu. Der Gesetzgeber reformierte 2005 das Kinder- und Jugendhilfegesetz (SGB VIII) und ergänzte es um das sogenannte »Kinder- und Jugendhilfeweiterentwicklungsgesetz (KICK)« (Münder/Meysen/Trenczak, 2013, 64). Kernstück des KICK war die Ergänzung des § 8 SGB VIII um den § 8a SGB VIII.

---

§ 8a SGB VIII »Schutzauftrag bei Kindeswohlgefährdung«

(1) Werden dem Jugendamt gewichtige Anhaltspunkte für die Gefährdung des Wohls eines Kindes oder Jugendlichen bekannt, so hat es das Gefährdungsrisiko im Zusammenwirken mehrerer Fachkräfte einzuschätzen. Soweit der wirksame Schutz dieses Kindes oder dieses Jugendlichen nicht in Frage gestellt wird, hat das Jugendamt die Erziehungsberechtigten sowie das Kind oder den Jugendlichen in die Gefährdungseinschätzung einzubeziehen und, sofern dies nach fachlicher Einschätzung erforderlich ist, sich dabei einen unmittelbaren Eindruck von dem Kind und von seiner persönlichen Umgebung zu verschaffen. Hält das Jugendamt zur Abwendung der Gefährdung die Gewährung von Hilfen für geeignet und notwendig, so hat es diese den Erziehungsberechtigten anzubieten.

(2) Hält das Jugendamt das Tätigwerden des Familiengerichts für erforderlich, so hat es das Gericht anzurufen; dies gilt auch, wenn die Erziehungsberechtigten nicht bereit oder in der Lage sind, bei der Abschätzung des Gefährdungsrisikos mitzuwirken. Besteht eine dringende Gefahr und kann die Entscheidung des Gerichts nicht abgewartet werden, so ist das Jugendamt verpflichtet, das Kind oder den Jugendlichen in Obhut zu nehmen.

(4) In Vereinbarungen mit den Trägern von Einrichtungen und Diensten, die Leistungen nach diesem Buch erbringen, ist sicherzustellen, dass

1. deren Fachkräfte bei Bekanntwerden gewichtiger Anhaltspunkte für die Gefährdung eines von ihnen betreuten Kindes oder Jugendlichen eine Gefährdungseinschätzung vornehmen,
2. bei der Gefährdungseinschätzung eine insoweit erfahrene Fachkraft beratend hinzugezogen wird sowie
3. die Erziehungsberechtigten sowie das Kind oder der Jugendliche in die Gefährdungseinschätzung einbezogen werden, soweit hierdurch der wirksame Schutz des Kindes oder Jugendlichen nicht in Frage gestellt wird.

In die Vereinbarung ist neben den Kriterien für die Qualifikation der beratend hinzuzuziehenden insoweit erfahrenen Fachkraft insbesondere die Verpflichtung aufzunehmen, dass die Fachkräfte der Träger bei den Erziehungsberechtigten auf die Inanspruchnahme von Hilfen hinwirken, wenn sie diese für erforderlich halten, und das Jugendamt informieren, falls die Gefährdung nicht anders abgewendet werden kann.

Der Gesetzgeber wollte mit der Einführung des »KICK« den Garantenauftrag des Jugendamtes zum Kinderschutz (bei einer Kindeswohlgefährdung nach § 1666 BGB) klar auf die Einrichtungen, mit denen das Jugendamt vertraglich zusammenarbeitet, übertragen wissen. Hierzu sollen die Einrichtungen »insoweit erfahrene Fachkräfte« für den Kinderschutz (§ 8a, Abs. 4 SGB VIII) einsetzen, die das Gefahrenrisiko abschätzen und dann gegebenenfalls tätig werden, indem sie entweder mit den Eltern (Erziehungs- und Sorgeberechtigten) sprechen und/oder das zuständige Jugendamt informieren. Problematisch ist, dass der Begriff »insoweit erfahrene Fachkraft« für Kinderschutz nicht rechtsspezifisch ist und es bis heute keine verbindlichen Richtlinien, geschweige denn einheitliche Ausbildungsstandards für eine solche Weiterbildung gibt.

Vielerorts sehen sich Heilpädagoginnen in der Rolle einer »insoweit erfahrenen Fachkraft« für Kinderschutz überfordert und unzureichend qualifiziert, um diese verantwortungsvolle Aufgabe zu übernehmen. Diese Problematik zeigt sich schon bei den zentralen Fragestellungen »Wann ist das Kindeswohl gefährdet bzw. wie kann man das feststellen?« und »Ab wann muss die insoweit erfahrene Fachkraft das Jugendamt benachrichtigen?«.

In den letzten Jahren gab es zu diesen Fragestellungen zahlreiche (diagnostische) Instrumentarien verschiedener Träger und Kommunen, mit denen eine »insofern erfahrene Fachkraft« eine Kindeswohlgefährdung verifizieren sollte. Drei Instrumentarien, die helfen können, eine Entscheidung zum Gefährdungspotenzial für das Kindeswohl zu treffen, möchten wir hier vorstellen.

Die sächsische Landeshauptstadt Dresden hat einen umfangreichen »Ampelbogen« entwickelt, der das Gefährdungsrisiko einer Kindeswohlgefährdung bei Säuglingen bis Jugendliche im Alter von 0 bis 18 Jahren einschätzt. Dieser »Dresdner Kinderschutzordner« kann kostenlos aus dem Internet unter http://www.dresden.de/de/leben/kinder/kinderschutz/fachkraefte.php (29.09.2015) heruntergeladen werden.

Auch das Bundesland Berlin hat in Kooperation mit dem Bundesland Brandenburg einen hilfreichen »Handlungsleitfaden zum Berliner Kinderschutzverfahren« entwickelt. Dieser ist ebenso für Kinder von 0 bis 18 Jahren konzipiert und kann kostenfrei als PDF-Datei aus dem Internet heruntergeladen werden (http://sfbb.berlin-brandenburg.de/sixcms/media.php/bb2.a.5723.de/201209_Leitfaden_Berliner_Kinderschutzverfahren.pdf).

Der Kommunalverband für Jugend und Soziales Baden-Württemberg hat gleichwohl eine empfehlenswerte Dokumentation kostenlos zur Verfügung gestellt, die Heilpädagoginnen als »insoweit erfahrene Fachkraft« für Kinderschutz in Kindertagesstätten helfen sollen, eine Kindeswohlgefährdung festzustellen. Die sogenannte »KiWo-Skala« ist für Kinder in einem Altersbereich von 0;4 bis 6;11 konzipiert und überzeugt durch eine unproblematische Handhabung (http://www.kvjs.de/fileadmin/publikationen/jugend/Bericht_KiWo_Skala.pdf).

Um den Kinderschutz weiterhin kontinuierlich verbessernd auszubauen, hat der Gesetzgeber im Jahr 2012 das »Bundeskinderschutzgesetz« (BuKiSChG) in Kraft treten lassen (Maysen/Eschelbach, 2012). Ein wesentlicher Bestandteil dieses

Artikelgesetzes[2] ist das »Gesetz zur Kooperation und Information im Kindes-schutz« (KKG). In diesem KKG fordert der Gesetzgeber, dass sogenannte »Netz-werke Frühe Hilfen« für den wirksamen Kinderschutz kommunal und bundes-einheitlich auf- bzw. ausgebaut werden. Die organisatorische Verantwortung für die »Netzwerke Frühe Hilfen« hat gemäß § 3, Abs. 3 KKG das entsprechende Ju-gendamt inne.

Mit dem bereits erwähnten BuKiSchG und dem KKG will der Gesetzgeber »Lücken« im wirksamen Kinderschutz schließen. Eine dieser »Lücken« ergab sich zum Beispiel aus der Problematik, dass Kinderärzte der ärztlichen Schweigepflicht unterliegen und daher keine Meldung an das Jugendamt machen durften, wenn ihnen bei der Untersuchung eines Kindes eindeutige Hinweise auf eine Kindes-wohlgefährdung aufgefallen sind. Dass diese rechtliche Würdigung vieler Ärzte vor in Kraft treten des BuKiSchG fragwürdig war, soll an einer anderen Stelle wieder aufgegriffen werden.

Eine Neuerung des KKG ist, dass nunmehr auch Heilpädagoginnen im Bereich »Frühförderung« in »Sozialpädiatrischen Zentren« (SPZ) und/oder »Interdiszi-plinären Frühförderstellen« (IFF) explizit genannt sind, um mit den »Netzwerken Frühe Hilfen« zusammenzuarbeiten. Dasselbe gilt für Heilpädagoginnen in den Berufs- und Handlungsfelder der Behindertenhilfe und der Jugendhilfe.

---

§ 3 KKG »Rahmenbedingungen für verbindliche Netzwerkstrukturen im Kinderschutz«

(1) In den Ländern werden insbesondere im Bereich Früher Hilfen flächendeckend verbindliche Strukturen der Zusammenarbeit der zuständigen Leistungsträger und Institutionen im Kinderschutz mit dem Ziel aufgebaut und weiterentwickelt, sich gegenseitig über das jeweilige Angebots- und Aufgabenspektrum zu infor-mieren, strukturelle Fragen der Angebotsgestaltung und -entwicklung zu klären sowie Verfahren im Kinderschutz aufeinander abzustimmen.

(2) In das Netzwerk sollen insbesondere Einrichtungen und Dienste der öf-fentlichen und freien Jugendhilfe, Einrichtungen und Dienste, mit denen Ver-träge nach § 75 Absatz 3 des Zwölften Buches Sozialgesetzbuch bestehen, Ge-sundheitsämter, Sozialämter, Gemeinsame Servicestellen, Schulen, Polizei- und Ordnungsbehörden, Agenturen für Arbeit, Krankenhäuser, Sozialpädiatrische Zentren, Frühförderstellen, Beratungsstellen für soziale Problemlagen, Bera-tungsstellen nach den §§ 3 und 8 des Schwangerschaftskonfliktgesetzes, Ein-richtungen und Dienste zur Müttergenesung sowie zum Schutz gegen Gewalt in engen sozialen Beziehungen, Familienbildungsstätten, Familiengerichte und Angehörige der Heilberufe einbezogen werden.

---

2 Artikelgesetz bedeutet, dass dieses Gesetz aus verschiedenen Artikeln (Abschnitten/Kapi-teln) besteht, die einerseits neue Gesetze beinhalten und andererseits bereits bestehende Gesetze ändern.

Der Auf- und Ausbau eines wirksamen Kinderschutzes, unter anderem durch Netzwerkarbeit, ist sehr zu begrüßen. Jedoch darf ein ergänzender juristischer Aspekt nicht vernachlässigt werden. Einen Menschen (Kind/Jugendlicher) in seiner Gesundheit und/oder seiner körperlichen Unversehrtheit zu schaden, ggf. durch Unachtsamkeit, ist einerseits ein Delikt, welches ggf. zivilrechtliche Folgen (z. B. Schadensersatz) durch das BGB nach sich ziehen kann.

---

§ 823 BGB »Schadensersatzpflicht«

(1) Wer vorsätzlich oder fahrlässig das Leben, den Körper, die Gesundheit, die Freiheit, das Eigentum oder ein sonstiges Recht eines anderen widerrechtlich verletzt, ist dem anderen zum Ersatz des daraus entstehenden Schadens verpflichtet.

§ 253 BGB »Immaterieller Schaden«

(2) Ist wegen einer Verletzung des Körpers, der Gesundheit, der Freiheit oder der sexuellen Selbstbestimmung Schadensersatz zu leisten, kann auch wegen des Schadens, der nicht Vermögensschaden ist, eine billige Entschädigung in Geld gefordert werden.

Andererseits ist einem Menschen an seiner Gesundheit und/oder seiner körperlichen Unversehrtheit zu schaden auch ein Straftatbestand des StGB, der das Interesse der Öffentlichkeit in Form von Staatsanwaltschaft, Polizei und Strafgerichten an Strafverfolgung weckt.

Vernachlässigen Eltern als Personensorgeberechtigte ihre elterliche Sorge gegenüber ihrem minderjährigen Kind, liegt hier gegebenenfalls eine Straftat vor.

---

§ 171 StGB »Verletzung der Fürsorge- oder Erziehungspflicht«

Wer seine Fürsorge- oder Erziehungspflicht gegenüber einer Person unter sechzehn Jahren gröblich verletzt und dadurch den Schutzbefohlenen in die Gefahr bringt, in seiner körperlichen oder psychischen Entwicklung erheblich geschädigt zu werden, einen kriminellen Lebenswandel zu führen oder der Prostitution nachzugehen, wird mit Freiheitsstrafe bis zu drei Jahren oder mit Geldstrafe bestraft.

Das Strafgesetzbuch ist – wie andere Gesetzestexte auch – in verschiedene Abschnitte unterteilt, die wie Kapitel oder Überschriften in einem Buch gesehen werden könnten. So lautet der 17. Abschnitt des Strafgesetzbuchs »Straftaten gegen die körperliche Unversehrtheit« und subsumiert unter anderem Straftaten wie »Körperverletzung« bis hin zur »Körperverletzung mit Todesfolge«.

Wenn also Eltern in Ausübung der »elterlichen Sorge« ihrem minderjährigen Kind zum Beispiel eine Ohrfeige geben, begehen sie nicht nur eine deliktische Handlung im Sinne des § 1631, Abs. 2 (und nachfolgend ggf. § 1666 BGB), sondern auch eine Straftat im Sinne des § 223 StGB.

---

§ 1631 BGB »Inhalt und Grenzen der Personensorge«

(2) Kinder haben ein Recht auf gewaltfreie Erziehung. Körperliche Bestrafungen, seelische Verletzungen und andere entwürdigende Maßnahmen sind unzulässig.

§ 223 StGB »Körperverletzung«

(1) Wer eine andere Person körperlich misshandelt oder an der Gesundheit schädigt, wird mit Freiheitsstrafe bis zu fünf Jahren oder mit Geldstrafe bestraft.

Doch wie verhält es sich, wenn Heilpädagoginnen in Ausübung ihres Berufes darum wissen, dass Eltern als Inhaber der »elterlichen Sorge« ihre minderjährigen Kinder körperlich, seelisch und/oder geistig z. B. durch Ohrfeigen schädigen?

Dazu bestimmt § 13 StGB sehr eindeutig:

---

§ 13 StGB »Begehen durch Unterlassen«

(1) Wer es unterläßt, einen Erfolg abzuwenden, der zum Tatbestand eines Strafgesetzes gehört, ist nach diesem Gesetz nur dann strafbar, wenn er rechtlich dafür einzustehen hat, daß der Erfolg nicht eintritt, und wenn das Unterlassen der Verwirklichung des gesetzlichen Tatbestandes durch ein Tun entspricht.

Wenn also die Heilpädagogin oder der zuvor erwähnte Kinderarzt – so der § 13 StGB – eine Straftat begehen können, weil sie es unterlassen, bei Kenntnis einer Straftat zu handeln, dann machen sie sich ggf. genauso strafbar und können dafür belangt werden. Insofern fällt der Heilpädagogin durch § 13 StGB eine besondere Schutzfunktion für die ihr anvertrauten Menschen zu. Sie hat eine sogenannte »Garantenstellung«.

Bei der »Garantenstellung« im Sinne des § 13 StGB wird unterschieden in »Beschützergarant« und »Überwachergarant«.

Am Praxisbeispiel weiter oben lässt sich gut erklären, was die Rolle und die Funktion des Beschützergaranten ist. Die drei minderjährigen Kinder und deren Bedürfnisse nach ausreichend Nahrung, sauberer Kleidung und Fürsorge durch die Mutter als Inhaberin der elterlichen Sorge sind hier die »Rechtsgüter«. Die Mutter stellt mit ihrer Alkoholkrankheit eine »Gefahrenquelle« dar. Das Jugendamt, das Kenntnis über die desolaten Zustände der Hamburger Familie hat, ist der

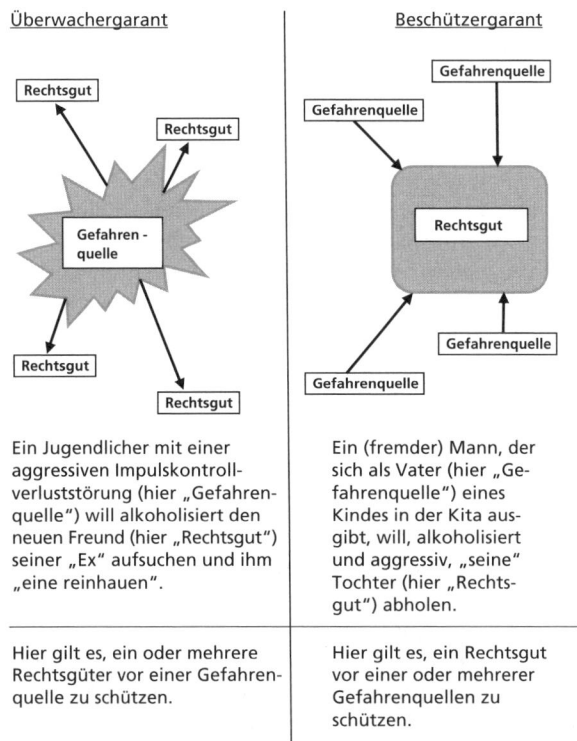

Überwachergarant | Beschützergarant

Ein Jugendlicher mit einer aggressiven Impulskontroll-verluststörung (hier „Gefahren-quelle") will alkoholisiert den neuen Freund (hier „Rechtsgut") seiner „Ex" aufsuchen und ihm „eine reinhauen".

Ein (fremder) Mann, der sich als Vater (hier „Ge-fahrenquelle") eines Kindes in der Kita aus-gibt, will, alkoholisiert und aggressiv, „seine" Tochter (hier „Rechts-gut") abholen.

Hier gilt es, ein oder mehrere Rechtsgüter vor einer Gefahren-quelle zu schützen.

Hier gilt es, ein Rechtsgut vor einer oder mehrerer Gefahrenquellen zu schützen.

Abb. 7: Garantenstellung

Beschützergarant und muss handeln, bevor etwas Schlimmeres passiert. Wenn die Mutter beispielsweise im stark alkoholisierten Zustand eines der Kinder ver-letzt, dann hat das Jugendamt diese Tat durch Untätigkeit – im weitesten Sinne – (mit-)begangen (»Begehen durch Unterlassen«).

Wenn ein junger Mann nach einer ausgelassenen Familienfeier, bei der reich-lich Alkohol geflossen ist, stark alkoholisiert in sein Auto steigen will, um Zigaretten zu kaufen, dann ist er eine »Gefahrenquelle«. Er könnte ja in seinem alkoholisierten und nicht mehr fahrtüchtigen Zustand in eine Gruppe Nacht-wanderer (hier die »Rechtsgüter«) fahren und diese nicht unerheblich verletzten. Wenn die Familienangehörigen den jungen Mann nicht von der »Alkoholfahrt« abhalten, machen sie sich ggf. mitschuldig. Sie haben es unterlassen, eine mög-liche Straftat zu vereiteln.

In beiden Fällen sind die Überwacher- und Beschützergaranten gefordert, um nicht selbst haftbar und/oder strafrechtlich zur Verantwortung gezogen zu werden.

Es stellt sich die Frage: Dürfen Ärzte – entgegen ihrer Schweigepflicht – auch vor Inkrafttreten des BuKiSchG dem Jugendamt, beim ärztlich begründeten Verdacht der Körperverletzung nach § 223 StGB, eine Meldung machen?

Darf dem jungen Mann der Autoschlüssel abgenommen werden, damit er diese »Alkoholfahrt« nicht machen kann? Immerhin wird mit der Wegnahme des Autoschlüssels ein Diebstahl (§ 242 StGB) begangen, wodurch der junge Mann nicht Auto fahren kann (Nötigung: § 240 StGB).

In beiden Fällen spielt die Wertigkeit des Rechtsguts und die damit einhergehende handelnde Interessenabwägung (subjektiver Tatbestand) eine wichtige Rolle.

Die Unverletzlichkeit des Körpers ist nach Art. 2 des Grundgesetzes ein Grundrecht. Das heißt, dass hier zwei Rechtsgüter (Verschwiegenheitspflicht des Arztes und Besitz des eigenen Autoschlüssels vs. körperliche Unversehrtheit des Kindes/der Nachtwanderer) gegeneinander abgewogen werden müssen. Da das Grundrecht höherwertiger ist, dürfte eine Entscheidung, nicht nur aufgrund des reinen Menschenverstandes, sondern auch aufgrund rechtlicher Prioritäten klar auf der Hand liegen. Und dennoch verstoßen der Arzt, derjenige, der dem alkoholisierten Autofahrer den Schlüssel abnimmt, und das Jugendamt im Praxisbeispiel 6 gegen geltendes Recht.

In diesem Fall ist das Handeln jedoch rechtlich im Rahmen der sogenannten »Notwehr«.

---

§ 34 StGB »Rechtfertigender Notstand«

Wer in einer gegenwärtigen, nicht anders abwendbaren Gefahr für Leben, Leib, Freiheit, Ehre, Eigentum oder ein anderes Rechtsgut eine Tat begeht, um die Gefahr von sich oder einem anderen abzuwenden, handelt nicht rechtswidrig, wenn bei Abwägung der widerstreitenden Interessen, namentlich der betroffenen Rechtsgüter und des Grades der ihnen drohenden Gefahren, das geschützte Interesse das beeinträchtigte wesentlich überwiegt. Dies gilt jedoch nur, soweit die Tat ein angemessenes Mittel ist, die Gefahr abzuwenden.

§ 35 StGB »Entschuldigender Notstand«

(1) Wer in einer gegenwärtigen, nicht anders abwendbaren Gefahr für Leben, Leib oder Freiheit eine rechtswidrige Tat begeht, um die Gefahr von sich, einem Angehörigen oder einer anderen ihm nahestehenden Person abzuwenden, handelt ohne Schuld.

§ 228 BGB »Notstand«

Wer eine fremde Sache beschädigt oder zerstört, um eine durch sie drohende Gefahr von sich oder einem anderen abzuwenden, handelt nicht widerrechtlich, wenn die Beschädigung oder die Zerstörung zur Abwendung der Gefahr erforderlich ist und der Schaden nicht außer Verhältnis zu der Gefahr steht. Hat der Handelnde die Gefahr verschuldet, so ist er zum Schadensersatz verpflichtet.

Zusammenfassend lässt sich sagen: Solange das Kind bzw. der Jugendliche das 18. Lebensjahr noch nicht vollendet hat und somit nicht volljährig ist, steht in allererster

> **§ 2 BGB »Eintritt der Volljährigkeit«**
>
> Die Volljährigkeit tritt mit der Vollendung des 18. Lebensjahres ein.

Linie die »elterliche Sorge« den Eltern (ggf. der Mutter/Vater) zu. Diese Pflicht und das Recht zur Erziehung der Kinder ist ein Grundrecht (Art. 6, Abs. 2, Satz 1 GG) und wird den Eltern erst dann aberkannt, wenn sie das Kindeswohl (z. B. durch Verstoß gegen § 1666 BGB) gefährden, indem sie z. B. die »körperliche Unversehrtheit« des Kindes beeinträchtigen. Auch die »körperliche Unversehrtheit« eines Menschen ist ein Grundrecht, das Jugendamt und/oder die Polizei müssen also eingreifen und entsprechende Maßnahmen einleiten (Inobhutnahme und Antrag auf Entziehung/Teilentziehung der elterlichen Sorge beim Familiengericht). Wenn die tatsächlichen Bedingungen zur Entziehung/Teilentziehung der elterlichen Sorge gegeben sind und wenn das zuständige Familiengericht auch keine andere Möglichkeit hat, überträgt es die elterliche Sorge oder den entsprechenden Teilbereich dem Jugendamt (§ 1773 BGB). Dieses benennt entsprechend einen Vormund (§ 55 ff. SGB VIII), welcher die Aufgaben der elterlichen Sorge dann verantwortungsvoll wahrnehmen soll.

Die konkrete Anwaltschaft der Heilpädagogik

*   Wenn eine Heilpädagogin bei der Ausübung ihres Berufs (in der Frühförderung, in einer Kindertagesstätte und/oder in anderen Einrichtungen der Kinder- und Jugendhilfe) eine Kindeswohlgefährdung (im Sinne der §§ 1631, 1666 BGB, §§ 171, 223, 224, 226 ff. StGB) wahrnimmt, ist sie verpflichtet diese Erkenntnis dem zuständigen Jugendamt (Netzwerk Frühe Hilfen) (§ 8a, Abs. 1 und 4 SGB VIII) und/oder ggf. der Polizei (§ 13 StGB) mitzuteilen.
*   Der Datenschutz und die Verschwiegenheitspflicht sind weniger zu berücksichtigen, da das Rechtsgut der »körperlichen Unversehrtheit« (u. a. Art. 2, Abs. 2 GG) höher zu bewerten ist.

3.1.2 Die Anwaltschaft der Heilpädagogik für Kinder in strittigen Trennungs- und Scheidungssituationen

Emil E. Kobi (2004, 18) definiert eine Aufgabe und Funktion der Heilpädagogik wie folgt: »Heilpädagogik befasst sich mit Problemen der Erziehung und Bildung in menschlichen Beziehungs- und Lernverhältnissen […]«. Er spricht dabei ein Problem der heilpädagogischen Arbeit an, dem sich viele Heilpädagoginnen ausgesetzt sehen und das der Gesetzgeber in seiner Reform des Kindschaftsrechts 1998 regeln wollte (Schneck/Senge, 2000, 40).

In der Bundesrepublik Deutschland werden jährlich ca. 200.000 Ehen geschieden, davon sind ca. 100.000 Kinder und Jugendliche betroffen. Insgesamt leben in

Deutschland ca. 2,3 Millionen »Scheidungskinder« (Gebur, 2014, 11). Die Deutschen Kindeschutzzentren gehen davon aus, dass es bei 7 % dieser Trennungs- und Scheidungskinder zu »lang anhaltenden Streitigkeiten, eskalierenden Konflikten mit erheblichen Nachtrennungsproblemen und möglicherweise daraus resultierender Behandlungsbedarf bei Kindern kommt« (Kinderschutzzentren, 2011, 9). Das entspräche einer geschätzten Anzahl von ca. 7.000 Kindern und Jugendlichen jährlich, die durch (hoch-)konfliktreiche Trennungs- und Scheidungssituationen traumatisiert werden.

Mathilde Tammerle-Krancher (2008, 47) geht davon aus, dass das Erleben von Gewalt (auch psychische Gewalt) zwischen den Eltern als sogenanntes »Small-T-Trauma« zu werten ist. Heilpädagoginnen begegnen diesem »Problem der Erziehung in menschlichen Beziehungsverhältnissen [...]« (Kobi, 2004, 18) in strittigen bzw. in (hoch-)konflikthaften Trennungs- und Scheidungsfamilien in der Frühförderung, in integrativ arbeitenden Kindertagesstätten und teilweise in Heimeinrichtungen der Kinder- und Jugendhilfe.

Im Januar 1998 erschien in der Fachzeitschrift »Der Amtsvormund« ein Artikel, der in der Fachwelt der Kinder- und Jugendhilfe für Diskussionen sorgte. Der Jurist Peter Koeppel und die Diplom-Psychologin und Sozialarbeiterin Ursula O.-Kodjoe beschrieben erstmals das Phänomen des »Parental Alienation Syndrom« (sinngemäß »Eltern-Entfremdungs-Syndrom«, im nachfolgenden PAS abgekürzt). Ziel des PAS ist, die »kompromisslose Zuwendung eines Kindes zu einem – dem guten, geliebten – Elternteil und die ebenso kompromisslose Abwendung vom anderen – dem bösen, gehassten – Elternteil im Kontext von Sorge- und Umgangsrechtskonflikten der Eltern« zu erreichen (Koeppel/O.-Kodjoe, 1998). PAS bedeutet, dass ein Elternteil durch bewusste Manipulation oder unbewusste Programmierung (Gehirnwäsche) des gemeinsamen Kindes versucht, dieses »auf seine Seite zu ziehen«, um den Umgangskontakt zu vereiteln, oder dass der Umgangskontakt vom Kind selbst abgebrochen wird.

Beim PAS werden verschiedenen Mechanismen zur bewussten und unbewussten (subtilen) Manipulation des Kindes entwickelt. Exemplarisch werden hier nur einige dieser Mechanismen aufgezählt:

• Die ehemals gemeinsame Wohnung wird komplett umgestaltet. Alles, was an den anderen Elternteil erinnert, wird entfernt.
• Dem anderen Elternteil wird untersagt, die vormals gemeinsame Wohnung zu betreten, und ggf. werden beim Kind Angstszenarien (z. B. Diebstahl oder Entführung) geschürt.
• Unachtsame und unreflektierte Bemerkungen bezüglich des anderen Elternteils gegenüber dem Kind führen zu einem Loyalitätskonflikt (z. B. »Wir können nicht ins Kino gehen, Papa hat noch keinen Unterhalt überwiesen« etc.).
• Nahe Angehörige und Freunde werden – oftmals unbewusst – in die Manipulation mit einbezogen und reden schlecht (im Beisein des Kindes) über den anderen Elternteil, um über den »Trennungsschmerz« hinwegzuhelfen.
• Trennungsbegleitende Professionen, z. B. Rechtsanwälte, haben oftmals ein eigenes Interesse an langwierigen Gerichtsverfahren und Sorgerechtsentscheidungen.

- Ein neuer Partner soll das schmerzhafte Verlustgefühl des Kindes zum anderen Elternteil schnell kompensieren und vermeidlich »heilen«. Dem Kind soll rasch wieder eine »intakte« Familie geboten werden.
- Informationen (z. B. über anstehende Elternabende) werden nicht an den anderen Elternteil weitergegeben, um dies beim Familiengericht als Desinteresse am Kind zu verwenden.

Besonders der letzte Punkt betrifft im besonderen Maße Einrichtungen, in denen Heilpädagoginnen beschäftigt sind. Es sollte ein Höchstmaß an Aufmerksamkeit und Achtsamkeit Einzug halten, wenn die Heilpädagogin mitbekommt, dass Eltern eines Klienten sich getrennt haben, um PAS nicht unbewusst Vorschub zu leisten.

Im 1998 reformierten Kindschaftsrecht hat der Gesetzgeber sehr deutlich jedwede Form von PAS (insbesondere im § 1684, Abs. 2 BGB) untersagt.

---

§ 1626 BGB »Elterliche Sorge, Grundsätze«

(3) Zum Wohl des Kindes gehört in der Regel der Umgang mit beiden Elternteilen. Gleiches gilt für den Umgang mit anderen Personen, zu denen das Kind Bindungen besitzt, wenn ihre Aufrechterhaltung für seine Entwicklung förderlich ist.

§ 1684 BGB »Umgang des Kindes mit den Eltern«

(1) Das Kind hat das Recht auf Umgang mit jedem Elternteil; jeder Elternteil ist zum Umgang mit dem Kind verpflichtet und berechtigt.

(2) Die Eltern haben alles zu unterlassen, was das Verhältnis des Kindes zum jeweils anderen Elternteil beeinträchtigt oder die Erziehung erschwert. Entsprechendes gilt, wenn sich das Kind in der Obhut einer anderen Person befindet.

Trennungen sind bei jedem mit einem Höchstmaß an persönlichen Erfahrungen, insbesondere schmerzhaften Erfahrungen, verbunden. Es ist also menschlich nur allzu verständlich, dass auch Elternteile, die sich trennen, nicht unbefangen und ungezwungen in der Interaktion mit dem gemeinsamen Kind sein können. Wenige unbedachte, nicht wertschätzende Äußerungen gegenüber dem anderen Elternteil und Ex-Partner sind natürlicher Bestandteil des Trennungsprozesses und sollten keinesfalls als das Vorliegen eines PAS pathologisiert werden. Fingerspitzengefühl und Augenmaß der Heilpädagogin, wie sehr das Kind unter dieser Situation leidet, sind hier von immenser Wichtigkeit.

Koeppel und O.-Kodjoe unterteilen drei Formen des PAS:

- Bei der leichten Form des PAS kann das Kind seine Zuneigung zum »gehassten« Elternteil in Anwesenheit des »geliebten« Elternteils noch ausdrücken bzw.

zeigen, lässt aber schon eine gewisse Ablehnung deutlich werden (z. B. durch Aussagen wie »[...] muss ich wirklich zu Mama/Papa?«).

- Bei der mittelschweren Form des PAS verfügt das Kind über Mechanismen und Verhaltensweisen, die seine abwehrende (manipulierte) Haltungsweise offenkundig machen. Dieses Verhalten wird jedoch nach einiger Zeit abgelegt, wenn das Kind mit dem »abgelehnten« Elternteil alleine ist (z. B. am Bein des manipulierenden Elternteils klammern oder sich verstecken, um ja nicht den Umgang wahrnehmen zu müssen).
- Bei der schweren Form des PAS lässt die ablehnende Haltung des manipulierten Kindes nicht nach. Anstehende Besuche beim »gehassten« Elternteil verursachen Panik und (teilweise schwere) psychosomatische Reaktionen (z. B. plötzlich auftretendes Erbrechen und Bauchschmerzen, Migräne etc.).

Viele bundesdeutsche Familiengerichte sind zur Auffassung gelangt, dass bei der mittelschweren Form und – erst recht – bei der schweren Form des PAS eine unmittelbare (seelische/psychische) Kindeswohlgefährdung vorliegt, der durch den § 1666 BGB begegnet werden muss.

---

§ 1666 BGB »Gerichtliche Maßnahmen bei Gefährdung des Kindeswohls«

(1) Wird das körperliche, geistige oder seelische Wohl des Kindes oder sein Vermögen gefährdet und sind die Eltern nicht gewillt oder nicht in der Lage, die Gefahr abzuwenden, so hat das Familiengericht die Maßnahmen zu treffen, die zur Abwendung der Gefahr erforderlich sind. [...]

(3) Zu den gerichtlichen Maßnahmen nach Absatz 1 gehören insbesondere

1. Gebote, öffentliche Hilfen wie zum Beispiel Leistungen der Kinder- und Jugendhilfe und der Gesundheitsfürsorge in Anspruch zu nehmen,
4. Verbote, Verbindung zum Kind aufzunehmen oder ein Zusammentreffen mit dem Kind herbeizuführen,
6. die teilweise oder vollständige Entziehung der elterlichen Sorge.

(4) In Angelegenheiten der Personensorge kann das Gericht auch Maßnahmen mit Wirkung gegen einen Dritten treffen.

So können Familiengerichte auch mit Nachdruck Eltern auffordern, sich in strittigen Sorge- und Umgangsrechtskonflikten in professionelle Beratung (§ 1666, Abs. 3, Punkt 1 BGB) durch das Jugendamt zu begeben (Ballhoff, 2004, 145 f.). Diese Form der Beratung und ggf. auch Mediation findet häufig in vom Jugendamt finanzierten »Erziehungs- und Familienberatungsstellen« statt, in denen auch Heilpädagoginnen mit der entsprechenden gesprächspsychologischen Zusatzqualifikation beschäftigt sein können.

Parallel zur Beratung und/oder Mediation der streitbefangenen Eltern hat sich im Rahmen der Jugendhilfe ein differenziertes Hilfesystem für Kinder und Jugendliche, die unter den hochstrittigen Familienkonflikten leiden, entwickelt. Spezielle Gruppen für »Trennungs- und Scheidungskinder« verschiedener Einrichtungsträger bieten traumatisierten Kindern und Jugendlichen Beratung und Unterstützung.

---

§ 29 SGB VIII »Soziale Gruppenarbeit«

Die Teilnahme an sozialer Gruppenarbeit soll älteren Kindern und Jugendlichen bei der Überwindung von Entwicklungsschwierigkeiten und Verhaltensproblemen helfen. Soziale Gruppenarbeit soll auf der Grundlage eines gruppenpädagogischen Konzepts die Entwicklung älterer Kinder und Jugendlicher durch soziales Lernen in der Gruppe fördern.

Liegt ein besonders schwerer Fall von PAS und somit eine »seelische Kindeswohlgefährdung« vor, kann das Gericht auch Kontaktverbote aussprechen (§ 1666, Abs. 3, Punkt 4 BGB) oder sogar den Eltern die gesamte elterliche Sorge entziehen (§ 1666, Abs. 3, Punkt 6 BGB).

Die konkrete Anwaltschaft der Heilpädagogik

- Wenn eine Heilpädagogin bei der Ausübung ihres Berufs (in der Frühförderung, in einer Kindertagesstätte und/oder in anderen Einrichtungen der Kinder- und Jugendhilfe) das Vorliegen eines PAS erkennt, so ist sie verpflichtet, da eine Kindeswohlgefährdung (im Sinne der §§ 1631, 1666 BGB) vorliegen kann, diese Erkenntnis dem zuständigen Jugendamt (Netzwerk Frühe Hilfen) (§ 8a, Abs. 1 und 4 SGB VIII) mitzuteilen.

Mit Vollendung des 18. Lebensjahres entfällt die elterliche Sorge, da der junge Mensch nun volljährig und als Erwachsener anzusehen ist (§ 2 BGB). Alle Entscheidungen seines Lebens darf der über 18-Jährige nunmehr alleine fällen. Diese gesetzlichen Regelungen der elterlichen Sorge gelten für Menschen (Kinder und Jugendliche) ohne und mit Behinderung.

Gerade bei Menschen mit mentalen/kognitiven oder psychischen Behinderungen kann die Tatsache, dass sie mit Vollendung des 18. Lebensjahres selbstständig Entscheidungen bezüglich ihres Lebens treffen können/sollen, schwierig sein, wenn es zum Beispiel um chirurgische Eingriffe geht, die nicht lebensnotwendig sind, oder um die Einnahme bestimmter Medikamente. Aus diesem Grund hat der Gesetzgeber auch das sogenannte »Betreuungsrecht« als Teil des Bürgerlichen Gesetzbuchs in Kraft treten lassen, mit dem Ziel, volljährigen Menschen mit Behinderung durch eine rechtliche Betreuung ein Höchstmaß an Selbstbestimmung und Autonomie zuteil werden zu lassen (Deinert/Welti, 2014, 205).

3.2   Betreuungsrecht

Am 1. Januar 1992 trat das »Gesetz zur Reform des Rechts der Vormundschaft und Pflegschaft für Volljährige«, das sogenannte Betreuungsgesetz (BtG) in Kraft und löste damit endgültig den § 6 BGB ab (Jürgens et al., 2002, 1).

---

§ 6 BGB »Entmündigung«

(1) Entmündigt kann werden:

1. wer in Folge von Geisteskrankheit oder von Geistesschwäche seine Angelegenheiten nicht zu besorgen vermag;
2. wer durch Verschwendung sich oder seine Familie der Gefahr des Nothstandes aussetzt;
3. wer in Folge von Trunksucht oder Rauschgiftsucht seine Angelegenheiten nicht zu besorgen vermag oder sich oder seine Familie der Gefahr des Nothstandes aussetzt oder die Sicherheit Anderer gefährdet.

(2) Die Entmündigung ist wiederaufzuheben, wenn der Grund der Entmündigung wegfällt.

Der sprachliche Wandel im Bereich der Gesetzgebung von der »Entmündigung« zur »rechtlichen Betreuung« sollte den (chronosystemischen) Paradigmenwechsel verdeutlichen und auf die Abkehr vom Fürsorgeprinzip hin zum Prinzip der Selbst-/ Mitbestimmung von Menschen mit Behinderung verweisen. Schon bei der Fragestellung, für wen eine »rechtliche Betreuung« gedacht und/oder notwendig ist, wird der zielführende Gedanken des Gesetzgebers offenbar. Das Vierte Buch des BGB (Titel 2 »Rechtliche Betreuung«) liest sich deduktiv.

Beginnend mit dem § 1896 BGB konkretisiert der Gesetzgeber in den darauffolgenden Paragraphen das »Betreuungsrecht« sukzessive. Betrachtet man die Voraussetzungen für eine rechtliche Betreuung gemäß § 1896 BGB, lässt sich eine Subsumption dieser Voraussetzungen erkennen.

---

§ 1896 BGB »Voraussetzungen«

(1) Kann ein Volljähriger auf Grund einer psychischen Krankheit oder einer körperlichen, geistigen oder seelischen Behinderung seine Angelegenheiten ganz oder teilweise nicht besorgen, so bestellt das Betreuungsgericht auf seinen Antrag oder von Amts wegen für ihn einen Betreuer. Den Antrag kann auch ein Geschäftsunfähiger stellen. Soweit der Volljährige auf Grund einer körperlichen Behinderung seine Angelegenheiten nicht besorgen kann, darf der Betreuer nur auf Antrag des Volljährigen bestellt werden, es sei denn, dass dieser seinen Willen nicht kundtun kann.

Es bedarf, um einen rechtlichen Betreuer zu beantragen, bestimmter Voraussetzungen, welche allesamt gegeben sein müssen:

Schon im ersten Absatz des § 1896 BGB ist die erste wesentliche und wichtige Voraussetzung genannt: »Kann ein Volljähriger [...]«. Das Betreuungsrecht betrifft demnach nur Menschen, die das 18. Lebensjahr – gemäß § 2 BGB – vollendet haben.
→ **Altersangabe (A)**

Allerdings macht der Gesetzgeber eine Ausnahme. Einen Antrag zur rechtlichen Betreuung kann schon vor Vollendung des 18. Lebensjahrs gestellt werden, sodass die rechtliche Betreuung dann mit dem 18. Geburtstag desjenigen in Kraft tritt.

---

§ 1908a BGB »Vorsorgliche Betreuerbestellung und Anordnung des Einwilligungsvorbehalts für Minderjährige«

Maßnahmen nach den §§ 1896, 1903 können auch für einen Minderjährigen, der das 17. Lebensjahr vollendet hat, getroffen werden, wenn anzunehmen ist, dass sie bei Eintritt der Volljährigkeit erforderlich werden. Die Maßnahmen werden erst mit dem Eintritt der Volljährigkeit wirksam.

Eine weitere wichtige Voraussetzung muss gegeben sein, um eine rechtliche Betreuung zu beantragen. Es muss ein Grund vorliegen, der eine rechtliche Betreuung notwendig macht. Hierzu benennt der Gesetzgeber »psychische Krankheit oder eine körperliche, geistige oder seelische Behinderung«.
→ **Grund (B)**

Allein das Vorhandensein einer körperlichen Behinderung (zum Beispiel der Verlust eines Auges) kann und sollte nicht dazu führen, dass eine rechtliche Betreuung eingesetzt wird. Der Gesetzgeber hat dazu unmissverständlich klargestellt, dass die Person, für die rechtliche Betreuung notwendig ist, ihre »Angelegenheiten« ganz oder teilweise nicht allein regeln kann.

So kann ein Mensch mit einer mentalen/kognitiven Behinderung Hilfe und Unterstützung bei der Regelung finanzieller Angelegenheiten (z. B. durch eine Erbschaft) benötigen. Diese sogenannten »Angelegenheiten« entsprechen im Wesentlichen den Teilbereichen der »elterlichen Sorge« (§ 1626 in Verbindung mit § 1631 BGB). Im Betreuungsrecht sind diese: Regelung der finanziellen Angelegenheiten (Vermögenssorge), Personensorge und die Entgegennahme und Bearbeitung der Post (Raack/Thar, 2014, 74 ff.) sowie Gesundheitsfürsorge/-vorsorge und das Aufenthaltsbestimmungsrecht (Kuhn-Zuber/Bohnert, 2014, 101 ff.).
→ **Angelegenheiten können ganz oder teilweise nicht alleine bewältigt werden (C)**

Klargestellt ist auch, dass das Gericht keinen Amtsermittlungsauftrag hat und die rechtliche Betreuung beantragt werden muss. Entweder eine Privatperson (z. B. der Sohn der älteren Mutter, die unter zunehmender Demenz leidet) stellt einen *Antrag* (»auf Antrag«) oder eine Institution/Behörde stellt *auf Amtswegen* einen Antrag (z. B. der Vormund vom Jugendamt für einen jungen Menschen mit einer komplexen Behinderung, der bald volljährig wird).

→ **Antrag (D)**

Um Unterstützung durch einen rechtlichen Betreuer zu erhalten, muss die Person, die diese Unterstützung benötigt, volljährig sein (**A**), es muss ein Grund (z. B. eine psychische oder mental/kognitive Behinderung) vorliegen (**B**), diese Person kann Angelegenheiten ganz oder teilweise nicht alleine regeln (**C**) und es muss ein Antrag beim entsprechenden Gericht eingegangen sein (**D**).

Nur wenn alle diese Voraussetzungen gegeben sind, kann das entsprechende Gericht den Vorgang für eine rechtliche Betreuung in die Wege leiten.

Beispiel

Die 87jährige Frau Maier wird in einer Dezembernacht am Bahnhof von einer herbeigerufenen Polizeistreife aufgegriffen. Frau Maier ist nur mit Unterwäsche bekleidet und kann sich auch nicht mehr daran erinnern, wie sie an den Bahnhof gelangt ist und wo sie wohnt.

Die Polizeibeamten beschließen, Frau Maier erst einmal in das Krankenhaus zu bringen, um medizinisch abklären zu lassen, ob sie erste Hilfe (wegen eventuellen Unterkühlungen) und weiterführende Hilfen benötigt. Im Krankenhaus wird eine fortschreitende Alzheimer-Demenz diagnostiziert. Frau Maier hat keine nahen Angehörigen und Verwandten, die kontaktiert werden können, sodass das Krankenhaus sie erst einmal in die kooperierende Seniorenresidenz verbringt. Das Gesundheitsamt stellt einen Antrag auf rechtliche Betreuung beim Gericht.

Im Folgenden soll (analog zum Praxisbeispiel) dargestellt werden, welche Schritte gegangen werden (müssen), um Frau Maier eine rechtliche Betreuung zukommen zu lassen:

1. Als erstes muss ein *Antrag* an das entsprechend *zuständige Gericht* gestellt werden.

§ 1896 BGB »Voraussetzungen«

(1) Kann ein Volljähriger auf Grund einer psychischen Krankheit oder einer körperlichen, geistigen oder seelischen Behinderung seine Angelegenheiten ganz oder teilweise nicht besorgen, so bestellt das Betreuungsgericht auf seinen Antrag oder von Amts wegen für ihn einen Betreuer.

§ 23c GVG

(1) Bei den Amtsgerichten werden Abteilungen für Betreuungssachen, Unterbringungssachen und betreuungsgerichtliche Zuweisungssachen (Betreuungsgerichte) gebildet.

§ 272 FamFG »Örtliche Zuständigkeit«

(1) Ausschließlich zuständig ist in dieser Rangfolge:

1. das Gericht, bei dem die Betreuung anhängig ist, wenn bereits ein Betreuer bestellt ist;
2. das Gericht, in dessen Bezirk der Betroffene seinen gewöhnlichen Aufenthalt hat;
3. das Gericht, in dessen Bezirk das Bedürfnis der Fürsorge hervortritt;
4. das Amtsgericht Schöneberg in Berlin, wenn der Betroffene Deutscher ist.

2. Als nächstes muss das zuständige Gericht – ähnlich wie beim Kindschaftsrecht – einen *Verfahrenspfleger* bestellen, welcher die Interessen der Betroffenen vor Gericht vertreten soll.

§ 276 FamFG »Verfahrenspfleger«

(1) Das Gericht hat dem Betroffenen einen Verfahrenspfleger zu bestellen, wenn dies zur Wahrnehmung der Interessen des Betroffenen erforderlich ist. Die Bestellung ist in der Regel erforderlich, wenn

1. von der persönlichen Anhörung des Betroffenen nach § 278 Abs. 4 in Verbindung mit § 34 Abs. 2 abgesehen werden soll oder
2. Gegenstand des Verfahrens die Bestellung eines Betreuers zur Besorgung aller Angelegenheiten des Betroffenen oder die Erweiterung des Aufgabenkreises hierauf ist; dies gilt auch, wenn der Gegenstand des Verfahrens die in § 1896 Abs. 4 und § 1905 des Bürgerlichen Gesetzbuchs bezeichneten Angelegenheiten nicht erfasst.

3. Gleichwohl ist das Gericht gehalten, die *Betroffene in ihrer üblichen Umgebung (z. B. ihrer Wohnung oder Wohnstätte) persönlich anzuhören*.

§ 278 FamFG »Anhörung des Betroffenen«

(1) Das Gericht hat den Betroffenen vor der Bestellung eines Betreuers oder der Anordnung eines Einwilligungsvorbehalts persönlich anzuhören. Es hat sich einen persönlichen Eindruck von dem Betroffenen zu verschaffen. Diesen persönlichen Eindruck soll sich das Gericht in dessen üblicher Umgebung verschaffen, wenn es der Betroffene verlangt oder wenn es der Sachaufklärung dient und der Betroffene nicht widerspricht.

> (4) Soll eine persönliche Anhörung nach § 34 Abs. 2 unterbleiben, weil hiervon erhebliche Nachteile für die Gesundheit des Betroffenen zu besorgen sind, darf diese Entscheidung nur auf Grundlage eines ärztlichen Gutachtens getroffen werden.

4. Parallel zur Anhörung der Betroffenen und zur Bestellung des »Anwaltes der Betroffenen« (Verfahrenspfleger) kann das zuständige Gericht zur fortlaufenden Beweisaufnahme auch *weitere Personen* befragen/*anhören*, die dienlich sein können, sich ein Urteil zu erlauben.

> **§ 279 FamFG Anhörung der sonstigen Beteiligten, der Betreuungsbehörde und des gesetzlichen Vertreters**
>
> (1) Das Gericht hat die sonstigen Beteiligten vor der Bestellung eines Betreuers oder der Anordnung eines Einwilligungsvorbehalts anzuhören.

5. Um herauszufinden, welche *medizinische* und/oder *psychiatrische*/psychologische Notwendigkeit für eine rechtliche Betreuung vorliegt, muss das Gericht ein entsprechendes *Gutachten* einholen.

> **§ 280 FamFG »Einholung eines Gutachtens«**
>
> (1) Vor der Bestellung eines Betreuers oder der Anordnung eines Einwilligungsvorbehalts hat eine förmliche Beweisaufnahme durch Einholung eines Gutachtens über die Notwendigkeit der Maßnahme stattzufinden. Der Sachverständige soll Arzt für Psychiatrie oder Arzt mit Erfahrung auf dem Gebiet der Psychiatrie sein.
>
> (2) Der Sachverständige hat den Betroffenen vor der Erstattung des Gutachtens persönlich zu untersuchen oder zu befragen. Das Ergebnis einer Anhörung nach § 279 Absatz 2 Satz 2 hat der Sachverständige zu berücksichtigen, wenn es ihm bei Erstellung seines Gutachtens vorliegt.
>
> (3) Das Gutachten hat sich auf folgende Bereiche zu erstrecken:
>
> 1. das Krankheitsbild einschließlich der Krankheitsentwicklung,
> 2. die durchgeführten Untersuchungen und die diesen zugrunde gelegten Forschungserkenntnisse,
> 3. den körperlichen und psychiatrischen Zustand des Betroffenen,
> 4. den Umfang des Aufgabenkreises und
> 5. die voraussichtliche Dauer der Maßnahme.

Von der Begutachtung kann Abstand genommen werden, wenn der Mensch die rechtliche Betreuung selbst beantragt hat und ausdrücklich auf die Begutachtung verzichtet (§ 281 FamFG) oder wenn bereits ein medizinisch/psychiatrisches Gutachten (§ 282 FamFG) vorliegt.

6. Das zuständige Gericht hat nunmehr neben einem Antrag durch das zuständige Gesundheitsamt von Frau Maier (Praxisbeispiel), der persönlichen Anhörung von Frau Maier in der Seniorenresidenz, der Stellungnahme des Verfahrenspflegers und dem medizinischen Gutachten, dass Frau Maier unter einer fortgeschrittenen Alzheimer-Demenz leidet, ausreichend Hinweise (»Beweismaterial«), um die rechtliche Betreuung zu beschließen.

---

§ 286 FamFG »Inhalt der Beschlussformel«

(1) Die Beschlussformel enthält im Fall der Bestellung eines Betreuers auch

1. die Bezeichnung des Aufgabenkreises des Betreuers;
2. bei Bestellung eines Vereinsbetreuers die Bezeichnung als Vereinsbetreuer und die des Vereins;
3. bei Bestellung eines Behördenbetreuers die Bezeichnung als Behördenbetreuer und die der Behörde;
4. bei Bestellung eines Berufsbetreuers die Bezeichnung als Berufsbetreuer.

---

7. Wichtig ist, dass der rechtliche Betreuer eine Urkunde vom Gericht ausgehändigt bekommt, in der die Aufgabenkreise festgelegt sind. Diese sollten sich nach den Angelegenheiten richten, die der zu Betreuende ganz oder teilweise nicht alleine besorgen kann.

---

§ 290 FamFG »Bestellungsurkunde«

Der Betreuer erhält eine Urkunde über seine Bestellung. Die Urkunde soll enthalten:

1. die Bezeichnung des Betroffenen und des Betreuers;
2. bei Bestellung eines Vereinsbetreuers oder Behördenbetreuers diese Bezeichnung und die Bezeichnung des Vereins oder der Behörde;
3. den Aufgabenkreis des Betreuers;
4. bei Anordnung eines Einwilligungsvorbehalts die Bezeichnung des Kreises der einwilligungsbedürftigen Willenserklärungen;
5. bei der Bestellung eines vorläufigen Betreuers durch einstweilige Anordnung das Ende der einstweiligen Maßnahme.

Rechtlicher Betreuer kann nur werden, wer bestimmte Voraussetzungen erfüllt. Der § 1897 BGB benennt die wesentlichsten Voraussetzungen, um als rechtlicher Betreuer eingesetzt werden zu können und welche Ausschlussgründe gelten.

§ 1897 BGB »Bestellung einer natürlichen Person«

(1) Zum Betreuer bestellt das Betreuungsgericht eine natürliche Person, die geeignet ist, in dem gerichtlich bestimmten Aufgabenkreis die Angelegenheiten des Betreuten rechtlich zu besorgen und ihn in dem hierfür erforderlichen Umfang persönlich zu betreuen.

(2) Der Mitarbeiter eines nach § 1908 f. anerkannten Betreuungsvereins, der dort ausschließlich oder teilweise als Betreuer tätig ist (Vereinsbetreuer), darf nur mit Einwilligung des Vereins bestellt werden. Entsprechendes gilt für den Mitarbeiter einer in Betreuungsangelegenheiten zuständigen Behörde, der dort ausschließlich oder teilweise als Betreuer tätig ist (Behördenbetreuer).

(3) Wer zu einer Anstalt, einem Heim oder einer sonstigen Einrichtung, in welcher der Volljährige untergebracht ist oder wohnt, in einem Abhängig- keitsverhältnis oder in einer anderen engen Beziehung steht, darf nicht zum Betreuer bestellt werden.

(4) Schlägt der Volljährige eine Person vor, die zum Betreuer bestellt werden kann, so ist diesem Vorschlag zu entsprechen, wenn es dem Wohl des Volljäh- rigen nicht zuwiderläuft. Schlägt er vor, eine bestimmte Person nicht zu be- stellen, so soll hierauf Rücksicht genommen werden. Die Sätze 1 und 2 gelten auch für Vorschläge, die der Volljährige vor dem Betreuungsverfahren gemacht hat, es sei denn, dass er an diesen Vorschlägen erkennbar nicht festhalten will.

(5) Schlägt der Volljährige niemanden vor, der zum Betreuer bestellt werden kann, so ist bei der Auswahl des Betreuers auf die verwandtschaftlichen und sonstigen persönlichen Bindungen des Volljährigen, insbesondere auf die Bin- dungen zu Eltern, zu Kindern, zum Ehegatten und zum Lebenspartner, sowie auf die Gefahr von Interessenkonflikten Rücksicht zu nehmen.

(6) Wer Betreuungen im Rahmen seiner Berufsausübung führt, soll nur dann zum Betreuer bestellt werden, wenn keine andere geeignete Person zur Ver- fügung steht, die zur ehrenamtlichen Führung der Betreuung bereit ist. Werden dem Betreuer Umstände bekannt, aus denen sich ergibt, dass der Volljährige durch eine oder mehrere andere geeignete Personen außerhalb einer Berufs- ausübung betreut werden kann, so hat er dies dem Gericht mitzuteilen.

(7) Wird eine Person unter den Voraussetzungen des Absatzes 6 Satz 1 erstmals in dem Bezirk des Betreuungsgerichts zum Betreuer bestellt, soll das Gericht zuvor die zuständige Behörde zur Eignung des ausgewählten Betreuers und zu den nach § 1 Abs. 1 Satz 1 zweite Alternative des Vormünder- und Betreuer- vergütungsgesetzes zu treffenden Feststellungen anhören. Die zuständige Be- hörde soll die Person auffordern, ein Führungszeugnis und eine Auskunft aus dem Schuldnerverzeichnis vorzulegen.

(8) Wird eine Person unter den Voraussetzungen des Absatzes 6 Satz 1 bestellt, hat sie sich über Zahl und Umfang der von ihr berufsmäßig geführten Betreuungen zu erklären.

Der rechtliche Betreuer muss also – wie es im Abs. 1 des § 1897 BGB genannt ist – eine geeignete »natürliche« Person sein. Das Bürgerliche Gesetzbuch unterscheidet im Titel 1 und Titel 2 zwischen »natürlicher Person« und »juristischer Person«. Eine »natürliche« Person ist ein Mensch mit einem Vor- und Zunamen, der dem Gericht bei Bestellung eines rechtlichen Betreuers bekannt sein muss. Eine juristische Person hingegen kann ein eingetragener Verein sein. Natürlich kann der bestellte rechtliche Betreuer als »natürliche Person« auch einem Betreuungsverein angehören bzw. von diesem beauftragt werden, jedoch hätte das Gericht bei der Auflösung des Vereins weiterhin eine »natürliche Person«, die die Betreuung weiterführen könnte.

Als das Betreuungsrecht im Jahr 1992 in Kraft trat, war nicht abzusehen, wie sich die betreuungsrechtliche Situation entwickeln würde. Das stetig gestiegene Rechtsbewusstsein der stationären Einrichtungen, der Altenpflege und Behindertenhilfe sowie einige gesetzliche Änderungen (z. B. in den Vergütungen der rechtlichen Betreuer) führen dazu, dass die Kosten für rechtliche Betreuungen innerhalb kürzester Zeit nahezu explodierten (Jürgens et al., 2002, 3 ff.).

Der Gesetzgeber musste hier gegensteuern und reformierte das Betreuungsrecht zeitnah. Eine Besonderheit dieser Reform war der deutliche Wunsch des Gesetzgebers, an die entsprechenden Gerichte (hier an die Richter/innen) bei der rechtlichen Betreuung dem Ehrenamt den Vorzug vor der bezahlten Berufsbetreuung zu geben.

Der Absatz 5 des § 1897 BGB macht den Grundgedanken »Ehrenamt vor Berufsbetreuung« deutlich und konkretisiert diesen Gedanken zudem im § 1898 BGB.

§ 1898 BGB »Übernahmepflicht«

(1) Der vom Betreuungsgericht Ausgewählte ist verpflichtet, die Betreuung zu übernehmen, wenn er zur Betreuung geeignet ist und ihm die Übernahme unter Berücksichtigung seiner familiären, beruflichen und sonstigen Verhältnisse zugemutet werden kann.

(2) Der Ausgewählte darf erst dann zum Betreuer bestellt werden, wenn er sich zur Übernahme der Betreuung bereit erklärt hat.

Diese »natürliche Person« sollte auch geeignet sein (§ 1987, Abs. 1 BGB), rechtliche Betreuungen auszuführen. Um die »Eignung« zur rechtlichen Betreuung zu gewährleisten, muss sich das zuständige Gericht unter anderem ein Führungszeugnis und eine Auskunft aus dem Schuldnerverzeichnis (der sogenannte »Schufa-Eintrag«) einholen (§ 1897, Abs. 7, Satz 2 BGB).

Der Gesetzgeber hat – wohlweislich – darauf geachtet, dass es zu keinem Interessen- oder Loyalitätskonflikt kommen kann, der sich zu Ungunsten des rechtlich

Betreuten ergibt. Insofern kann man in der stationären Betreuung (Altenpflege und/ oder Behindertenhilfe) von zwei »Betreuerformen« sprechen, nämlich dem »pädagogischen/andragogischen Betreuer« in Form der Altenpflegerin oder der Heilpädagogin und dem »rechtlichen Betreuer«, der vom Gericht legitimiert ist, sich gleichwohl um die Interessen des Menschen zu kümmern. Damit es zu keinen Interessen- und/oder Loyalitätskonflikten kommt, hat der Gesetzgeber – eo ipso – ausgeschlossen, dass »pädagogische/andragogische Betreuer« zugleich die »rechtliche Betreuung« übernehmen (§ 1897, Abs. 3 BGB). Gleiches gilt für Personen (zum Beispiel Ehepartner), die in einem besonderen Abhängigkeitsverhältnis zueinander stehen.

In besonderen Fällen kann das Gericht auch mehrere rechtliche Betreuer für ein und dieselbe zu betreuende Person einsetzen.

---

§ 1899 BGB »Mehrere Betreuer«

(1) Das Betreuungsgericht kann mehrere Betreuer bestellen, wenn die Angelegenheiten des Betreuten hierdurch besser besorgt werden können. In diesem Falle bestimmt es, welcher Betreuer mit welchem Aufgabenkreis betraut wird. Mehrere Betreuer, die eine Vergütung erhalten, werden außer in den in den Absätzen 2 und 4 sowie § 1908i Abs. 1 Satz 1 in Verbindung mit § 1792 geregelten Fällen nicht bestellt.

(2) Für die Entscheidung über die Einwilligung in eine Sterilisation des Betreuten ist stets ein besonderer Betreuer zu bestellen.

(3) Soweit mehrere Betreuer mit demselben Aufgabenkreis betraut werden, können sie die Angelegenheiten des Betreuten nur gemeinsam besorgen, es sei denn, dass das Gericht etwas anderes bestimmt hat oder mit dem Aufschub Gefahr verbunden ist.

(4) Das Gericht kann mehrere Betreuer auch in der Weise bestellen, dass der eine die Angelegenheiten des Betreuten nur zu besorgen hat, soweit der andere verhindert ist.

Dieses wäre zum Beispiel der Fall, wenn eine 89jährige Frau an fortschreitender Demenz erkrankt ist, diese sehr vermögend ist und nunmehr aufgrund einer immer wiederkehrenden aggressiven Impulskontrollverluststörung in ein entsprechendes Altenpflegeheim untergebracht werden soll. Das Gericht würde in diesem Fall einem rechtlichen Betreuer die Aufgabe übertragen, nach einem geeigneten Altenpflegeplatz (Aufenthaltsbestimmung) zu suchen sowie die Wohnung der älteren Dame aufzugeben (§ 1907 BGB). Einem anderen rechtlichen Betreuer käme die Verwaltung der Finanzen der vermögenden älteren Dame zu.

Nachdem der Gesetzgeber in den ersten Paragraphen sachlogisch benannt hat, wer unter die rechtliche Betreuung fällt und wer als rechtlicher Betreuer geeignet ist, liegt es in der Natur der Sache, sich mit den Aufgaben eines rechtlichen Betreuers, welche im § 1901 BGB definiert sind, auseinanderzusetzen.

§ 1901 BGB »Umfang der Betreuung, Pflichten des Betreuers«

(1) Die Betreuung umfasst alle Tätigkeiten, die erforderlich sind, um die Angelegenheiten des Betreuten nach Maßgabe der folgenden Vorschriften rechtlich zu besorgen.

(2) Der Betreuer hat die Angelegenheiten des Betreuten so zu besorgen, wie es dessen Wohl entspricht. Zum Wohl des Betreuten gehört auch die Möglichkeit, im Rahmen seiner Fähigkeiten sein Leben nach seinen eigenen Wünschen und Vorstellungen zu gestalten.

(3) Der Betreuer hat Wünschen des Betreuten zu entsprechen, soweit dies dessen Wohl nicht zuwiderläuft und dem Betreuer zuzumuten ist. Dies gilt auch für Wünsche, die der Betreute vor der Bestellung des Betreuers geäußert hat, es sei denn, dass er an diesen Wünschen erkennbar nicht festhalten will. Ehe der Betreuer wichtige Angelegenheiten erledigt, bespricht er sie mit dem Betreuten, sofern dies dessen Wohl nicht zuwiderläuft.

(4) Innerhalb seines Aufgabenkreises hat der Betreuer dazu beizutragen, dass Möglichkeiten genutzt werden, die Krankheit oder Behinderung des Betreuten zu beseitigen, zu bessern, ihre Verschlimmerung zu verhüten oder ihre Folgen zu mildern. Wird die Betreuung berufsmäßig geführt, hat der Betreuer in geeigneten Fällen auf Anordnung des Gerichts zu Beginn der Betreuung einen Betreuungsplan zu erstellen. In dem Betreuungsplan sind die Ziele der Betreuung und die zu ihrer Erreichung zu ergreifenden Maßnahmen darzustellen.

Aus vielen Gesprächen mit Heilpädagoginnen in verschiedenen Einrichtungen wurde deutlich, dass zu den Aufgaben und Pflichten des rechtlichen Betreuers Erklärungsbedarf besteht. Grundsätzlich hat der rechtliche Betreuer seine Aufgaben so zu erledigen, dass es dem – subjektiven – Wohl des zu betreuenden Menschen entspricht (siehe § 1901, Abs. 2 BGB). Zudem ist der rechtliche Betreuer »verpflichtet« im Rahmen des rechtlichen Betreuungsverhältnisses, den Wünschen des zu betreuenden Menschen nachzukommen und diesen zu entsprechen.

Diese Funktionen des rechtlichen Betreuers und die genannten Aufgaben sind elementar wichtig für ein gelingendes rechtliches Betreuungsverhältnis zwischen dem rechtlichen Betreuer und dem zu betreuenden Menschen. Leider gestaltet sich die Umsetzung der Aufgaben des rechtlichen Betreuers, auf die Wünsche des rechtlich zu Betreuenden einzugehen und dabei sein Wohl zu beachten, bisweilen schwierig.

Ein Grund hierfür ist, dass viele rechtliche Betreuer aus Betreuungsvereinen oder Betreuungsbehörden schlichtweg zu viele Menschen rechtlich zu betreuen haben und den individuellen Wünschen jedes einzelnen aufgrund der Zeitnot nicht gerecht werden können.

Ein weiterer Grund ist darin zu sehen, dass ihre Aufgaben und Funktionen schlichtweg mit den rechtlichen Betreuern zu wenig kommuniziert wurden. Diese sind oftmals nicht ausreichend auf ihre Aufgaben vorbereitet und entsprechend instruiert.

Es kommt nicht selten vor, dass betreuungsrechtliche Verhältnisse zwischen dem rechtlichen Betreuer und dem rechtlich zu betreuenden Menschen von (über-)fürsorglichem Paternalismus getragen ist, der wenig Spielraum zur Selbstständigkeit und Selbstbestimmung zulässt.

Hier hat der Gesetzgeber Abhilfe geschaffen. Mit dem »Gesetz zur Änderung des Vormundschaft- und Betreuungsrechts« vom 29. Juni 2011 (erschienen im Bundesgesetzblatt [BGBl.], Teil I, Nr. 34, herausgegeben am 5. Juli 2011 in Bonn) wurde festgelegt, dass Vormünder (im Kindschaftsrecht) und rechtliche Betreuer nur noch maximal fünfzig Menschen rechtlich vertreten dürfen.

Eine Möglichkeit den rechtlichen Betreuer auf seine besondere Aufgabe vorzubereiten, den Wünschen und dem Wohl des zu betreuenden Menschen Rechnung zu tragen, hat der Gesetzgeber im § 279, Abs. 2 FamFG geschaffen.

---

§ 289 FamFG »Verpflichtung des Betreuers«

(1) Der Betreuer wird mündlich verpflichtet und über seine Aufgaben unterrichtet. Das gilt nicht für Vereinsbetreuer, Behördenbetreuer, Vereine, die zuständige Behörde und Personen, die die Betreuung im Rahmen ihrer Berufsausübung führen, sowie nicht für ehrenamtliche Betreuer, die mehr als eine Betreuung führen oder in den letzten zwei Jahren geführt haben.

(2) In geeigneten Fällen führt das Gericht mit dem Betreuer und dem Betroffenen ein Einführungsgespräch.

Leider ist der hier verwendete Begriff »in geeigneten Fällen« rechtsunspezifisch und daher sehr individuell interpretierbar.

Es wäre äußerst wünschenswert, wenn der Gesetzgeber aus dieser »Kann«-Regelung eine verbindlich-verlässliche »Muss«-Regelung machen würde, um dem Anspruch des § 1901, Abs. 2 und 2 BGB gerecht werden zu können.

3.2.1 Die Anwaltschaft der Heilpädagogik in einem ressourcenorientierten rechtlichen Betreuungsverhältnis

Nichtsdestotrotz gehört es zum originären beruflichen Selbstverständnis der Heilpädagogin, Menschen, die rechtlich betreut werden, Möglichkeiten zu offerieren, ihre Wünsche (auch dem rechtlichen Betreuer gegenüber) äußern zu können, ganz im Sinne Paul Moors ressourcenorientierten Aussage »Nicht gegen die Fehler, sondern für das Fehlende«. Hierzu ist es unabdingbar, besonders in institutionellen Kontexten, mit den rechtlichen Betreuern zusammenzuarbeiten, um das Wohl der zu betreuenden Menschen zu gewährleisten und den möglichen Wünschen zu entsprechen. Hier findet Paul Moors Grundannahme der Heilpädagogik »Nicht das Kind [der zu betreuende Mensch] ist zu erziehen, sondern sein

Umfeld« besondere Bedeutung. In der heilpädagogischen Praxis hat es sich bisweilen als schwierig erwiesen, die individuellen Wünsche des Menschen, der rechtlich und heilpädagogisch betreut wird (z. B. ein Erwachsener mit einer kognitiven/mentalen Beeinträchtigung), zu ergründen, um diesen gerecht zu werden. Die Modelle der »Persönlichen Zukunftsplanung« geben hier eine hervorragende Möglichkeit, die individuellen Wünsche und Träume eines Menschen, der rechtlich und heilpädagogisch betreut wird, ressourcenorientiert transparent zu machen und entsprechend zu kommunizieren. Drei Modelle der »Persönlichen Hilfeplanung« haben sich in der heilpädagogischen Arbeit bewährt.

Für Menschen mit leichten bis mittelschweren mentalen Beeinträchtigungen gibt es die Methode »Käpt'n Life und seine Crew – ein Arbeitsbuch zur persönlichen Zukunftsplanung«, herausgegeben vom »Netzwerk People First«. Diese Publikation in Form eines Ringordners beschäftigt sich mit den Wünschen und Träumen von Menschen mit mentalen/kognitiven Beeinträchtigungen.

Von Vorteil ist, dass diese Menschen den Ordner größtenteils (im Rahmen ihrer Fähigkeiten) mitgestalten (z. B. durch Zeichnen, Aufkleben etc.) können. Nach einer allgemeinen Einleitung folgt eine Bestandsaufnahme der Person (»Ich bin ich und so lebe ich«) und deren Umfeld. Im nächsten Schritt geht es mit dem Kapitel »So wünsche ich mir mein Leben« schon in Richtung »Persönliche Zukunftsplanung«, allerdings noch eher auf der abstrakten Visionsebene. Konkreter wird es im Kapitel mit der Überschrift »Ich treffe mich mit anderen, um meine Zukunft zu planen«. Hierunter sind sogenannte »Unterstützer/innentreffen« zu verstehen. Auch der rechtliche Betreuer ist – gemäß § 1901, Abs. 2 und 3 BGB – solch ein Unterstützer. Das letzte abschließende Kapitel (»So kann es nun nach dem Planen weitergehen«) werden die Wünsche den Menschen mit mentalen/kognitiven Beeinträchtigungen priorisiert und ein Gesamthilfeplan festgelegt.

Ein weiteres Modell der persönlichen Zukunftsplanung, insbesondere für Menschen, deren verbal-sprachlichen Fähigkeiten eingeschränkt sind, hat sich bewährt: »I want my dream«. Dieses Modell kann ebenfalls im »Netzwerk People First« bezogen werden. Verschiedene Bildkarten (u. a. »Lebensstilkarten«, »Traumkarten« etc.) visualisieren und illustrieren die »Persönliche Zukunftsplanung« und sind deshalb besonders bei Menschen mit eingeschränkten aktiven Sprachfähigkeiten eine gute und sinnvolle Ergänzung.

Auch die Bundesvereinigung Lebenshilfe e. V. hat vor einiger Zeit ein Modell der »Persönlichen Zukunftsplanung« herausgegeben. Unter dem Titel »Gut Leben – Persönliche Zukunftsplanung« werden verschiedene Methoden (u. a. Bildkarten) eingesetzt, um die Träume und Wünsche des Menschen mit Behinderung zu erkennen und daraus Ziele – im Sinne einer Zukunftsplanung – zu entwickeln.

Das Recht von Menschen mit Behinderung, eigene Wünsche äußern zu können und eigene Entscheidungen zu treffen, ist konkludent zur UN-Behindertenrechtskonvention (nachfolgend UN-BRK abgekürzt).

> **Präambel der UN-BRK**
>
> n) in der Erkenntnis, wie wichtig die individuelle Autonomie und Unabhängigkeit für Menschen mit Behinderungen ist, einschließlich der Freiheit, eigene Entscheidungen zu treffen,

Zusammenfassend lässt sich sagen: Wenn es zu den gesetzlichen Aufgaben des rechtlichen Betreuers (§ 1896 BGB) gehört, den Wünschen des rechtlich zu Betreuenden zu entsprechen (§ 1901 BGB), so sollte es sich die Heilpädagogin zu eigen machen, im Rahmen ihrer Aufgaben und Befugnisse »Unterstützer/innentreffen« anzuregen und zu organisieren, damit der Mensch mit Behinderung seine persönlichen Wünsche äußern kann.

Es gehört auch zu den Aufgaben des rechtlichen Betreuers (§ 1901, Abs. 4 BGB), dass dieser im Rahmen seiner Möglichkeiten dazu beitragen soll, Krankheit und Behinderung zu beseitigen, zu bessern, ihre Verschlimmerung zu verhüten oder ihre Folgen zu mildern. Darüber hinaus hat der Gesetzgeber klargestellt, dass es auch zu den Aufgaben des rechtlichen Betreuers gehört, die Ziele der Eingliederung für Menschen in besonderen Lebenslagen (hier: einer Behinderung), im Sinne des SGB XII (Sozialhilfe) mit zu verfolgen.

Eine vergleichende Betrachtung des § 53, Abs. 3 SGB XII und des § 1901, Abs. 4 BGB bestätigt den fast gleichen Wortlaut.

> **§ 1901 BGB »Umfang der Betreuung, Pflichten des Betreuers**
>
> (4) Innerhalb seines Aufgabenkreises hat der Betreuer dazu beizutragen, dass Möglichkeiten genutzt werden, die Krankheit oder Behinderung des Betreuten zu beseitigen, zu bessern, ihre Verschlimmerung zu verhüten oder ihre Folgen zu mildern. Wird die Betreuung berufsmäßig geführt, hat der Betreuer in geeigneten Fällen auf Anordnung des Gerichts zu Beginn der Betreuung einen Betreuungsplan zu erstellen. In dem Betreuungsplan sind die Ziele der Betreuung und die zu ihrer Erreichung zu ergreifenden Maßnahmen darzustellen.
>
> **§ 53 SGB XII »Leistungsberechtigte und Aufgabe«**
>
> (3) Besondere Aufgabe der Eingliederungshilfe ist es, eine drohende Behinderung zu verhüten oder eine Behinderung oder deren Folgen zu beseitigen oder zu mildern und die behinderten Menschen in die Gesellschaft einzugliedern. Hierzu gehört insbesondere, den behinderten Menschen die Teilnahme am Leben in der Gemeinschaft zu ermöglichen oder zu erleichtern, ihnen die Ausübung eines angemessenen Berufs oder einer sonstigen angemessenen Tätigkeit zu ermöglichen oder sie so weit wie möglich unabhängig von Pflege zu machen.

Insbesondere bei der berufsmäßig ausgeübten rechtlichen Betreuung legt der Gesetzgeber darauf wert, dass der rechtliche Betreuer sich Gedanken zur Betreuung und

zu »seinem« rechtlich zu betreuenden Menschen macht und diese in einem sogenannten »Betreuungsplan« darlegt (Palandt et. al., 2010, 2016). Diese gilt insbesondere bei der berufsmäßig geführten rechtlichen Betreuung von Menschen mit
Behinderung, die in Einrichtungen der Behindertenhilfe leben und keine Angehörigen
(z. B. Eltern) haben, die die rechtliche Betreuung übernehmen. Für einen solchen
»Betreuungsplan« gibt es jedoch keine vorgeschriebenen Gliederungspunkte oder
Vordrucke, nach denen sich der rechtliche Betreuer richten muss. Vielmehr will das
zuständige Vormundschaftsgericht einen regelmäßigen Nachweis haben, dass die
rechtliche Betreuung geführt und dokumentiert wurde (Raack/Thar, 2014, 114).

Nicht unerwähnt bleiben sollte, dass auch die Einrichtungen die »besonderen
Aufgaben« (Ziele des § 53 SGB XII) der sogenannten »Eingliederungshilfe« planen, entsprechend durchführen und dokumentieren müssen.

---

§ 58 SGB XII »Gesamtplan«

(1) Der Träger der Sozialhilfe stellt so frühzeitig wie möglich einen Gesamtplan
zur Durchführung der einzelnen Leistungen auf.

(2) Bei der Aufstellung des Gesamtplans und der Durchführung der Leistungen
wirkt der Träger der Sozialhilfe mit dem behinderten Menschen und den sonst
im Einzelfall Beteiligten, insbesondere mit dem behandelnden Arzt, dem Gesundheitsamt, dem Landesarzt, dem Jugendamt und den Dienststellen der
Bundesagentur für Arbeit, zusammen.

Derzeit stellt sich dieser »Gesamtplan« für Menschen mit Behinderung, die Leistungen der sogenannten »Eingliederungshilfe« erhalten, deutschlandweit sehr
unterschiedlich dar. Während in einigen Bundesländern und Kommunen noch
traditionell sogenannte »Entwicklungsberichte« und/oder »Sozialberichte« als
Planungsinstrumentarium (i. S. d. § 58 SGB XII) verwendet werden, sind wiederum
andere Bundesländer bzw. Kommunen dazu übergegangen, mit dem Menschen mit
Behinderung, dem Einrichtungsträger und dem Leistungsträger (kommunaler Sozialhilfeträger) eine fundamentierte »Teilhabeplanung« zu etablieren.

Der Grundgedanke der Teilhabeplanung geht auf die 2001 eingeführte rechtliche Definition von Behinderung (§ 2 SGB IX) zurück (▶ Kap. 1.1.1). Im SGB IX
(Rehabilitation und Teilhabe behinderter Menschen) setzte sich der Gesetzgeber
das Ziel, den Behinderungsbegriff der Weltgesundheitsorganisation (WHO-ICF) zu
implementieren. Mit diesem Schritt sollte ein behindertenpolitischer Paradigmenwechsel vollzogen werden. Die bis zur Einführung des SGB IX geltende Definition
von Behinderung hatte Behinderung größtenteils nur als medizinisches und indi-
viduelles Phänomen erkannt und konnte somit den Wechselwirkungen zwischen
dem Individuum, welches eine Behinderung hat, und dem (sozialen) Umfeld, welches maßgeblich zur Beeinträchtigung beiträgt, nicht bzw. kaum Rechnung tragen.

Die Einführung des § 2, Abs. 1 SGB IX, unter Berücksichtigung des Behinderungsbegriffs der WHO, verwies auf die Wechselwirkungen zwischen der so-

matischen oder psychischen Beeinträchtigung eines Individuums, der Möglichkeit und Fähigkeit der jeweiligen Aktivität und seiner Möglichkeiten der Teilhabe.

---

§ 2 SGB IX »Behinderung«

(1) Menschen sind behindert, wenn ihre körperliche Funktion, geistige Fähigkeit oder seelische Gesundheit mit hoher Wahrscheinlichkeit länger als sechs Monate von dem für das Lebensalter typischen Zustand abweichen und daher ihre Teilhabe am Leben in der Gesellschaft beeinträchtigt ist. Sie sind von Behinderung bedroht, wenn die Beeinträchtigung zu erwarten ist.

Diese Wechselwirkung zwischen individuellen und gesellschaftlichen Bedingungen findet auch in der 2008 in Deutschland in Kraft getretenen UN-BRK Berücksichtigung.

UN-BRK »Präambel«

e) in der Erkenntnis, dass das Verständnis von Behinderung sich ständig weiterentwickelt und dass Behinderung aus der Wechselwirkung zwischen Menschen mit Beeinträchtigungen und einstellungs- und umweltbedingten Barrieren entsteht, die sie an der vollen, wirksamen und gleichberechtigten Teilhabe an der Gesellschaft hindern,

---

Erfreulicherweise sind einige kommunale Sozialhilfeträger als Kostenträger dazu übergegangen, die im § 58 SGB XII geforderte »Gesamthilfeplanung« zu einer (integrierten) »Teilhabeplanung« umzuwidmen. Mithilfe der Instrumentarien der integrierten Teilhabeplanung (IHP) können Menschen mit Behinderungen partizipieren und erhalten Gelegenheit, ihre Wünsche zu äußern. Ergänzend stellt Erik Weber (2015, 126) dar, dass durch die »integrierte Teilhabeplanung« soziale Netzwerke von Menschen mit Behinderung stabilisierend auf- und ausgebaut werden können.

Eine Recherche, z. B. im Internet, zur integrierten Teilhabeplanung ist auf jeden Fall zu empfehlen. Einige kommunale Sozialhilfeträger und/oder Wohlfahrtsträger (z. B. LVR Hessen, LVR Rheinland etc.) stellen gute und umfangreiche Dokumentationen hierzu kostenfrei zur Verfügung. Die Modelle der »Teilhabeplanung« eröffnen die Chancen, dass jeder Mensch mit Behinderung individuell-gerecht seine Fähigkeiten und Möglichkeiten entdecken und entwickeln kann.

In der Heil- und Sonderpädagogik hat sich in den letzten Jahren der Gedanke des »Capability Approach« sukzessive etabliert. Dieser fordert, jedem Menschen seine höchst individuellen (Entwicklungs-)Chancen zu gewährleisten, und nimmt damit Abschied von dem lang gehegten paradigmatischen Grundsatz der »Chancengleichheit« behinderter Menschen. Im Sinne einer heilpädagogisch-orientierten heuristischen Metakompetenz wäre es empfehlens- und wünschenswert, dass sich die wissenschaftlich orientierte Heilpädagogik noch intensiver mit dem Ansatz des »Capability Approach« auseinandersetzt und (weitere) Möglichkeiten entwickelt, diesen Ansatz zu operationalisieren (Graf/Kapferer/Sedmak, 2013, 25).

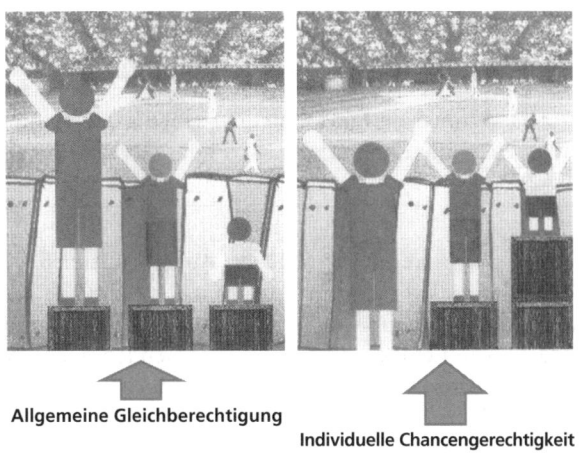

Allgemeine Gleichberechtigung

Individuelle Chancengerechtigkeit

Abb. 8: Der »*Capability Approach*« Ansatz in der Praxis

Zusammenfassend kann konstatiert werden, dass der rechtliche Betreuer den Wünschen des rechtlich Betreuten entsprechen soll. Gleichwohl soll er dazu beitragen, dass Möglichkeiten genutzt werden, die Krankheit oder Behinderung des rechtlich Betreuten zu beseitigen, zu bessern, ihre Verschlimmerung zu verhüten oder ihre Folgen zu mildern. Diese Pflichten des rechtlichen Betreuers können in den sogenannten Modellen der »persönlichen Zukunftsplanung« (§ 1901, Abs. 2, Satz 2 BGB), der Betreuungsplanung (§ 1901, Abs. 4, Satz 2 BGB) und/oder des Gesamthilfeplans (bzw. der »integrierenden Teilhabeplanung«, § 58 SGB XII) dokumentierend verortet werden.

Die koordinierende Funktion hierzu sollte die betreuende Heilpädagogin, im Sinne der heilpädagogischen Prinzipien »Erst verstehen, dann erziehen« und »Nicht (nur) der Mensch ist zu erziehen, sondern sein Umfeld« übernehmen, um dem Menschen mit Behinderung die größtmögliche Chance zur Teilhabe zu gewährleisten. Diese koordiniere Tätigkeit der Heilpädagogin kann man auch als »Case Management« bezeichnen. »Case Management« bezeichnet eine kontinuierliche fallverantwortliche Beziehungs- und Koordinationsarbeit, die das Ziel haben sollte, den Menschen mit Behinderung die optimalen, bestmöglichen Zugänge zu eigenen Ressourcen und externen Hilfeleistungen zu ermöglichen (Röh, 2009, 197).

Bestimmte Aufgabenkreise in der rechtlichen Betreuung sind besonders geschützt. Hierzu zählt zum Beispiel das Entgegennehmen und Öffnen der Post des zu Betreuenden, da das Briefgeheimnis grundgesetzlich gewahrt bleiben muss.

Art. 10 GG

(1) Das Briefgeheimnis sowie das Post- und Fernmeldegeheimnis sind unverletzlich.

§ 1896 BGB »Voraussetzungen«

(4) Die Entscheidung über den Fernmeldeverkehr des Betreuten und über die Entgegennahme, das Öffnen und das Anhalten seiner Post werden vom Aufgabenkreis des Betreuers nur dann erfasst, wenn das Gericht dies ausdrücklich angeordnet hat.

Das Gericht muss in der Betreuerurkunde den Aufgabenbereich »Postverkehr« explizit benennen und dezidiert begründen, warum der rechtliche Betreuer befugt ist, die Post eines rechtlich zu betreuenden Menschen zu öffnen.

Auch in die Sterilisation eines rechtlich zu betreuenden Menschen kann der rechtliche Betreuer, der den Aufgabenkreis »Gesundheit« inne hat, nicht ohne weiteres alleine einwilligen. Zurecht sollte das Thema »Sterilisation« auch bedingt durch die deutsche Geschichte mit äußerster Vorsicht und juristischem Fingerspitzengefühl behandelt werden, wie es im Kapitel »Systemische Betrachtungsweise der Heilpädagogik« abgehandelt wurde. Der Gesetzgeber hat hier klare Vorgaben gemacht. Zwar kann der rechtliche Betreuer die Sterilisation beantragen, das Gericht ist dennoch an viele Verfahrenswege gebunden, um größtmögliche Rechtssicherheit für Menschen mit Behinderung erlangen zu können. So muss das Gericht einen »besonderen Betreuer« (§ 1899, Abs. 2 BGB) bestellen, der verantwortlich ist und gewährleisten kann, dass alle gesetzlichen Regelungen beachtet und entsprechend angewendet werden (Jürgens et al., 2002, 30).

§ 1899 BGB »Mehrere Betreuer«

(2) Für die Entscheidung über die Einwilligung in eine Sterilisation des Betreuten ist stets ein besonderer Betreuer zu bestellen.

Die Aufgabe des zusätzlichen rechtlichen Betreuers (der sogenannte »Sterilisationsbetreuer«) ist es, zu garantieren, dass alle fünf Punkte des ersten Absatzes des § 1905 BGB zutreffend sind.[3]

---

3 Zur Klarstellung: das Komma hinter jedem Punkt bedeutet juristisch ein »und«.

§ 1905 BGB »Sterilisation«

(1) Besteht der ärztliche Eingriff in einer Sterilisation des Betreuten, in die dieser nicht einwilligen kann, so kann der Betreuer nur einwilligen, wenn

1. die Sterilisation dem Willen des Betreuten nicht widerspricht,
2. der Betreute auf Dauer einwilligungsunfähig bleiben wird,
3. anzunehmen ist, dass es ohne die Sterilisation zu einer Schwangerschaft kommen würde,
4. infolge dieser Schwangerschaft eine Gefahr für das Leben oder die Gefahr einer schwerwiegenden Beeinträchtigung des körperlichen oder seelischen Gesundheitszustands der Schwangeren zu erwarten wäre, die nicht auf zumutbare Weise abgewendet werden könnte, und
5. die Schwangerschaft nicht durch andere zumutbare Mittel verhindert werden kann.

Als schwerwiegende Gefahr für den seelischen Gesundheitszustand der Schwangeren gilt auch die Gefahr eines schweren und nachhaltigen Leides, das ihr drohen würde, weil betreuungsgerichtliche Maßnahmen, die mit ihrer Trennung vom Kind verbunden wären (§§ 1666, 1666a), gegen sie ergriffen werden müssten.

(2) Die Einwilligung bedarf der Genehmigung des Betreuungsgerichts. Die Sterilisation darf erst zwei Wochen nach Wirksamkeit der Genehmigung durchgeführt werden. Bei der Sterilisation ist stets der Methode der Vorzug zu geben, die eine Refertilisierung zulässt.

Es kommt an bundesdeutschen Gerichten relativ selten vor, dass das Gericht in eine Sterilisation einwilligen muss (Raack/Thar, 2014, 121). Wenn allerdings der Antrag auf Sterilisation eines Menschen mit Behinderung, der »einwilligungsunfähig« nach §§ 104, 105 BGB ist, vorliegt und der »Sterilisationsbetreuer« gemäß § 1905 BGB alles abgeklärt hat, so muss das Gericht zudem ein persönliches Gespräch mit dem Menschen mit Behinderung diesbezüglich führen. Zudem wird, um die Rechte des Betroffenen zu schützen, auch hier ein Verfahrenspfleger (§ 276 FamFG) eingesetzt.

§ 104 BGB »Geschäftsunfähigkeit«

Geschäftsunfähig ist:

1. wer nicht das siebente Lebensjahr vollendet hat,
2. wer sich in einem die freie Willensbestimmung ausschließenden Zustand krankhafter Störung der Geistestätigkeit befindet, sofern nicht der Zustand seiner Natur nach ein vorübergehender ist.

§ 105 BGB »Nichtigkeit der Willenserklärung«

(1) Die Willenserklärung eines Geschäftsunfähigen ist nichtig.

(2) Nichtig ist auch eine Willenserklärung, die im Zustand der Bewusstlosigkeit oder vorübergehender Störung der Geistestätigkeit abgegeben wird.

§ 297 FamFG »Sterilisation«

(1) Das Gericht hat den Betroffenen vor der Genehmigung einer Einwilligung des Betreuers in eine Sterilisation (§ 1905 Abs. 2 des Bürgerlichen Gesetzbuchs) persönlich anzuhören und sich einen persönlichen Eindruck von ihm zu verschaffen. Es hat den Betroffenen über den möglichen Verlauf des Verfahrens zu unterrichten.

(2) Das Gericht hat die zuständige Behörde anzuhören, wenn es der Betroffene verlangt oder es der Sachaufklärung dient.

(3) Das Gericht hat die sonstigen Beteiligten anzuhören. Auf Verlangen des Betroffenen hat das Gericht eine ihm nahestehende Person anzuhören, wenn dies ohne erhebliche Verzögerung möglich ist.

(4) Verfahrenshandlungen nach den Absätzen 1 bis 3 können nicht durch den ersuchten Richter vorgenommen werden.

(5) Die Bestellung eines Verfahrenspflegers ist stets erforderlich, sofern sich der Betroffene nicht von einem Rechtsanwalt oder einem anderen geeigneten Verfahrensbevollmächtigten vertreten lässt.

(6) Die Genehmigung darf erst erteilt werden, nachdem durch förmliche Beweisaufnahme Gutachten von Sachverständigen eingeholt sind, die sich auf die medizinischen, psychologischen, sozialen, sonderpädagogischen und sexualpädagogischen Gesichtspunkte erstrecken. Die Sachverständigen haben den Betroffenen vor Erstattung des Gutachtens persönlich zu untersuchen oder zu befragen. Sachverständiger und ausführender Arzt dürfen nicht personengleich sein.

(7) Die Genehmigung wird wirksam mit der Bekanntgabe an den für die Entscheidung über die Einwilligung in die Sterilisation bestellten Betreuer und

1. an den Verfahrenspfleger oder
2. den Verfahrensbevollmächtigten, wenn ein Verfahrenspfleger nicht bestellt wurde.

(8) Die Entscheidung über die Genehmigung ist dem Betroffenen stets selbst bekannt zu machen. Von der Bekanntgabe der Gründe an den Betroffenen kann nicht abgesehen werden. Der zuständigen Behörde ist die Entscheidung stets bekannt zu geben.

Inwieweit die bundesdeutschen Regelungen zur Sterilisation von Menschen mit Behinderung gegen die UN-BRK (Art. 23, Abs. 1, Punkt c UN-BRK) verstoßen, muss vielseitig diskutiert werden. Hier könnte das Mandat der Anwaltschaft für Heilpädagoginnen zum Tragen kommen.

Art. 23 UN-BRK »Achtung der Wohnung und der Familie«

(1) Die Vertragsstaaten treffen wirksame und geeignete Maßnahmen zur Beseitigung der Diskriminierung von Menschen mit Behinderungen auf der Grundlage der Gleichberechtigung mit anderen in allen Fragen, die Ehe, Familie, Elternschaft und Partnerschaften betreffen, um zu gewährleisten, dass

a) das Recht aller Menschen mit Behinderungen im heiratsfähigen Alter, auf der Grundlage des freien und vollen Einverständnisses der künftigen Ehegatten eine Ehe zu schließen und eine Familie zu gründen, anerkannt wird;
b) das Recht von Menschen mit Behinderungen auf freie und verantwortungsbewusste Entscheidung über die Anzahl ihrer Kinder und die Geburtenabstände sowie auf Zugang zu altersgemäßer Information sowie Aufklärung über Fortpflanzung und Familienplanung anerkannt wird und ihnen die notwendigen Mittel zur Ausübung dieser Rechte zur Verfügung gestellt werden;
c) Menschen mit Behinderungen, einschließlich Kindern, gleichberechtigt mit anderen ihre Fruchtbarkeit behalten.

Eine weitere Besonderheit des Betreuungsrechts ist der sogenannte »Einwilligungsvorbehalt« nach § 1903 BGB. Dieser »Einwilligungsvorbehalt« wird vom Gericht nur in besonderen Fällen ausgesprochen, wenn eine besondere Gefahr für den rechtlich zu betreuenden Menschen besteht und reduziert sich betreuungsrechtspraktisch auf die Bereiche »Gesundheit/Medizin« und »Vermögen«.

---

§ 1903 BGB »Einwilligungsvorbehalt«

(1) Soweit dies zur Abwendung einer erheblichen Gefahr für die Person oder das Vermögen des Betreuten erforderlich ist, ordnet das Betreuungsgericht an, dass der Betreute zu einer Willenserklärung, die den Aufgabenkreis des Betreuers betrifft, dessen Einwilligung bedarf (Einwilligungsvorbehalt). Die §§ 108 bis 113, 131 Abs. 2 und § 210 gelten entsprechend.

Jedoch muss auch der sogenannte »Einwilligungsvorbehalt« als Erweiterung der Aufgabenkreise des rechtlichen Betreuers beantragt werden und anschließend vom Gericht mit besonderem Augenmaß geprüft werden.

---

§ 293 FamFG »Erweiterung der Betreuung oder des Einwilligungsvorbehalts«

(1) Für die Erweiterung des Aufgabenkreises des Betreuers und die Erweiterung des Kreises der einwilligungsbedürftigen Willenserklärungen gelten die Vorschriften über die Anordnung dieser Maßnahmen entsprechend. Das Gericht hat die zuständige Behörde nur anzuhören, wenn es der Betroffene verlangt oder es zur Sachaufklärung erforderlich ist.

(2) Einer persönlichen Anhörung nach § 278 Abs. 1 sowie der Einholung eines Gutachtens oder ärztlichen Zeugnisses (§§ 280 und 281) bedarf es nicht,

1. wenn diese Verfahrenshandlungen nicht länger als sechs Monate zurückliegen oder
2. die beabsichtigte Erweiterung nach Absatz 1 nicht wesentlich ist.

Eine wesentliche Erweiterung des Aufgabenkreises des Betreuers liegt insbesondere vor, wenn erstmals ganz oder teilweise die Personensorge oder eine der in § 1896 Abs. 4 oder den §§ 1904 bis 1906 des Bürgerlichen Gesetzbuchs genannten Aufgaben einbezogen wird.

(3) Ist mit der Bestellung eines weiteren Betreuers nach § 1899 des Bürgerlichen Gesetzbuchs eine Erweiterung des Aufgabenkreises verbunden, gelten die Absätze 1 und 2 entsprechend.

Der »Einwilligungsvorbehalt«, so ihn das Gericht ausgesprochen hat, schränkt den Menschen mit Behinderung in seiner Autonomie ein. Dieser darf dadurch Entscheidungen nur noch mit ausdrücklicher Einwilligung des rechtlichen Betreuers treffen. In bestimmten Fällen mag der »Einwilligungsvorbehalt« sinnvoll sein, wenn zum Beispiel ein Mann mit einer mentalen Beeinträchtigung im Internet Waren bestellt, die seine finanziellen Möglichkeiten bei weitem übersteigen. Dennoch muss die Heilpädagogik im Kontext eines Mandats der heilpädagogischen Anwaltschaft hier kritisch sein und darauf hinweisen, dass die Erweiterung der rechtlichen Betreuung um den »Einwilligungsvorbehalt« einer »Entmündigung« sehr nahe kommt und im Grunde genommen unvereinbar mit der UN-BRK ist.

Präambel der UN-BRK

n) in der Erkenntnis, wie wichtig die individuelle Autonomie und Unabhängigkeit für Menschen mit Behinderungen ist, einschließlich der Freiheit, eigene Entscheidungen zu treffen,

---

Der rechtliche Betreuer, der den Bereich »Gesundheit« für den rechtlich zu betreuenden Menschen innehat, muss sich die Einwilligung des zuständigen Gerichtes einholen, wenn die rechtlich zu betreuende Person eine medizinische Behandlung benötigt, die diese in der Gesundheit schaden oder vielleicht sogar zum Tode führen kann (z. B. Herz-Operationen).

> ### § 1904 BGB »Genehmigung des Betreuungsgerichts bei ärztlichen Maßnahmen«
>
> (1) Die Einwilligung des Betreuers in eine Untersuchung des Gesundheitszustands, eine Heilbehandlung oder einen ärztlichen Eingriff bedarf der Genehmigung des Betreuungsgerichts, wenn die begründete Gefahr besteht, dass der Betreute auf Grund der Maßnahme stirbt oder einen schweren und länger dauernden gesundheitlichen Schaden erleidet. Ohne die Genehmigung darf die Maßnahme nur durchgeführt werden, wenn mit dem Aufschub Gefahr verbunden ist.

Die Heilpädagogin in einer Einrichtung der Behindertenhilfe muss den rechtlichen Betreuer informieren, wenn eine derartige ärztliche Behandlung beim rechtlich zu betreuenden Menschen notwendig ist, damit dieser entsprechend das Gericht anfragen kann.

Eine große Verunsicherung der Heilpädagogik in der Behindertenhilfe bringen häufig die sogenannten »freiheitsentziehenden Maßnahmen« gegen rechtlich betreute Menschen mit Behinderung mit sich. Es ist wichtig zu unterscheiden, um welche Art der »freiheitsentziehenden Maßnahmen« es sich handelt bzw. welche der Gesetzgeber meint. Dauerhafte freiheitsentziehende Maßnahmen, zum Beispiel die Unterbringung in einer geschlossenen psychiatrischen Klinik bei erheblich aggressiv-fremdverletzendem Verhalten, werden jeweils rechtlich durch die Bundesländer im Rahmen der sogenannten »Psychisch-Kranken-Gesetze« (PsychKG) geregelt.

Die Unterbringung von nicht-schuldfähigen Straftätern (z. B. durch eine mentale/kognitive Beeinträchtigung, gemäß § 20 StGB) regelt das Strafgesetzbuch im Rahmen des Maßregelvollzuges (§§ 63 StGB).

> ### § 20 StGB »Schuldunfähigkeit wegen seelischer Störungen«
>
> Ohne Schuld handelt, wer bei Begehung der Tat wegen einer krankhaften seelischen Störung, wegen einer tiefgreifenden Bewusstseinsstörung oder wegen Schwachsinns oder einer schweren anderen seelischen Abartigkeit unfähig ist, das Unrecht der Tat einzusehen oder nach dieser Einsicht zu handeln.
>
> ### § 63 StGB »Unterbringung in einem psychiatrischen Krankenhaus«
>
> Hat jemand eine rechtswidrige Tat im Zustand der Schuldunfähigkeit (§ 20) oder der verminderten Schuldfähigkeit (§ 21) begangen, so ordnet das Gericht die Unterbringung in einem psychiatrischen Krankenhaus an, wenn die Ge-

samtwürdigung des Täters und seiner Tat ergibt, dass von ihm infolge seines Zustandes erhebliche rechtswidrige Taten zu erwarten sind und er deshalb für die Allgemeinheit gefährlich ist.

Im Rahmen des Betreuungsrechts (hier: § 1906 BGB) geht es um temporär begrenzte »freiheitsentziehende Maßnahmen«, die in jedem Fall vormundschaftsgenehmigungspflichtig sind!

Der Gesetzgeber unterteilt im Bürgerlichen Gesetzbuch zwei Formen von freiheitsentziehenden Maßnahmen: physischer Art (z. B. Fixieren, Einsperren in sogenannte »Time-Out-Räume« etc.) und medikamentöser Art (durch Sedieren).

§ 1906 BGB »Genehmigung des Betreuungsgerichts bei der Unterbringung«

(1) Eine Unterbringung des Betreuten durch den Betreuer, die mit Freiheitsentziehung verbunden ist, ist nur zulässig, solange sie zum Wohl des Betreuten erforderlich ist, weil

1. auf Grund einer psychischen Krankheit oder geistigen oder seelischen Behinderung des Betreuten die Gefahr besteht, dass er sich selbst tötet oder erheblichen gesundheitlichen Schaden zufügt, oder
2. zur Abwendung eines drohenden erheblichen gesundheitlichen Schadens eine Untersuchung des Gesundheitszustands, eine Heilbehandlung oder ein ärztlicher Eingriff notwendig ist, ohne die Unterbringung des Betreuten nicht durchgeführt werden kann und der Betreute auf Grund einer psychischen Krankheit oder geistigen oder seelischen Behinderung die Notwendigkeit der Unterbringung nicht erkennen oder nicht nach dieser Einsicht handeln kann.

(2) Die Unterbringung ist nur mit Genehmigung des Betreuungsgerichts zulässig. Ohne die Genehmigung ist die Unterbringung nur zulässig, wenn mit dem Aufschub Gefahr verbunden ist; die Genehmigung ist unverzüglich nachzuholen. Der Betreuer hat die Unterbringung zu beenden, wenn ihre Voraussetzungen wegfallen. Er hat die Beendigung der Unterbringung dem Betreuungsgericht anzuzeigen.

(3) Widerspricht eine ärztliche Maßnahme nach Absatz 1 Nummer 2 dem natürlichen Willen des Betreuten (ärztliche Zwangsmaßnahme), so kann der Betreuer in sie nur einwilligen, wenn

1. der Betreute auf Grund einer psychischen Krankheit oder einer geistigen oder seelischen Behinderung die Notwendigkeit der ärztlichen Maßnahme nicht erkennen oder nicht nach dieser Einsicht handeln kann,
2. zuvor versucht wurde, den Betreuten von der Notwendigkeit der ärztlichen Maßnahme zu überzeugen,

3. die ärztliche Zwangsmaßnahme im Rahmen der Unterbringung nach Absatz 1 zum Wohl des Betreuten erforderlich ist, um einen drohenden erheblichen gesundheitlichen Schaden abzuwenden,
4. der erhebliche gesundheitliche Schaden durch keine andere dem Betreuten zumutbare Maßnahme abgewendet werden kann und
5. der zu erwartende Nutzen der ärztlichen Zwangsmaßnahme die zu erwartenden Beeinträchtigungen deutlich überwiegt.

§ 1846 ist nur anwendbar, wenn der Betreuer an der Erfüllung seiner Pflichten verhindert ist.

(3a) Die Einwilligung in die ärztliche Zwangsmaßnahme bedarf der Genehmigung des Betreuungsgerichts. Der Betreuer hat die Einwilligung in die ärztliche Zwangsmaßnahme zu widerrufen, wenn ihre Voraussetzungen wegfallen. Er hat den Widerruf dem Betreuungsgericht anzuzeigen.

(5) Die Unterbringung durch einen Bevollmächtigten und die Einwilligung eines Bevollmächtigten in Maßnahmen nach den Absätzen 3 und 4 setzen voraus, dass die Vollmacht schriftlich erteilt ist und die in den Absätzen 1, 3 und 4 genannten Maßnahmen ausdrücklich umfasst. Im Übrigen gelten die Absätze 1 bis 4 entsprechend.

Besondere Bedeutung für die Heilpädagogin in der Behindertenhilfe bekommt der Absatz 4 des § 1906 BGB.

§ 1906 BGB »Genehmigung des Betreuungsgerichts bei der Unterbringung«

(4) Die Absätze 1 und 2 gelten entsprechend, wenn dem Betreuten, der sich in einer Anstalt, einem Heim oder einer sonstigen Einrichtung aufhält, ohne untergebracht zu sein, durch mechanische Vorrichtungen, Medikamente oder auf andere Weise über einen längeren Zeitraum oder regelmäßig die Freiheit entzogen werden soll.

Zusammenfassend lässt sich konstatieren:

- Freiheitsentziehende Maßnahmen nach § 1906 BGB sind zeitlich zu begrenzen.
- Unter freiheitsentziehenden Maßnahmen nach § 1906, Abs. 4 BGB versteht man physische Vorrichtungen, die die Freiheit regelmäßig entziehen (z. B. Bettgitter, Fixierungen etc.) oder chemische Mittel (Medikamente), die die Freiheit durch ihre sedative Wirkung entziehen. Hierunter fallen – grundsätzlich – alle Medikamente, die auf das Zentralnervensystem des zu betreuenden Menschen wirken (z. B. Antikonvulsiva, Muskelrelaxantien, Sedativa wie u. a. das derzeit häufig eingesetzte Tavor® bei Anfällen).

- Freiheitsentziehende Maßnahmen nach § 1906 BGB sind über den rechtlichen Betreuer beim zuständigen Gericht zu legitimieren. Hierzu muss die Heilpädagogin den rechtlichen Betreuer regelmäßig über die verordneten Medikamente informieren.
- Freiheitsentziehende Maßnahmen nach § 1906 BGB dürfen nur angewendet werden, solange sie zum Wohl des rechtlich zu betreuenden Menschen erforderlich sind. Das heißt, zum Beispiel wenn sich der Mensch mit Behinderung durch eine aggressive Impulskontrollverlustreaktion in einem »Time-Out-Raum« befindet, ist die freiheitsentziehende Maßnahme nach dessen Beruhigung sofort zu beenden.

Die konkrete Anwaltschaft der Heilpädagogik

- Die rechtliche Betreuung von volljährigen Menschen, die weiterführenden Hilfen brauchen, muss beim zuständigen Gericht beantragt werden.
- Der rechtliche Betreuer hat bestimmte Aufgaben und eine Verantwortung für den von ihm rechtlich zu betreuenden Menschen. Hierzu zählt unter anderem, dass er den Wünschen des rechtlich zu betreuenden Menschen entsprechen und auch Sorge für die (gesundheitliche) Entwicklung tragen muss. Diese Verantwortung ist planbar und das Gericht kann einen »Betreuungsplan« einfordern. Die Heilpädagogin sollte – als Mittlerin – zwischen dem rechtlichen Betreuer und dem rechtlich zu betreuenden Menschen, auch bedingt durch ihre berufsethische Implikation, dieses planvolle Handeln koordinieren und somit unterstützen. Methoden der »persönlichen Zukunftsplanung« und der »Teilhabeplanung« können, originär heilpädagogisch (»Nicht gegen die Fehler, sondern für das Fehlende«) von der Heilpädagogin genutzt werden.
- Maßnahmen (physische und/oder medikamentöse) sind vormundschaftsgenehmigungspflichtig und müssen dem rechtlichen Betreuer umgehend mitgeteilt werden.

3.2.2 Die Anwaltschaft der Heilpädagogik in Sachen UN-Behindertenrechtskonvention (UN-BRK)

In der jüngeren Vergangenheit wird (auch) das bundesdeutsche Betreuungsrecht in Diskrepanz zur UN-Behindertenrechtskonvention (UN-BRK) gebracht und bisweilen der Eindruck vermittelt, die UN-Behindertenrechtskonvention sei unmittelbar anzuwendendes geltendes Recht. Nun kann man sich berechtigterweise die Frage stellen, inwieweit eine solche Übereinkunft unmittelbar rechtsbindend ist oder ob eine Konvention nicht eher den Charakter einer juristisch richtungsweisenden Philosophie hat.

Die UN-BRK liefert zu dieser Frage erstaunliche Antworten.

Art. 1 UN-BRK »Zweck«

Zweck dieses *Übereinkommens* ist es, den vollen und gleichberechtigten Genuss aller Menschenrechte und Grundfreiheiten durch alle Menschen mit Behinderungen *zu fördern, zu schützen und zu gewährleisten und die Achtung der ihnen innewohnenden Würde zu fördern.*

Zu den Menschen mit Behinderungen zählen Menschen, die langfristige körperliche, seelische, geistige oder Sinnesbeeinträchtigungen haben, welche sie in Wechselwirkung mit verschiedenen Barrieren an der vollen, wirksamen und gleichberechtigten Teilhabe an der Gesellschaft hindern können.

Art. 4 UN-BRK »Allgemeine Verpflichtungen«

(1) Die Vertragsstaaten verpflichten sich, die volle Verwirklichung aller Menschenrechte und Grundfreiheiten für alle Menschen mit Behinderungen ohne jede Diskriminierung aufgrund von Behinderung zu gewährleisten und zu fördern. Zu diesem Zweck verpflichten sich die Vertragsstaaten,

a) alle geeigneten Gesetzgebungs-, Verwaltungs- und sonstigen Maßnahmen zur Umsetzung der in diesem Übereinkommen anerkannten Rechte zu treffen;

b) alle geeigneten Maßnahmen einschließlich gesetzgeberischer Maßnahmen zur Änderung oder Aufhebung bestehender Gesetze, Verordnungen, Gepflogenheiten und Praktiken zu treffen, die eine Diskriminierung von Menschen mit Behinderungen darstellen;

c) den Schutz und die Förderung der Menschenrechte von Menschen mit Behinderungen in allen politischen Konzepten und allen Programmen zu berücksichtigen;

d) Handlungen oder Praktiken, die mit diesem Übereinkommen unvereinbar sind, zu unterlassen und *dafür zu sorgen*, dass die staatlichen Behörden und öffentlichen Einrichtungen im Einklang mit diesem Übereinkommen handeln;

e) alle geeigneten Maßnahmen zur Beseitigung der Diskriminierung aufgrund von Behinderung durch Personen, Organisationen oder private Unternehmen zu ergreifen;

f) Forschung und Entwicklung für neue Technologien, die für Menschen mit Behinderungen geeignet sind, einschließlich Informations- und Kommunikationstechnologien, Mobilitätshilfen, Geräten und unterstützenden Technologien, zu betreiben oder zu fördern sowie ihre Verfügbarkeit und Nutzung zu fördern und dabei Technologien zu erschwinglichen Kosten den Vorrang zu geben;

g) für Menschen mit Behinderungen zugängliche Informationen über Mobilitätshilfen, Geräte und unterstützende Technologien, einschließlich neuer Technologien, sowie andere Formen von Hilfe, Unterstützungsdiensten und Einrichtungen zur Verfügung zu stellen;

h) die Schulung von Fachkräften und anderem mit Menschen mit Behinderungen arbeitendem Personal auf dem Gebiet der in diesem Übereinkommen anerkannten Rechte zu fördern, damit die aufgrund dieser Rechte garantierten Hilfen und Dienste besser geleistet werden können.

(2) Hinsichtlich der wirtschaftlichen, sozialen und kulturellen Rechte verpflichtet sich jeder Vertragsstaat, unter Ausschöpfung seiner verfügbaren Mittel und erforderlichenfalls im Rahmen der internationalen Zusammenarbeit Maßnahmen zu treffen, um *nach und nach* die volle Verwirklichung dieser Rechte zu erreichen, unbeschadet derjenigen Verpflichtungen aus diesem Übereinkommen, die nach dem Völkerrecht sofort anwendbar sind.

(3) Bei der Ausarbeitung und Umsetzung von Rechtsvorschriften und politischen Konzepten zur Durchführung dieses Übereinkommens und bei anderen Entscheidungsprozessen in Fragen, die Menschen mit Behinderungen betreffen, führen die Vertragsstaaten mit den Menschen mit Behinderungen, einschließlich Kindern mit Behinderungen, über die sie vertretenden Organisationen enge Konsultationen und beziehen sie aktiv ein.

(4) Dieses Übereinkommen lässt zur Verwirklichung der Rechte von Menschen mit Behinderungen besser geeignete Bestimmungen, die im Recht eines Vertragsstaats oder in dem für diesen Staat geltenden Völkerrecht enthalten sind, unberührt. Die in einem Vertragsstaat durch Gesetze, Übereinkommen, Verordnungen oder durch Gewohnheitsrecht anerkannten oder bestehenden Menschenrechte und Grundfreiheiten dürfen nicht unter dem Vorwand beschränkt oder außer Kraft gesetzt werden, dass dieses Übereinkommen derartige Rechte oder Freiheiten nicht oder nur in einem geringeren Ausmaß anerkenne.

(5) Die Bestimmungen dieses Übereinkommens gelten ohne Einschränkung oder Ausnahme für alle Teile eines Bundesstaats.

Es ist teilweise schwer erträglich, dass sich die bundesdeutsche (Sozial-)Gesetzgebung in der komfortablen Situation befindet, die Umsetzung der UN-BRK lediglich sukzessive vornehmen zu müssen. Das mahnte auch die unabhängige Monitoring-Stelle zur Umsetzung der UN-BRK in ihrer Stellungnahme im März 2014 an und rekurrierte in Bezug auf das bundesdeutsche Betreuungsrecht:

>Die Monitoring-Stelle regt an, dass der CRPD-Ausschuss dem Vertragsstaat (Bundesrepublik Deutschland) empfiehlt, Recht und Praxis der gesetzlichen Betreuung einer systematischen Prüfung zu unterziehen [...]«.

Zusammenfassend kann konstatiert werden, dass das bundesdeutsche Betreuungsrecht nicht der UN-BRK widerspricht, jedoch reformbedürftig ist, um den Forderungen der UN-BRK besser gerecht zu werden. An anderen Stellen widerspricht das bundesdeutsche Recht der UN-BRK sehr viel deutlicher und fordert die *Heilpädagogik* offensiv in ihrem *Mandat der Anwaltschaft*.

Betrachtet man (exemplarisch) Art. 12, Abs. 1 UN-BRK wird offenkundig, dass Menschen mit Behinderung – eo ipso – als Rechtssubjekte alle Rechte des jeweiligen Mitgliedsstaates genießen.

Art. 12 UN-BRK »Gleiche Anerkennung vor dem Recht«

(1) Die Vertragsstaaten bekräftigen, dass Menschen mit Behinderungen das Recht haben, überall als Rechtssubjekt anerkannt zu werden.

(2) Die Vertragsstaaten anerkennen, dass Menschen mit Behinderungen in allen Lebensbereichen gleichberechtigt mit anderen Rechts- und Handlungsfähigkeit genießen.

(3) Die Vertragsstaaten treffen geeignete Maßnahmen, um Menschen mit Behinderungen Zugang zu der Unterstützung zu verschaffen, die sie bei der Ausübung ihrer Rechts- und Handlungsfähigkeit gegebenenfalls benötigen.

(4) Die Vertragsstaaten stellen sicher, dass zu allen die Ausübung der Rechts- und Handlungsfähigkeit betreffenden Maßnahmen im Einklang mit den internationalen Menschenrechtsnormen geeignete und wirksame Sicherungen vorgesehen werden, um Missbräuche zu verhindern. Diese Sicherungen müssen gewährleisten, dass bei den Maßnahmen betreffend die Ausübung der Rechts- und Handlungsfähigkeit die Rechte, der Wille und die Präferenzen der betreffenden Person geachtet werden, es nicht zu Interessenkonflikten und missbräuchlicher Einflussnahme kommt, dass die Maßnahmen verhältnismäßig und auf die Umstände der Person zugeschnitten sind, dass sie von möglichst kurzer Dauer sind und dass sie einer regelmäßigen Überprüfung durch eine zuständige, unabhängige und unparteiische Behörde oder gerichtliche Stelle unterliegen. Die Sicherungen müssen im Hinblick auf das Ausmaß, in dem diese Maßnahmen die Rechte und Interessen der Person berühren, verhältnismäßig sein.

(5) Vorbehaltlich dieses Artikels treffen die Vertragsstaaten alle geeigneten und wirksamen Maßnahmen, um zu gewährleisten, dass Menschen mit Behinderungen das gleiche Recht wie andere haben, Eigentum zu besitzen oder zu erben, ihre finanziellen Angelegenheiten selbst zu regeln und gleichen Zugang zu Bankdarlehen, Hypotheken und anderen Finanzkrediten zu haben, und gewährleisten, dass Menschen mit Behinderungen nicht willkürlich ihr Eigentum entzogen wird.

Betrachtet im Kontext des Art. 12 UN-BRK die Regelungen des §§ 104, 105 BGB wird die Diskrepanz deutlich:

---

§ 104 BGB »Geschäftsunfähigkeit«

Geschäftsunfähig ist:

1. wer nicht das siebente Lebensjahr vollendet hat,
2. wer sich in einem die freie Willensbestimmung ausschließenden Zustand krankhafter Störung der Geistestätigkeit befindet, sofern nicht der Zustand seiner Natur nach ein vorübergehender ist.

§ 105 BGB »Nichtigkeit der Willenserklärung«

(1) Die Willenserklärung eines Geschäftsunfähigen ist nichtig.

(2) Nichtig ist auch eine Willenserklärung, die im Zustand der Bewusstlosigkeit oder vorübergehender Störung der Geistestätigkeit abgegeben wird.

Menschen mit mentalen/kognitiven Beeinträchtigungen werden im § 104 BGB »geschäftsunfähig« und können dadurch gemäß § 105 BGB keine »Willenserklärung« abgeben. Diese Regelungen belegen, wie weit die bundesdeutsche Gesetzgebung davon entfernt ist, Menschen mit Behinderung gemäß Art. 12 UN-BRK als eigenständige Rechtssubjekte anzuerkennen.

Ein weiteres Beispiel, welches den dringenden Handlungsbedarf zur vollständigen Umsetzung der UN-BRK und das Mandat der Anwaltschaft der Heilpädagogik fordert, sei hier noch genannt. Im Art. 19 der UN-BRK wird jedem Menschen mit Behinderung das Recht zugesprochen, seinen Wohnort frei zu wählen.

Art. 19 UN-BRK »Unabhängige Lebensführung und Einbeziehung in die Gemeinschaft«

Die Vertragsstaaten dieses Übereinkommens anerkennen das gleiche Recht aller Menschen mit Behinderungen, mit gleichen Wahlmöglichkeiten wie andere Menschen in der Gemeinschaft zu leben, und treffen wirksame und geeignete Maßnahmen, um Menschen mit Behinderungen den vollen Genuss dieses Rechts und ihre volle Einbeziehung in die Gemeinschaft und Teilhabe an der Gemeinschaft zu erleichtern, indem sie unter anderem gewährleisten, dass

a) Menschen mit Behinderungen gleichberechtigt die Möglichkeit haben, ihren Aufenthaltsort zu wählen und zu entscheiden, wo und mit wem sie leben, und nicht verpflichtet sind, in besonderen Wohnformen zu leben;
b) Menschen mit Behinderungen Zugang zu einer Reihe von gemeindenahen Unterstützungsdiensten zu Hause und in Einrichtungen sowie zu sonstigen gemeindenahen Unterstützungsdiensten haben, einschließlich der persönlichen Assistenz, die zur Unterstützung des Lebens in der Gemeinschaft und

---

der Einbeziehung in die Gemeinschaft sowie zur Verhinderung von Isolation und Absonderung von der Gemeinschaft notwendig ist;

c) gemeindenahe Dienstleistungen und Einrichtungen für die Allgemeinheit Menschen mit Behinderungen auf der Grundlage der Gleichberechtigung zur Verfügung stehen und ihren Bedürfnissen Rechnung tragen.

Stellt man der Forderung aus dem Art. 19 UN-BRK die derzeit geltenden bundesrechtlichen Regelungen aus dem SGB XII gegenüber, wird die Diskrepanz und der Handlungsbedarf der *Heilpädagogik zwischen Assistenz und Anwaltschaft* deutlich.

§ 9 SGB XII »Sozialhilfe nach der Besonderheit des Einzelfalles«

1) Die Leistungen richten sich nach der Besonderheit des Einzelfalles, insbesondere nach der Art des Bedarfs, den örtlichen Verhältnissen, den eigenen Kräften und Mitteln der Person oder des Haushalts bei der Hilfe zum Lebensunterhalt.

(2) Wünschen der Leistungsberechtigten, die sich auf die Gestaltung der Leistung richten, soll entsprochen werden, soweit sie angemessen sind. Wünschen der Leistungsberechtigten, den Bedarf stationär oder teilstationär zu decken, soll nur entsprochen werden, wenn dies nach der Besonderheit des Einzelfalles erforderlich ist, weil anders der Bedarf nicht oder nicht ausreichend gedeckt werden kann und wenn mit der Einrichtung Vereinbarungen nach den Vorschriften des Zehnten Kapitels dieses Buches bestehen. *Der Träger der Sozialhilfe soll in der Regel Wünschen nicht entsprechen, deren Erfüllung mit unverhältnismäßigen Mehrkosten verbunden wäre.*

(3) Auf Wunsch der Leistungsberechtigten sollen sie in einer Einrichtung untergebracht werden, in der sie durch Geistliche ihres Bekenntnisses betreut werden können.

So auch:

§ 130 SGB XII »Übergangsregelung für ambulant Betreute«

Für Personen, die Leistungen der Eingliederungshilfe für behinderte Menschen oder der Hilfe zur Pflege empfangen, deren Betreuung am 26. Juni 1996 durch von ihnen beschäftigte Personen oder ambulante Dienste sichergestellt wurde, gilt § 3a des Bundessozialhilfegesetzes in der am 26. Juni 1996 geltenden Fassung.

§ 13 SGB XII »Leistungen für Einrichtungen, Vorrang anderer Leistungen«

(1) Die Leistungen können entsprechend den Erfordernissen des Einzelfalles für die Deckung des Bedarfs außerhalb von Einrichtungen (ambulante Leistungen),

für teilstationäre oder stationäre Einrichtungen (teilstationäre oder stationäre Leistungen) erbracht werden. Vorrang haben ambulante Leistungen vor teilstationären und stationären Leistungen sowie teilstationäre vor stationären Leistungen. Der Vorrang der ambulanten Leistung gilt nicht, wenn eine Leistung für eine geeignete stationäre Einrichtung zumutbar und eine ambulante Leistung mit unverhältnismäßigen Mehrkosten verbunden ist. Bei der Entscheidung ist zunächst die Zumutbarkeit zu prüfen. Dabei sind die persönlichen, familiären und örtlichen Umstände angemessen zu berücksichtigen. Bei Unzumutbarkeit ist ein Kostenvergleich nicht vorzunehmen.

(2) Einrichtungen im Sinne des Absatzes 1 sind alle Einrichtungen, die der Pflege, der Behandlung oder sonstigen nach diesem Buch zu deckenden Bedarfe oder der Erziehung dienen.

§ 55 SGB XII »Sonderregelung für behinderte Menschen in Einrichtungen«

Werden Leistungen der Eingliederungshilfe für behinderte Menschen in einer vollstationären Einrichtung der Hilfe für behinderte Menschen im Sinne des § 43a des Elften Buches erbracht, umfasst die Leistung auch die Pflegeleistungen in der Einrichtung. Stellt der Träger der Einrichtung fest, dass der behinderte Mensch so pflegebedürftig ist, dass die Pflege in der Einrichtung nicht sichergestellt werden kann, vereinbaren der Träger der Sozialhilfe und die zuständige Pflegekasse mit dem Einrichtungsträger, dass die Leistung in einer anderen Einrichtung erbracht wird; dabei ist angemessenen Wünschen des behinderten Menschen Rechnung zu tragen.

Grundsätzlich können Menschen mit Behinderung ihren Wohnort frei wählen, es sei denn, die Kosten für diese Betreuung sind »unverhältnismäßig«. Ergänzend muss hinzugefügt werden, dass der Begriff »unverhältnismäßig« rechtsunspezifisch ist und im Zweifelsfall durch die bundesdeutschen Sozialgerichte zu definieren ist. Das bedeutet allerdings, dass ein Mensch mit Behinderung diesen Klageweg auch beschreiten muss.

Bedenklich ist der derzeit gültige § 55 SGB XII. Was auf den ersten Blick klar und logisch nachvollziehbar erscheint, nämlich dass Menschen mit einem erhöhten Pflegebedarf in Pflegeeinrichtungen spezifischer versorgt werden sollten, kann sich für Menschen mit progredienten Erkrankungen (z. B. Demenzen) oder Behinderungsformen (z. B. Multiple Sklerose) als nachteilhaft erweisen. Rechtsunspezifische Nennungen (z. B. »angemessenen Wünschen« und »Rechnung zu tragen«) bieten Menschen mit Behinderung, die teilweise schon jahrzehntelang in einer Einrichtungen der Behindertenhilfe leben und dann eine Demenz bekommen, wenig Sicherheit.

4 Recht – institutionell

In der Regel sind Heilpädagoginnen als Angestellte in einer heil- oder sozialpädagogischen Einrichtung beschäftigt. Viele Heilpädagoginnen arbeiten in Institutionen der Frühförderung behinderter und von Behinderung bedrohter Kinder, Kindertagesstätten, die Kinder mit Behinderung und Kinder, die von einer Behinderung bedroht sind, in einen Gruppenalltag integrieren, Kinder- und Jugendheime, die Kinder und Jugendliche betreuen und fördern, sowie Behindertenwohneinrichtungen, in denen Kinder, Jugendliche und Erwachsene leben.

Im folgenden Kapitel soll auf die speziellen Erfordernisse der Heilpädagogin in der jeweiligen Einrichtung eingegangen werden. Es bietet sich an, chronologisch-lebensweltorientiert vorzugehen. Diese Sichtweise orientiert sich an der aktuellen subjektiven Lebenswelt des Individuums:

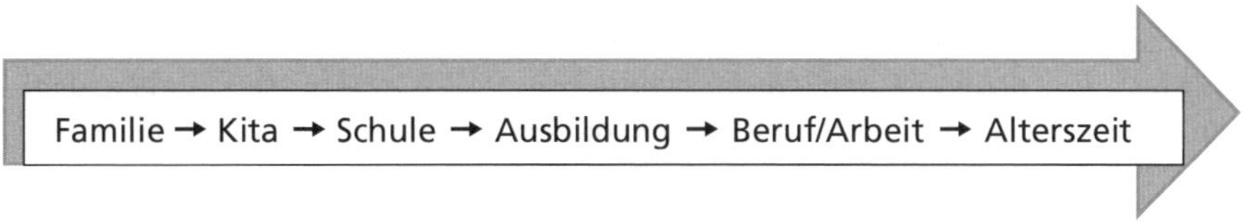

Familie → Kita → Schule → Ausbildung → Beruf/Arbeit → Alterszeit

Abb. 9: Chronologische Erfassung der Lebenswelten eines Menschen

4.1 Rechtliche Grundlagen der Frühförderung behinderter oder von Behinderung bedrohter Kinder

Im Rahmen von stationären Frühförderstellen und der mobilen Frühförderung betreuen, begleiten und fördern Heilpädagoginnen Familien mit behinderten oder von Behinderung bedrohten Kindern oftmals bereits, bevor die Kinder in einer Kindertagesstätte untergebracht sind, ganz im Sinne »Nicht das Kind ist zu erziehen, sondern sein Umfeld« (Moor, 1974, 33).

Aus dieser Tatsache ergibt sich, dass hier das heilpädagogische Berufs- und Handlungsfeld der »Frühförderung« als erstes thematisch behandelt wird. Das 2001 eingeführte SGB IX mit dem Titel »Rehabilitation und Teilhabe behinderter

Menschen« wurde teilweise als »die größte gesetzgeberische Reform in der Behin-
dertenpolitik seit den 1970er Jahren« (Wilmerstedt/Liebig, 2002, 370) bezeichnet.
Berechtigterweise skizzieren Klaus Lachwitz, Walter Schellhorn und Felix Welti
(2002, V) das SGB IX verhaltener und merken an, dass es zu einer wünschens-
werten Gesamtlösung des Rehabilitationsrechts nicht gekommen sei. Insbesondere
der umstrittene § 7 dämpfte die Erwartungen auf und Hoffnungen in ein gerechtes
und umfassendes Gesetz für behinderte Menschen.

---

§ 7 SGB IX »Vorbehalt abweichender Regelungen«

Die Vorschriften dieses Buches gelten für die Leistungen zur Teilhabe, soweit
sich aus den für den jeweiligen Rehabilitationsträger geltenden Leistungsgesetzen nichts Abweichendes ergibt. Die Zuständigkeit und die Voraussetzungen
für die Leistungen zur Teilhabe richten sich nach den für den jeweiligen Rehabilitationsträger geltenden Leistungsgesetzen.

Ein wesentliches Ziel des SGB IX war es, die Divergenz und Unübersichtlichkeit der
einzelnen Leistungsgesetze und Rechtsvorschriften für Menschen mit Behinderung
zu vereinheitlichen und zu *einem* bestehenden Rehabilitationsrecht zusammenzu-
führen (Dau/Düwell/Haines, 2002, 3).

Bei genauer Betrachtung des umstrittenen § 7 verkehrt dieser das angestrebte
Ziel des SGB IX teilweise genau ins Gegenteil, indem er bestehende Leistungsgesetze als vorrangig benennt und dadurch eine Kluft in den unterschiedlichen Leistungsgesetzen für Menschen mit Behinderung nicht zu überwinden
vermag.

Nichtsdestotrotz brachte das SGB IX auch sehr erfreuliche Neuerungen und
Verbesserungen für Menschen mit Behinderung. Exemplarisch seien hier nur einige
wichtige aufgezählt:

- Einführung einer neuen Definition bzw. eines neuen Behinderungsbegriffs (§ 2
  SGB IX)
- Einführung der Finalität statt der bisherigen Kausalität (§ 4 SGB IX)
- Zusammenfassung der Rehabilitationsträger (§ 6 SGB IX)
- erweitertes Wunsch- und Wahlrecht für Menschen mit Behinderung (§ 9
  SGB IX)
- »verpflichtende« Koordination der Rehabilitationsträger (§§ 10, 12 SGB IX)
- Erarbeitung von gemeinsamen Empfehlungen bei rehabilitationsstrittigen Punk-
  ten (§ 13 SGB IX) im Rahmen der Bundesarbeitsgemeinschaft für Rehabilitation
  (BAR)
- zeitnahe Klärung von Verantwortung und Zuständigkeiten im Rehabilitations-
  prozess (§ 14 SGB IX)
- Einführung eines die Rehabilitationsträger übergreifenden »persönlichen Bud-
  gets« für Menschen mit Behinderung« (§ 17 SGB IX)

- Einrichtung und Einführung von gemeinsamen Servicestellen der Rehabilitationsträger für Menschen mit Behinderung (§ 22 ff. SGB IX) zu besseren
Beratung und Koordination von Leistungen[4]

---

§ 13 SGB I »Aufklärung«

Die Leistungsträger, ihre Verbände und die sonstigen in diesem Gesetzbuch
genannten öffentlich-rechtlichen Vereinigungen sind verpflichtet, im Rahmen ihrer Zuständigkeit die Bevölkerung über die Rechte und Pflichten nach
diesem Gesetzbuch aufzuklären.

§ 14 SGB I »Beratung«

Jeder hat Anspruch auf Beratung über seine Rechte und Pflichten nach diesem
Gesetzbuch. Zuständig für die Beratung sind die Leistungsträger, denen
gegenüber die Rechte geltend zu machen oder die Pflichten zu erfüllen sind.

- Förderung der Verständigung hörbehinderter Menschen (§ 57 SGB IX)
- Einführung eines Verbändeklagerechts (§ 63 SGB IX)
- verbindliche Einführung heilpädagogischer Leistungen im Rahmen der Früh-
förderung für Kinder, die behindert oder von Behinderung bedroht sind, bis zur
Einschulung in Sozialpädiatrischen Zentren (SPZ) und/oder Interdisziplinären
Frühförderstellen.

Die heilpädagogische Arbeit in der Frühförderung hat durch das SGB IX eine
deutliche Aufwertung erfahren. Jedoch muss kritisch angemerkt werden, dass der
Gesetzgeber im SGB IX von »heilpädagogischen Leistungen« spricht. Diese Wortwahl impliziert nicht, dass diese Leistungen ausschließlich von Heilpädagoginnen
erbracht werden können. Diese Einstellung teilen auch Schellhorn, Lachwitz und
Welti (2002, 350).

Die Leistungen zur Frühförderung behinderter und von Behinderung bedrohter
Kinder sollen nach dem SGB IX als Komplexleistung erbracht werden (Kuhn-Zu-
ber/Bohnert, 2014, 227). Hierbei zielt der Gesetzgeber auf eine Kombination als
Komplexleistung aus medizinisch-therapeutischen Leistungen und heilpädagogischen Leistungen ab. Diese werden dementsprechend gemäß § 119 SGB V unter
ärztlicher Aufsicht in Sozialpädiatrischen Zentren (SPZ) oder gemäß § 43a SGB V
unter ärztlicher Verantwortung in Interdisziplinären Frühförderstellen (IFF) erbracht.

Schon während des Gesetzgebungsverfahrens zum SGB IX und den darin verorteten »heilpädagogischen Leistungen« als Bestandteil der Komplexleistung

---

4 Bis zur Einführung des SGB IX und natürlich auch darüber hinaus ist jeder Leistungserbringer verpflichtet, Auskunft und Beratung über mögliche Ansprüche, unabhängig von
den sogenannten »Servicestellen«, aus dem jeweiligen SGB zu erteilen.

Frühförderung regte sich unter anderem vom Bundesministerium für Gesundheit (BMG), welches für den Leistungskatalog der Krankenkassen verantwortlich ist, Widerstand. Das BMG befürchtete einen Kostenanstieg für die Krankenkassen in Höhe von ca. 50 Millionen € durch die angekündigten »heilpädagogischen Leistungen« im Rahmen der Frühförderung.

Zudem wurde vonseiten des BMG konstatiert, dass »heilpädagogische Leistungen« nicht zum Leistungskatalog der Krankenversicherung zählen, da sie nicht evidenzbasiert sind. Nichtsdestotrotz hielt der Gesetzgeber an seinem Vorhaben, die heilpädagogischen Leistungen als festen Bestandteil der Frühförderung behinderter und von Behinderung bedrohter Kinder unter ärztlicher Aufsicht durch Sozialpädiatrische Zentren (§ 119 SGB V in Verbindung mit § 30, Abs. 1, Punkt 2 SGB IX) und in Interdisziplinäre Frühförderstellen (§ 54, Abs. 1 SGB XII in Verbindung mit § 56 SGB IX und § 43a, Abs. 1 SGB V) erbringen zu lassen.

---

§ 26 SGB IX »Leistungen zur medizinischen Rehabilitation«

(1) Zur medizinischen Rehabilitation behinderter und von Behinderung bedrohter Menschen werden die erforderlichen Leistungen erbracht, um

1. Behinderungen einschließlich chronischer Krankheiten abzuwenden, zu beseitigen, zu mindern, auszugleichen, eine Verschlimmerung zu verhüten oder
2. Einschränkungen der Erwerbsfähigkeit und Pflegebedürftigkeit zu vermeiden, zu überwinden, zu mindern, eine Verschlimmerung zu verhüten sowie den vorzeitigen Bezug von laufenden Sozialleistungen zu vermeiden oder laufende Sozialleistungen zu mindern.

(3) Bestandteil der Leistungen nach Absatz 1 sind auch medizinische, psychologische und pädagogische Hilfen, soweit diese Leistungen im Einzelfall erforderlich sind, um die in Absatz 1 genannten Ziele zu erreichen oder zu sichern und Krankheitsfolgen zu vermeiden, zu überwinden, zu mindern oder ihre Verschlimmerung zu verhüten, insbesondere

1. Hilfen zur Unterstützung bei der Krankheits- und Behinderungsverarbeitung,
2. Aktivierung von Selbsthilfepotentialen,
3. mit Zustimmung der Leistungsberechtigten Information und Beratung von Partnern und Angehörigen sowie von Vorgesetzten und Kollegen,
4. Vermittlung von Kontakten zu örtlichen Selbsthilfe- und Beratungsmöglichkeiten,
5. Hilfen zur seelischen Stabilisierung und zur Förderung der sozialen Kompetenz, unter anderem durch Training sozialer und kommunikativer Fähigkeiten und im Umgang mit Krisensituationen,
6. Training lebenspraktischer Fähigkeiten,
7. Anleitung und Motivation zur Inanspruchnahme von Leistungen der medizinischen Rehabilitation.

§ 30 SGB IX »Früherkennung und Frühförderung«

(2) Leistungen zur Früherkennung und Frühförderung behinderter und von Behinderung bedrohter Kinder umfassen des Weiteren nichtärztliche therapeutische, psychologische, heilpädagogische, sonderpädagogische, psychosoziale Leistungen und die Beratung der Erziehungsberechtigten durch interdisziplinäre Frühförderstellen, wenn sie erforderlich sind, um eine drohende oder bereits eingetretene Behinderung zum frühestmöglichen Zeitpunkt zu erkennen oder die Behinderung durch gezielte Förder- und Behandlungsmaßnahmen auszugleichen oder zu mildern.

§ 55 SGB IX »Leistungen zur Teilhabe am Leben in der Gemeinschaft«

(2) Leistungen nach Absatz 1 sind insbesondere

1. Versorgung mit anderen als den in § 31 genannten Hilfsmitteln oder den in § 33 genannten Hilfen,
2. heilpädagogische Leistungen für Kinder, die noch nicht eingeschult sind,
3. Hilfen zum Erwerb praktischer Kenntnisse und Fähigkeiten, die erforderlich und geeignet sind, behinderten Menschen die für sie erreichbare Teilnahme am Leben in der Gemeinschaft zu ermöglichen,
4. Hilfen zur Förderung der Verständigung mit der Umwelt,
5. Hilfen bei der Beschaffung, dem Umbau, der Ausstattung und der Erhaltung einer Wohnung, die den besonderen Bedürfnissen der behinderten Menschen entspricht,
6. Hilfen zu selbstbestimmtem Leben in betreuten Wohnmöglichkeiten,
7. Hilfen zur Teilhabe am gemeinschaftlichen und kulturellen Leben.

§ 56 SGB IX »Heilpädagogische Leistungen«

(1) Heilpädagogische Leistungen nach § 55 Abs. 2 Nr. 2 werden erbracht, wenn nach fachlicher Erkenntnis zu erwarten ist, dass hierdurch

1. eine drohende Behinderung abgewendet oder der fortschreitende Verlauf einer Behinderung verlangsamt oder
2. die Folgen einer Behinderung beseitigt oder gemildert werden können.

Sie werden immer an schwerstbehinderte und schwerst-mehrfachbehinderte Kinder, die noch nicht eingeschult sind, erbracht.

(2) In Verbindung mit Leistungen zur Früherkennung und Frühförderung (§ 30) und schulvorbereitenden Maßnahmen der Schulträger werden heilpädagogische Leistungen als Komplexleistung erbracht.

Heilpädagogische Leistungen für behinderte Kinder oder für Kinder, die von Behinderung bedroht sind, werden:

- Unter ärztlicher Verantwortung in einem Sozialpädiatrischen Zentrum erbracht (§ 119 SGB V in Verbindung mit § 30, Abs. 1, Punkt 2 SGB IX) und/oder
- Unter ärztlicher Verantwortung (Aufsicht) in einer Interdisziplinären Frühförderstelle erbracht (§ 54, Abs. 1 SGB XII in Verbindung mit § 56 SGB IX und § 43a, Abs. 1 SGB V)

Leider war es den Rehabilitationsträgern (§ 6 SGB IX) nicht möglich, unter dem Schirm der Bundesarbeitsgemeinschaft für Rehabilitation (BAR), eine gemeinsame Vereinbarung (§ 13 SGB IX) zur Ausgestaltung der Komplexleistung »Frühförderung« und der darin enthalten »heilpädagogischen Leistungen« zu treffen (Sohns, 2010, 67), sodass der Gesetzgeber 2003 die Frühförderverordnung (FrühV) in Kraft treten ließ.

---

§ 2 FrühV »Früherkennung und Frühförderung«

Leistungen nach § 1 umfassen

1. Leistungen zur medizinischen Rehabilitation (§ 5) und
2. heilpädagogische Leistungen (§ 6).

Die erforderlichen Leistungen werden unter Inanspruchnahme von fachlich geeigneten interdisziplinären Frühförderstellen und sozialpädiatrischen Zentren unter Einbeziehung des sozialen Umfelds der Kinder ausgeführt. Näheres zu den Anforderungen an interdisziplinäre Frühförderstellen und sozialpädiatrische Zentren kann durch Landesrahmenempfehlungen geregelt werden.

§ 3 FrühV »Interdisziplinäre Frühförderstellen«

Interdisziplinäre Frühförderstellen im Sinne dieser Verordnung sind familien- und wohnortnahe Dienste und Einrichtungen, die der Früherkennung, Behandlung und Förderung von Kindern dienen, um in interdisziplinärer Zusammenarbeit von qualifizierten medizinisch-therapeutischen und pädagogischen Fachkräften eine drohende oder bereits eingetretene Behinderung zum frühestmöglichen Zeitpunkt zu erkennen und die Behinderung durch gezielte Förder- und Behandlungsmaßnahmen auszugleichen oder zu mildern. Leistungen durch interdisziplinäre Frühförderstellen werden in der Regel in ambulanter, einschließlich mobiler Form erbracht.

§ 4 FrühV »Sozialpädiatrische Zentren«

Sozialpädiatrische Zentren im Sinne dieser Verordnung sind die nach § 119 Abs. 1 des Fünften Buches Sozialgesetzbuch zur ambulanten sozialpädiatrischen

---

Behandlung von Kindern ermächtigten Einrichtungen. Die frühzeitige Erkennung, Diagnostik und Behandlung durch sozialpädiatrische Zentren ist auf Kinder ausgerichtet, die wegen Art, Schwere oder Dauer ihrer Behinderung oder einer drohenden Behinderung nicht von geeigneten Ärzten oder geeigneten interdisziplinären Frühförderstellen (§ 3) behandelt werden können.

§ 5 FrühV »Leistungen zur medizinischen Rehabilitation«

(1) Die im Rahmen von Leistungen zur medizinischen Rehabilitation nach § 30 des Neunten Buches Sozialgesetzbuch zur Früherkennung und Frühförderung zu erbringenden medizinischen Leistungen umfassen insbesondere

1. ärztliche Behandlung einschließlich der zur Früherkennung und Diagnostik erforderlichen ärztlichen Tätigkeiten,
2. nichtärztliche sozialpädiatrische Leistungen, psychologische, heilpädagogische und psychosoziale Leistungen, soweit und solange sie unter ärztlicher Verantwortung erbracht werden und erforderlich sind, um eine drohende oder bereits eingetretene Behinderung zum frühestmöglichen Zeitpunkt zu erkennen und einen individuellen Förder- und Behandlungsplan aufzustellen,
3. Heilmittel, insbesondere physikalische Therapie, Physiotherapie, Stimm-, Sprech- und Sprachtherapie sowie Beschäftigungstherapie, soweit sie auf Grund des Förder- und Behandlungsplans nach § 7 Abs. 1 erforderlich sind.

(2) Die Leistungen nach Absatz 1 umfassen auch die Beratung der Erziehungsberechtigten, insbesondere

1. das Erstgespräch,
2. anamnestische Gespräche mit Eltern und anderen Bezugspersonen,
3. die Vermittlung der Diagnose,
4. Erörterung und Beratung des Förder- und Behandlungsplans,
5. Austausch über den Entwicklungs- und Förderprozess des Kindes einschließlich Verhaltens- und Beziehungsfragen,
6. Anleitung und Hilfe bei der Gestaltung des Alltags,
7. Anleitung zur Einbeziehung in Förderung und Behandlung,
8. Hilfen zur Unterstützung der Bezugspersonen bei der Krankheits- und Behinderungsverarbeitung,
9. Vermittlung von weiteren Hilfs- und Beratungsangeboten.

(3) Weiter gehende Vereinbarungen auf Landesebene bleiben unberührt.

§ 6 FrühV »Heilpädagogische Leistungen«

Heilpädagogische Leistungen nach § 56 des Neunten Buches Sozialgesetzbuch umfassen alle Maßnahmen, die die Entwicklung des Kindes und die Entfaltung seiner Persönlichkeit mit pädagogischen Mitteln anregen, einschließlich der jeweils erforderlichen sozial- und sonderpädagogischen, psychologischen und psychosozialen Hilfen sowie die Beratung der Erziehungsberechtigten; § 5 Abs. 2 und 3 gilt entsprechend.

§ 8 FrühV »Erbringung der Komplexleistung«

(1) Die zur Förderung und Behandlung nach §§ 5 und 6 erforderlichen Leistungen werden von den beteiligten Rehabilitationsträgern auf der Grundlage des Förder- und Behandlungsplans zuständigkeitsübergreifend als ganzheitliche Komplexleistung erbracht. Ein Antrag auf die erforderlichen Leistungen kann bei allen beteiligten Rehabilitationsträgern gestellt werden. Der Rehabilitationsträger, bei dem der Antrag gestellt wird, unterrichtet unverzüglich die an der Komplexleistung beteiligten Rehabilitationsträger. Die beteiligten Rehabilitationsträger stimmen sich untereinander ab und entscheiden innerhalb von zwei Wochen nach Vorliegen des Förder- und Behandlungsplans über die Leistung.

(2) Sofern die beteiligten Rehabilitationsträger nichts anderes vereinbaren, entscheidet der für die Leistungen nach § 6 jeweils zuständige Rehabilitationsträger über Komplexleistungen interdisziplinärer Frühförderstellen und der für die Leistungen nach § 5 jeweils zuständige Rehabilitationsträger über Komplexleistungen sozialpädiatrischer Zentren.

(3) Erbringt ein Rehabilitationsträger im Rahmen der Komplexleistung Leistungen, für die ein anderer Rehabilitationsträger zuständig ist, ist der zuständige Rehabilitationsträger erstattungspflichtig. Vereinbarungen über pauschalierte Erstattungen sind zulässig.

(4) Interdisziplinäre Frühförderstellen und sozialpädiatrische Zentren arbeiten zusammen. Darüber hinaus arbeiten sie mit Ärzten, Leistungserbringern von Heilmitteln und anderen an der Früherkennung und Frühförderung beteiligten Stellen wie dem Öffentlichen Gesundheitsdienst zusammen. Soweit nach Landesrecht an der Komplexleistung weitere Stellen einzubeziehen sind, sollen diese an Arbeitsgemeinschaften der an der Früherkennung und Frühförderung beteiligten Stellen beteiligt werden.

Die familienergänzenden Leistungen (u. a. § 5, Abs. 2 FrühV) sollten keinesfalls unerwähnt bleiben, ganz in der Moor'schen Tradition »Nicht das Kind ist zu erziehen, sondern sein Umfeld«.

Die »Bundesarbeitsgemeinschaft Rehabilitation« hat in einem Diskussionsentwurf vom 9. April 2002 die Aufgaben und Leistungen nach der Frühförderverordnung dezidiert und anschaulich dargestellt. Die Leistungen der »heilpädagogischen Diagnostik«

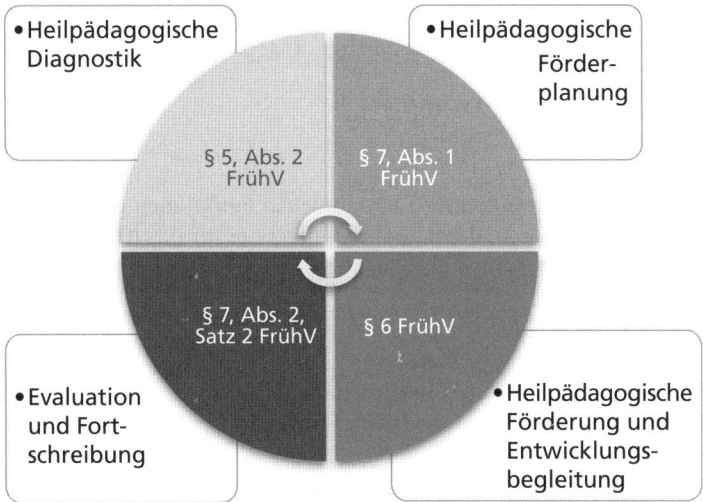

Abb. 10: »Heilpädagogische Leistungen« in Sozialpädiatrischen Zentren und Interdisziplinären Frühförderstellen

- sind als Eingangs-, Verlaufs- und Abschlussdiagnostik angelegt;
- umfassen alle Dimensionen der kindlichen Entwicklung;
- beinhalten die Beobachtung und Beurteilung der Kind-Eltern-Interaktion;
- sind handlungs- sowie alltagsorientiert und zielen auf die Teilhabe des Kindes in seiner realen Lebenswelt ab;
- werden in Abstimmung mit den Bezugspersonen des Kindes erbracht;
- bedienen sich normorientierter Verfahren, wie standardisierter Screenings, fachspezifischer Befunderhebung und klinisch-psychologischer Entwicklungstests zur Feststellung der Entwicklungsproblematik;
- bedienen sich förderdiagnostischer Verfahren einschließlich freier und hypothesengeleiteter Beobachtung des spontanen und reaktiven Verhaltens des Kindes;
- leisten die Integration der diagnostischen Einzelbeiträge und Befunde in eine systemische Gesamtschau und dienen als Grundlage für die Erstellung des Förder- und Behandlungsplans.

Zur heilpädagogischen Diagnostik in der Frühförderung zählen insbesondere:

- Beobachtung des spontanen und reaktiven Bewegungshandelns des Kindes;
- Beobachtung des Spiel- und Interaktionsverhaltens des Kindes;
- Eingangs- und Verlaufsdiagnostik der Kommunikationsmöglichkeiten des Kindes;
- zielgeleitete Erkundung der Lebenswelt des Kindes im Hinblick auf die entwicklungsförderlichen Bedingungen;
- Beurteilung der Entwicklungskräfte des Kindes.

Heilpädagogische Förderplanung in der Frühförderung sollte in folgenden Bereichen dokumentiert, fortgeschrieben und ggf. angepasst werden.

* Diagnosestellung nach ICD-10;
* relevante anamnestische Daten;
* wesentliche Befunde;
* Darstellung und Beurteilung von vorhandenen Funktionen und Ressourcen;
* Auflistung der Förder- und Behandlungsangebote für das Kind unter Einbeziehung seiner Bezugspersonen mit Angabe von
  – Art,
  – wöchentlicher Frequenz,
  – Förder- und Behandlungszeitraum,
  – erforderlichen Hilfen und Hilfsmitteln,
  – Behandlungs- bzw. Förderort (Interdisziplinäre Frühförderstelle oder Sozialpädiatrisches Zentrum);
* Festlegung eines individuellen Gesamtziels sowie individueller fachspezifischer Förder- und Behandlungsziele;
* Besonderheiten bei der Umsetzung des Förder- und Behandlungsplans.

Die heilpädagogische Förderung des behinderten Kindes oder des Kindes, welches von Behinderung bedroht ist, subsumiert insbesondere folgendes:

* Förderpflege und basale Aktivierung u. a. bei kleineren Kindern;
* spezielle Maßnahmen der Sinnesschulung, z. B. Förderung der sensorischen Integration;
* heilpädagogische Spiel- und Kompetenzförderung, unter anderem durch die heilpädagogische Übungsbehandlung (HPÜ) (von Oy/Sagi, 2011, 222 ff.)
* Einsatz und Hilfen für die Aneignung spezieller Kommunikationsmittel und -methoden (Gebärdensprache, gebärdenunterstützte Kommunikation, unterstützte Kommunikation);
* psychomotorische Entwicklungsförderung;
* Vermeidung von speziellen Entwicklungsrisiken in der Lebenswelt des Kindes;
* Vorbereitung des Kindes auf die Aufnahme in eine Kindertageseinrichtung oder Schule.

Bestandteile der familienbezogenen Leistungen, welche gleichwohl von der Heilpädagogin im Sozialpädiatrischen Zentrum und/oder der Interdisziplinären Frühförderstelle erbracht werden, sind (Sohns, 2010, 77) insbesondere[5]:

* das Erstgespräch;
* anamnestische Gespräche mit Eltern und anderen Bezugspersonen;
* die Vermittlung der Diagnose;

---

5 Der Begriff »insbesondere« skizziert in der Jurisprudenz *immer* eine nicht abschließende (beispielhafte) Aufzählung, die ggf. ergänzt werden kann und bisweilen auch sollte.

- Erörterung und Beratung des Förder- und Behandlungsplans;
- Austausch über den Entwicklungs- und Förderprozess des Kindes einschließlich Verhaltens- und Beziehungsfragen;
- Anleitung und Hilfe bei der Gestaltung des Alltags;
- Anleitung zur Einbeziehung in Förderung und Behandlung;
- Hilfen zur Unterstützung der Bezugspersonen bei der Krankheits- und Behinderungsverarbeitung;
- Vermittlung von weiteren Hilfs- und Beratungsangeboten.

Eltern erfahren häufig erstmalig in einem Sozialpädiatrischen Zentrum oder in einer interdisziplinären Frühförderstelle, dass ihr Kind gemäß § 2 SGB IX behindert oder von eine Behinderung bedroht ist.

Insofern fällt den »familienbezogenen Leistungen« auch im Sinne Paul Moors (»Nicht das Kind ist zu erziehen, sondern sein Umfeld«), welche sich aus § 5, Abs. 2 FrühV ergeben, eine besondere Bedeutung zu. Leistungsbestandteile des § 5 FrühV sind unter anderem das »Erstgespräch«, die »Vermittlung der Diagnose« und »Hilfen zur Unterstützung der Bezugspersonen bei der Krankheits- und Behinderungsverarbeitung«. Hierbei wird deutlich, welchen wichtigen Stellenwert die Heilpädagogik als ganzheitlich-systemische Disziplin in der Frühförderung innehat. Besonderes Augenmerk bei der »Krankheits- und Behinderungsverarbeitung« sollte auf die von Erika Schuchardt entwickelte »Krisenspirale« gelegt werden.

Es zählt zu den »familienbezogenen Leistungen« innerhalb der Frühförderung, dass die Heilpädagogin Familien unterstützt, indem sie die Eltern behinderter oder von Behinderung bedrohter Kinder durch die einzelnen Stadien der Krisenspirale begleitet, betreut und berät. Ziel dieser heilpädagogischen Begleitung soll sein, die Eltern als »Experten in eigener Sache« zu »qualifizieren«. Dabei ist es wichtig, Eltern behinderter Kinder nicht als Laien (Nichtwissende) zu behandeln und zu belassen oder ihnen Aufgaben und Funktionen zuzuschreiben, die diese dann als »Co-Therapeuten« erledigen sollen. Diese Intervention zielt darauf ab, Eltern zu qualifizieren, dass sie als Partner auf Augenhöhe im Prozess der Frühförderung für ihre Kinder mitwirken können (Speck/Warnke, 1983, 13 ff.)

Die konkrete Assistenz und Anwaltschaft der Heilpädagogik

- Behinderte Kinder oder Kinder, die von einer Behinderung bedroht sind (§ 2 SGB IX), erhalten Leistungen der Frühförderung in Sozialpädiatrischen Zentren oder Interdisziplinären Frühförderstellen.
- Die rechtlichen Grundlagen für Leistungen der Frühförderung in Sozialpädiatrischen Zentren werden im Wesentlichen im § 119 SGB V geregelt, für die Interdisziplinären Frühförderstellen findet § 53, 54 SGB XII Verwendung. Gleichwohl ist im § 30 in Verbindung mit § 55 SGB IX der besondere Stellenwert der Frühförderung behinderter Kinder oder Kinder, die von Behinderung bedroht sind, hervorgehoben.

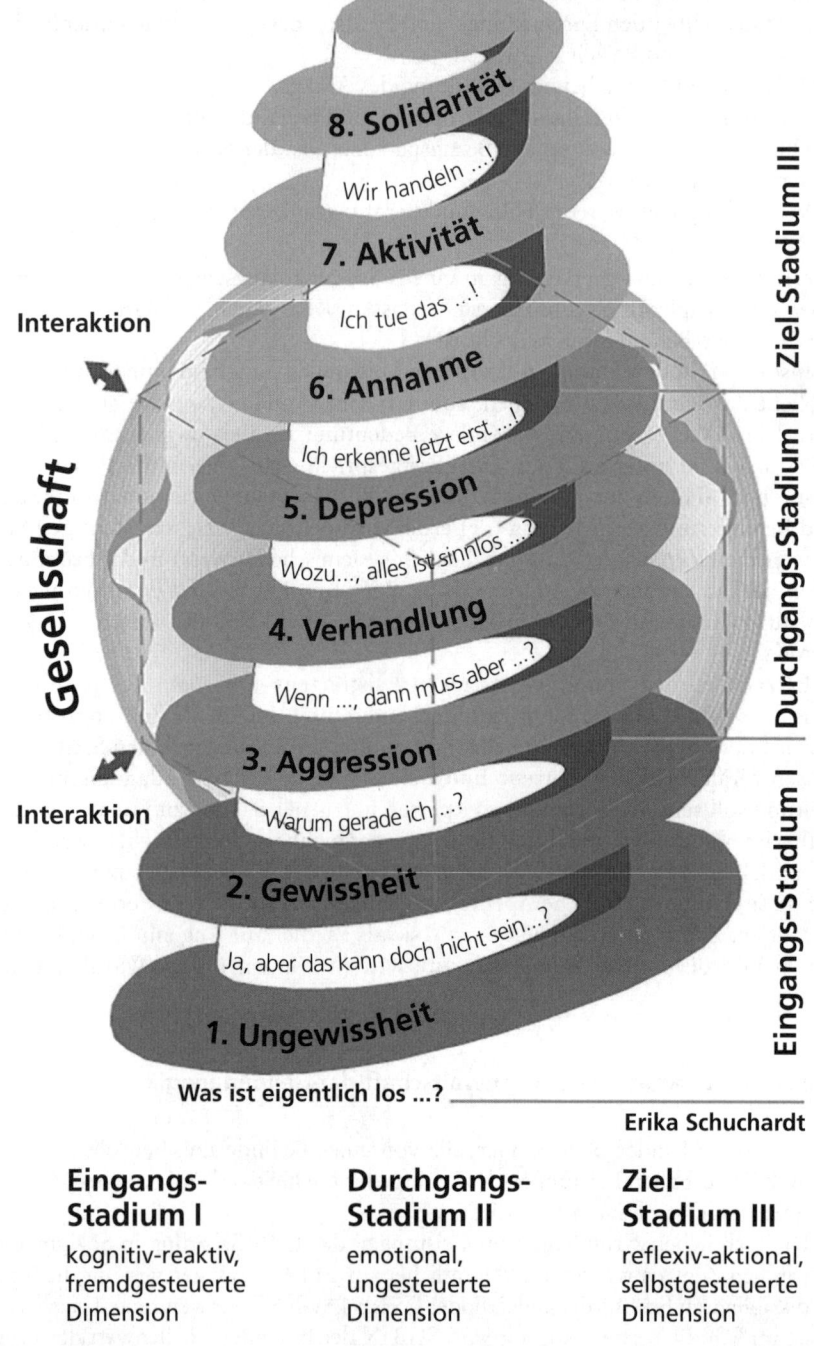

Abb. 11: Die »Krisenspirale« nach Erika Schuchardt (Bernitzke, 2008, 94)

- Die Frühförderverordnung (FrühV) von 2003 definiert denn Leistungskatalog der Frühförderung in Sozialpädiatrischen Zentren oder Interdisziplinären Frühförderstellen.
- Heilpädagogische Leistungen sind in diesem Kontext zwingend vorgesehen.
- Heilpädagogische Leistungen nach der FrühV umfassen insbesondere:
  - die heilpädagogische Diagnostik
  - die Förderplanung nach entwicklungsförderlichen Vorgehen
  - die Durchführung der kindgerechten Entwicklungsförderung und -begleitung, unter anderem durch die heilpädagogische Übungsbehandlung (HPÜ)
  - die Evaluation und Anpassung der Förderplanung und der Entwicklungsförderung und -begleitung
  - Erbringung von familienbezogenen Leistungen
- Leistungen der Frühförderung können auch im Elternhaus des Kindes als mobile Frühförderung (aufsuchende Heilpädagogik) erbracht werden. Dieses gilt insbesondere für Interdisziplinären Frühförderstellen.

4.2 Rechtliche Grundlagen der Integration behinderter Kinder im Kindertagesstätten

2010 hat Erik Weber im Rahmen einer Berufs- und Berufsqualifikationsanalyse im Auftrag des Berufs- und Fachverbandes Heilpädagogik repräsentativ 361 Heilpädagoginnen und Heilpädagogen nach ihren beruflichen Kontexten befragt. Bezug nehmend auf die Frage nach den »lebensweltbezogenen Handlungsfeldern« der Heilpädagogik brachte die Studie klar hervor, dass ein sehr großer Teil der Heilpädagoginnen und der Heilpädagogen in der integrativen Kindertagesbetreuung tätig ist (Weber, 2010, 57).

Dass Kinder mit und ohne Behinderung gemeinsam (integrativ) betreut und dabei von qualifiziertem Personal gefördert werden, ist eine Errungenschaft, die schon bis in die 1970er Jahre zurückgeht (Albers, 2011, 9). Diese Forderung nach Integration von Kindern mit Behinderung in Bildungseinrichtungen wie Kindertagesstätten und Schulen findet sich auch in der internationalen Jurisprudenz wieder.

Art. 23 UN-KRK »Fürsorge für behinderte Kinder«

(1) Die Vertragsstaaten erkennen an, dass ein geistig oder körperlich behindertes Kind ein erfülltes und menschenwürdiges Leben unter Bedingungen führen soll, welche die Würde des Kindes wahren, seine Selbständigkeit fördern und seine aktive Teilnahme am Leben der Gemeinschaft erleichtern.

(2) Die Vertragsstaaten erkennen das Recht des behinderten Kindes auf besondere Betreuung an und treten dafür ein und stellen sicher, dass dem behin-

derten Kind und den für seine Betreuung Verantwortlichen im Rahmen der verfügbaren Mittel auf Antrag die Unterstützung zuteilwird, die dem Zustand des Kindes sowie den Lebensumständen der Eltern oder anderer Personen, die das Kind betreuen, angemessen ist.

(3) In Anerkennung der besonderen Bedürfnisse eines behinderten Kindes ist die nach Absatz 2 gewährte Unterstützung soweit irgend möglich und unter Berücksichtigung der finanziellen Mittel der Eltern oder anderer Personen, die das Kind betreuen, unentgeltlich zu leisten und so zu gestalten, daß sichergestellt ist, daß Erziehung, Ausbildung, Gesundheitsdienste, Rehabilitationsdienste, Vorbereitung auf das Berufsleben und Erholungsmöglichkeiten dem behinderten Kind tatsächlich in einer Weise zugänglich sind, die der möglichst vollständigen sozialen Integration und individuellen Entfaltung des Kindes einschließlich seiner kulturellen und geistigen Entwicklung förderlich ist.

Art. 7 UN-BRK »Kinder mit Behinderungen«

(1) Die Vertragsstaaten treffen alle erforderlichen Maßnahmen, um zu gewährleisten, dass Kinder mit Behinderungen gleichberechtigt mit anderen Kindern alle Menschenrechte und Grundfreiheiten genießen können.

(2) Bei allen Maßnahmen, die Kinder mit Behinderungen betreffen, ist das Wohl des Kindes ein Gesichtspunkt, der vorrangig zu berücksichtigen ist.

Auch in der nationalen Gesetzgebung findet die Integration von Kindern mit Behinderung entsprechend Beachtung. Wie im vorgehenden Kapitel besprochen, hat das SGB IX bedingt durch § 7 nur eingeschränkte Wirkung, wenn bereits eigenständige Leistungsgesetze (hier: SGB VIII) zur Integration von Kindern mit Behinderung vorhanden sind. Dennoch sollen, der Vollständigkeit halber, die national rechtlichen Grundlagen des § 4, Abs. 3 SGB IX dargelegt werden.

§ 4 SGB IX »Leistungen zur Teilhabe«

(3) Leistungen für behinderte oder von Behinderung bedrohte Kinder werden so geplant und gestaltet, dass nach Möglichkeit Kinder nicht von ihrem sozialen Umfeld getrennt und gemeinsam mit nicht behinderten Kindern betreut werden können. Dabei werden behinderte Kinder alters- und entwicklungsentsprechend an der Planung und Ausgestaltung der einzelnen Hilfen beteiligt und ihre Sorgeberechtigten intensiv in Planung und Gestaltung der Hilfen einbezogen.

Das SGB IX regelt Leistungen der Frühförderung für Kinder, die behindert oder von einer Behinderung bedroht sind (§ 2 SGB IX), und verweist auf weitere integrative Leistungen im jeweiligen Sozialraum. Hierbei sind unter anderem

Integrationskindertagesstätten gemeint. Es muss unterschieden werden, ob ein Kind bereits eine Behinderung nach § 2 SGB IX beim Eintritt in die Kindertagesstätte diagnostiziert bekommen hat oder ob die Behinderung (auch die drohende Behinderung) sich erst später dem qualifizierten Personal der Kindertagesstätte zeigt.

Beispiel

Petra ist viereinhalb Jahre und besucht die Kindertagesstätte seit ca. einem Jahr. Die Familie von Petra ist neu in die Stadt gezogen. Auffallend ist, dass Petra die Konsonanten »D« und »T« falsch ausspricht und auch das »Sch« nur schwer artikulieren kann. Zudem ist Petra nicht in der Lage, einen Ball zu fangen. Selbst wenn man diesen zuvor hat auftrumpfen lassen, wehrt sie den Ball nur ab. Psychomotorisch fällt beim »Guten-Tag-Sagen« mit »Hand geben« die hypotone Haltung von Petra auf. Beim Malen eines Bildes jedoch ist Petra graphomotorisch stark hyperton; sie wechselt den Stift in beide Hände und macht assoziierte Bewegungen mit der Zunge.

Sicherlich wird die kundige Heilpädagogin weit davon entfernt sein, Petra als »behindert« im Sinne des § 2 SGB IX zu etikettieren. Betrachtet man jedoch das Alter von Petra und bedenkt, dass sie bald eingeschult wird, kann ggf. schon von einer drohenden Behinderung u. a. in Bezug auf eine gleichberechtigte Teilhabe am Leben in der Gesellschaft (hier: Schule) gesprochen werden. Eine heilpädagogische Unterstützung ist für Petra gewiss hilfreich, um ihre Entwicklung zu fördern.

Wie im Kapitel 3.1 bereits dargelegt, können nur die Eltern als Inhaber der »elterlichen Sorge« für Petra einen Antrag auf zusätzliche heilpädagogische Förderung und Unterstützung stellen. Auf diese zusätzlichen Hilfen müssen Eltern hingewiesen werden. Dass jedoch das pädagogische Personal einer Kindertagesstätte nach § 61, Abs. 2 SGB IX gesetzlich verpflichtet ist, Eltern auf eine Behinderung oder eine drohende Behinderung bei ihrem Kind zu informieren, ist nicht immer bekannt.

§ 61 SGB IX »Sicherung der Beratung behinderter Menschen«

(2) Hebammen, Entbindungspfleger, Medizinalpersonen außer Ärzten, Lehrer, Sozialarbeiter, Jugendleiter und Erzieher, die bei Ausübung ihres Berufs Behinderungen (§ 2 Abs. 1) wahrnehmen, weisen die Personensorgeberechtigten auf die Behinderung und auf die Beratungsangebote nach § 60 hin.

§ 23 SGB IX »Servicestellen«

(1) Die Rehabilitationsträger stellen unter Nutzung bestehender Strukturen sicher, dass in allen Landkreisen und kreisfreien Städten gemeinsame Servicestellen bestehen. Gemeinsame Servicestellen können für mehrere kleine Landkreise oder kreisfreie Städte eingerichtet werden, wenn eine ortsnahe Beratung und Unter-

stützung behinderter und von Behinderung bedrohter Menschen gewährleistet ist. In den Ländern Berlin, Bremen und Hamburg werden die Servicestellen entsprechend dem besonderen Verwaltungsaufbau dieser Länder eingerichtet.

Um einen Antrag auf zusätzliche heilpädagogische Hilfen zur Milderung einer Behinderung oder Abwehr einer drohenden Behinderung zu stellen, gehört es zu der Aufgabe der Heilpädagogin in der Kindertagesstätte, den Nachweis zu erbringen, dass das Kind ggf. in den Personenkreis des § 2, Abs. 1 SGB IX gehört und einen Rechtsanspruch auf zusätzliche integrative Hilfen hat.

§ 2 SGB IX »Behinderung«

(1) Menschen sind behindert, wenn ihre körperliche Funktion, geistige Fähigkeit oder seelische Gesundheit mit hoher Wahrscheinlichkeit länger als sechs Monate von dem für das Lebensalter typischen Zustand abweichen und daher ihre Teilhabe am Leben in der Gesellschaft beeinträchtigt ist. Sie sind von Behinderung bedroht, wenn die Beeinträchtigung zu erwarten ist.

Hierbei muss die Heilpädagogin in der Kindertagesstätte besonderes Augenmerk auf die Entwicklungsverzögerung von sechs Monaten des »für das Lebensalter typischen Zustandes« legen. Was allgemein darunter zu verstehen ist, wird immer wieder fachpolitisch diskutiert und juristisch vor Gerichten erstritten. Die Formulierung ist rechtsunspezifisch, kann aber durch die diagnostisch kundige Heilpädagogin konkretisiert werden. Wenn zum Beispiel ein Kind mit zwei Jahren nicht laufen kann, dann weicht das individuelle Entwicklungsalter des Kindes von der durchschnittlichen Entwicklung um ein halbes Jahr ab.

Auch im heilpädagogischen Berufs- und Handlungsfeld der »frühen Förderung« in einer Kindertagesstätte von Kindern, die behindert oder von einer Behinderung bedroht sind (§ 2, Abs. 1 SGB IX), steht die heilpädagogische Diagnostik (wie in Sozialpädiatrischen Zentren oder Interdisziplinären Frühförderstellen) an erster Stelle.

In weiterer Verlauf muss ein Antrag auf zusätzliche Hilfen beim zuständigen Leistungsträger gestellt werden. Leistungen der Kindertagesbetreuung in Kindertagesstätten erbringt das SGB VIII (»Kinder- und Jugendhilfe«), in diesem Fall das zuständige Jugendamt. Die Regelungen zur Integration von Kindern mit Behinderung oder von Kindern, die von einer Behinderung bedroht sind, finden sich explizit in § 22a, Abs. 4 SGB VIII.

Da die Förderung der Kindertagesbetreuung allerdings auf Landesebene (§ 26 SGB VIII) geschieht, gibt es in der Umsetzung der integrativen Betreuung in den jeweiligen Bundesländer teilweise große Unterschiede. So gibt es in einigen Bundesländern und den dazugehörigen Kommunen auch noch »Sonderkindertagesstätten« (heilpädagogische Kindertagesstätten), in denen ausschließlich Kinder mit Behinderung betreut und gefördert werden. Andere Bundesländer haben diese separierenden Strukturen vollständig abgelöst und andere wiederum zielgerichtet eine Vielfalt (Pluralität) von Kindertagesbetreuungseinrichtungen etabliert.

§ 22a SGB VIII »Förderung in Tageseinrichtungen«

(1) Die Träger der öffentlichen Jugendhilfe sollen die Qualität der Förderung in ihren Einrichtungen durch geeignete Maßnahmen sicherstellen und weiterentwickeln. Dazu gehören die Entwicklung und der Einsatz einer pädagogischen Konzeption als Grundlage für die Erfüllung des Förderungsauftrags sowie der Einsatz von Instrumenten und Verfahren zur Evaluation der Arbeit in den Einrichtungen.

(2) Die Träger der öffentlichen Jugendhilfe sollen sicherstellen, dass die Fachkräfte in ihren Einrichtungen zusammenarbeiten

1. mit den Erziehungsberechtigten und Tagespflegepersonen zum Wohl der Kinder und zur Sicherung der Kontinuität des Erziehungsprozesses,
2. mit anderen kinder- und familienbezogenen Institutionen und Initiativen im Gemeinwesen, insbesondere solchen der Familienbildung und -beratung,
3. mit den Schulen, um den Kindern einen guten Übergang in die Schule zu sichern und um die Arbeit mit Schulkindern in Horten und altersgemischten Gruppen zu unterstützen.

Die Erziehungsberechtigten sind an den Entscheidungen in wesentlichen Angelegenheiten der Erziehung, Bildung und Betreuung zu beteiligen.

(3) Das Angebot soll sich pädagogisch und organisatorisch an den Bedürfnissen der Kinder und ihrer Familien orientieren. Werden Einrichtungen in den Ferienzeiten geschlossen, so hat der Träger der öffentlichen Jugendhilfe für die Kinder, die nicht von den Erziehungsberechtigten betreut werden können, eine anderweitige Betreuungsmöglichkeit sicherzustellen.

(4) Kinder mit und ohne Behinderung sollen, sofern der Hilfebedarf dies zulässt, in Gruppen gemeinsam gefördert werden. Zu diesem Zweck sollen die Träger der öffentlichen Jugendhilfe mit den Trägern der Sozialhilfe bei der Planung, konzeptionellen Ausgestaltung und Finanzierung des Angebots zusammenarbeiten.

(5) Die Träger der öffentlichen Jugendhilfe sollen die Realisierung des Förderungsauftrags nach Maßgabe der Absätze 1 bis 4 in den Einrichtungen anderer Träger durch geeignete Maßnahmen sicherstellen.

§ 26 SGB VIII »Landesrechtsvorbehalt«

Das Nähere über Inhalt und Umfang der in diesem Abschnitt geregelten Aufgaben und Leistungen regelt das Landesrecht. Am 31. Dezember 1990 geltende landesrechtliche Regelungen, die das Kindergartenwesen dem Bildungsbereich zuweisen, bleiben unberührt.

Eine genaue Betrachtung des § 22a, Abs. 4 SGB VIII lässt diese unterschiedlichen Regelungen der einzelnen Bundesländer zur Betreuung von Kindern mit Behinderung in Kindertagesstätten zu; diese sind also juristisch konkludent. Der eingeschobene Nebensatz, »sofern der Hilfebedarf dies zulässt«, offeriert, dass es Kinder mit Behinderungsformen gibt, welche nicht in integrativen (gemeinsamen) Gruppen gefördert werden können, zum Beispiel Kinder mit autistischen Spektrumsstörungen oder Kinder im apallischen Durchgangssyndrom.

Es liegt auf der Hand, dass diese Wortwahl im genannten § 22a SGB VIII im Duktus der Integration, der Inklusion und der Umsetzung der UN-BRK vielseitig diskutiert und teilweise heftig umstritten ist. Integration bedeutet, etymologisch vom Lateinischen hergeleitet, »Wiederherstellung eines Ganzen« und impliziert, dass eine Ausgrenzung zuvor stattgefunden haben muss. Die Kritik an der missverständlichen Wortwahl des § 22a, Abs. 4, Satz 1 SGB VIII scheint verständlich zu sein. Es wird hier ggf. »Tür und Tor« für eine separierende Pädagogik geöffnet, indem Kinder nach deren »Hilfebedarf« kategorisiert werden und dann entschieden wird, ob diese integrativ betreut und gefördert werden können oder nicht.

Die integrative Pädagogik verfolgt im Wesentlichen drei Ziele (in Anlehnung an Gartinger/Janssen, 2014, 463):

- *Interpersonelles Ziel:* Kinder lernen »Anderssein« kennen und profitieren von der Diversität.
- *Interaktionales Ziel:* Kinder lernen durch gezielte heilpädagogische Interventionen im pädagogischen Prozess Rücksichtnahme und Hilfsbereitschaft.
- *Gesellschaftliches Ziel* (Normalisierung): Kinder mit und ohne Beeinträchtigung/Behinderungen wachsen unter den gleichen Bedingungen auf und können individuell (im Sinne des Capability Approach) gefördert und gefordert werden.

Insbesondere der letzte Aspekt lässt den Hinweis auf die Debatte zur Inklusion zu. Eine hervorragende Definition von Inklusion findet sich in einem gemeinsamen Positionspapier des Berufs- und Fachverbandes Heilpädagogik (BHP) e. V., der Ständigen Konferenz von Ausbildungsstätten für Heilpädagogik in der Bundesrepublik Deutschland (STK) und des Fachbereichstages Heilpädagogik bei der Hochschulrektorenkonferenz:

> »Eine Gesellschaft, die jedem Menschen, der in ihr lebt, die volle und selbstbestimmte Teilhabe an Erziehung, Bildung, Kultur, Gesundheitsfürsorge, Arbeit, Wohnen und Freizeit *ermöglicht*, ist die Zielperspektive dessen, was mit dem Begriff der Inklusion umschrieben wird.«

Es geht in dieser Definition darum, dass Chancen zur selbstbestimmten und zugleich gleichberechtigten Teilhabe ermöglicht werden und keine separierenden Barrieren bestehen, sondern sukzessive abgebaut werden sollen.

Dieser Grundgedanke lässt sich bis auf die Lehren des Philosophen, Theologen und Pädagogen Johann Amos Comenius zurückführen. Er konstatiert 1657:

> »Die Schulen *müssen alle* Kinder aufnehmen, denn alle sollen dem Bilde Gottes ähnlich werden und alle für ihren künftigen Beruf vorbereitet sein, und alle, gerade auch die Trägen und Schwachen, bedürfen der Hilfe« (Comenius, 2000, 51).

Die Forderung, dass alle Einrichtungen alle Kinder aufnehmen müssen, könnte durch den Einschub des Nebensatzes »sofern der Hilfebedarf dies zulässt« im besagten § 22a, Abs. 4 SGB VIII konterkariert werden. Wenn man allerdings die Konnotation des Satzes anders legt, ergibt er eine andere Zielrichtung der Integration:

---

§ 22a SGB VIII »Förderung in Tageseinrichtungen«

(4) *Kinder mit und ohne Behinderung sollen*, sofern der Hilfebedarf dies zulässt, *in Gruppen gemeinsam gefördert werden.*

Der Grundgedanke der integrativen Betreuung und Förderung von Kindern, die behindert oder von einer Behinderung bedroht sind, sowie Kindern ohne Beeinträchtigung, lässt sich klar erkennen. Zudem offeriert der Satz, dass die Förderung nicht zwangsläufig in Gruppen stattfinden muss. Wenn eine Heilpädagogin jedoch Einzelförderung eines Kindes, zum Beispiel mit Sprachentwicklungsstörungen, plant, sollte überlegt werden, ob ein solch separierendes Angebot für ein Kind eine Integrationseinrichtung nicht ad absurdum führt.

Nach diesem fachlichen Exkurs in die Metatheorien der Integration (Makrosystem) wollen wir uns an dieser Stelle wieder der konkreten Aufgabe der Heilpädagogin im Mikrosystem »Kindertagesstätte« widmen. Eine wichtige Aufgabe der Heilpädagogin in der Kindertagesstätte ist die Diagnostik (unter anderem § 61, Abs. 2 SGB IX), um einen entsprechenden Hilfebedarf für das Kind zu beantragen und diesem bestenfalls in einem entsprechenden Antrag zu substanziieren, ganz im Sinne »Erst verstehen, dann erziehen«. Auf den systembedingten Widerspruch, dass Heilpädagogik ressourcenorientiert agieren soll, die allermeisten diagnostischen Instrumentarien allerdings das Ziel favorisieren, Defizite zu nennen, soll hier nicht weiter eingegangen werden.

Vielmehr möchten wir diagnostische Instrumentarien nennen, die der heilpädagogischen Grundhaltung der Ressourcenorientierung nahe kommen.

- Ein sehr differenziertes, wenngleich umfangreiches, diagnostisches Instrumentarium der Kindertagesbetreuung haben Kuno und Simone Beller entwickelt (2005). Empfehlenswert ist dieses Instrumentarium deswegen, weil es neben den Schwierigkeiten (Defiziten), die das Kind hat und somit heilpädagogische Förderung benötigt, auch die Stärken beleuchtet und benennt.
- Ein empfehlenswertes, kostenfreies Instrumentarium zur heilpädagogischen Diagnostik ist das sogenannte Kompik (Kompetenzen und Interessen von Kindern). Das Handbuch und die Beobachtungsbögen lassen sich als PDF-Dateien hier downloaden: http://www.keck-atlas.de/kompik/software.html.
- Franz und Ulrike Petermann sowie Ute Koglin (2015a; b) haben ein empfehlenswertes heilpädagogisches Diagnostikum entwickelt. Unter dem Titel »Entwicklungsbeobachtung und -dokumentation« können die Ressourcen und auch die Defizite von Kindern in der Altersspanne von drei bis 72 Monaten dokumentiert werden.

- Die Stadt Wolfsburg hat ein beachtenswertes Portfolio-Instrumentarium mit dem Titel »Wachsen und Reifen« für Krippen- und Kindergartenkinder herausgegeben.

Ähnlich wie in der Frühförderung ist es auch in der frühen Förderung von Kindern mit Behinderung oder Kindern, die von einer Behinderung bedroht sind, in einer Integrations-Kindertagesstätte die Aufgabe der Heilpädagogin, neben der Diagnostik eine dementsprechend angepasste Förderplanung vorzunehmen.

Wie bereits ausgeführt kann die Förderung als Gruppen-, Kleingruppen- oder auch als Einzelförderung durchgeführt werden (§ 22a, Abs. 4 SGB VIII). Es liegt in der Natur der Sache, dass die Heilpädagogin in der Integrations-Kindertagesstätte die gesetzte Zielstellung regelmäßig überprüft und die Inhalte der Förderung den spezifischen Erfordernissen des Kindes anpasst. Hierfür müsste ggf. eine neue diagnostische Intervention erfolgen.

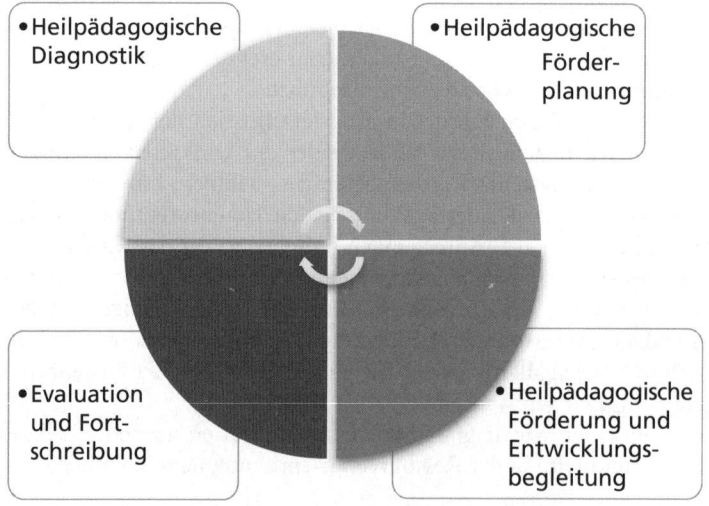

Abb. 12: Heilpädagogische Aufgabenbereiche in einer Kindertagesstätte

4.2.1 Exkurs in Sachen »Die Assistenz der Heilpädagogik«

Wie im Kapitel 1.1 dargestellt, geht der Begriff »Heilpädagogik« auf das 1861/ 1863 von Heinrich Marianus Deinhardt und Jan-Daniel Georgens veröffentlichte Buch *Die Heilpädagogik mit besonderer Berücksichtigung der Idiotie und der Idiotenanstalten* zurück. Die wenigsten Heilpädagoginnen wissen jedoch, dass die Verfasser seinerzeit weitere Werke veröffentlichten, die der Heilpädagogik zugehörig genannt werden können. Zahlreiche Bücher über das Wesen des Spiels, die Entwicklung mit und durch das Spiel wurden zum Ende des 19. Jahrhunderts von Jan-Daniel Georgens herausgegeben. Exemplarisch seien hier nur einige Titel dieser Bücher genannt:

- Großes illustriertes Allgemeines Familien-Spielbuch
- Großes illustriertes Spielbuch für Mädchen
- Großes illustriertes Spielbuch für Knaben

Auch in *Die Heilpädagogik mit besonderer Berücksichtigung der Idiotie und der Idiotenanstalten* widmen sich Deinhardt und Georgens dem »Spiel« als wichtige Möglichkeit und Methode der Förderung von Menschen mit Behinderung und merken an:

> »Indessen ist die Wichtigkeit oder vielmehr Unentbehrlichkeit des Spiel für die menschliche Gesammtentwicklung theoretisch und praktisch noch viel zu wenig anerkannt, als dass es überflüssig wäre, auf die einzelnen Gesichtspunkte die für die Wirksamkeit des Spiels von Belang sind, bei jeder Gelegenheit zurückzukommen« (Georgens/Deinhardt, 1979, 327)

Auch bei der bereits genannten Methode der »Heilpädagogischen Übungsbehandlung« (HPÜ), welche Anfang der 1980er Jahre von Clara Maria von Oy und Alexander Sagi entwickelt wurde, spielt die heilpädagogische Förderung und Entwicklungsbegleitung von Kindern, die behindert oder von einer Behinderung bedroht sind, durch Spiel eine zentrale Rolle. Unter der Überschrift »Grundphänomen Spiel« wird der Stellenwert des Spiels für die HPÜ detailliert dargestellt (von Oy/Sagi, 2011, 121 ff.).

Insofern kann man konstatieren, dass einerseits die Förderung des Kindes mit/durch das gelenkte Spiel die Methode der ersten Wahl sein sollte und anderseits die Förderung von Menschen mit Behinderung durch die Methode des Spiels eine originär-heilpädagogische Methode darstellt.

Eine weitere heilpädagogisch geprägte Methode zur Förderung von Kindern, die sozial/emotional beeinträchtigt oder von einer solchen Beeinträchtigung im Sinne des § 2 SGB IX bedroht sind, soll hier dargestellt werden. Der Kinder- und Jugendpsychiater Michael Winterhoff mahnte schon 2008 vor einer Zunahme an Kindern, deren Verhalten im sozial-emotionalen Bereich herausfordernd ist. Dieser Einstellung schloss sich Ferdinand Klein (2010, 12) weitestgehend an. Auch Heilpädagoginnen in Kindertagesstätten berichten oftmals von diesem Phänomen der Zunahme an Kindern mit sozial-emotional herausforderndem Verhalten.

Unter dem Begriff »Valorisation der sozialen Rollen« hat Wolf Wolfensberger eine interessante Methode entwickelt, diesen Kindern zu helfen (1998, 249 ff.). Ausgehend von der Tatsache, dass jeder Mensch eine Vielzahl von sozialen Rollen, welche gesellschaftlich und individuell-subjektiv positiv oder negativ konnotiert sind, innehat, geht es in der »Valorisation der sozialen Rollen« darum, bestimmte Rollen zu verstärken und wiederum andere Rollen zu minimieren. Dabei kann grundlegend von verschiedenen Rollen ausgegangen werden:

1. angeborene (natürliche) Rollen sind: Junge oder Mädchen
2. Rollen im Lebenszyklus: Säugling, Kindergartenkind, Vorschulkind, Schulkind/Schüler, Auszubildender/Student, Arbeitnehmer/Selbstständiger, Rentner etc.
3. eingenommene und zugeschriebene Rollen: z. B. Klassensprecherin, Studentin, Mutter/Vater, Salsatänzer etc.

4. gesellschaftlich und individuell-subjektiv positiv und negativ konnotierte Rollen: z. B. »Faulenzer vs. Streber«, »Arbeitsloser vs. selbstständiger Manager«, »liebevolle Großmutter vs. nörgelnde Oma« etc.

Die selbstbestimmte Einflussnahme der Rollen erster und zweiter Ebene (natürliche Rollen und Rollen im Lebenszyklus) sind von jedem Menschen schwerlich zu beeinflussen, die Rollen der dritten und vierten Ebene sind hingegen leichter beeinflussbar. Es muss jedoch angemerkt werden, dass es nahezu unmöglich ist, eine Rolle zuzuschreiben, wenn die Person, der die Rolle zugeschrieben werden soll, keine Anteile für diese Rolle hat. So kann man zum Beispiel aus einem intentional gehemmten Oberschüler keinen extravertierten »Gigolo« machen. Eingenommene und zugeschriebene Rollen sind in der Regel unmittelbar miteinander verbunden. Auch bei den Rollen der vierten Ebene muss angemerkt werden, dass es durchaus Differenzen zwischen einer gesellschaftlichen und der individuell-subjektiven Konnotation geben kann. Eine Mutter von fünf Kindern kann eine positive gesellschaftliche Konnotation erfahren, es ist aber auch möglich diese selbstbestimmte Rolle negativ zu bewerten.

Jeder Mensch ist im Besitz einer Vielzahl bestimmter sozialer Rollen, deren Anzahl, je älter man wird, sich noch steigert. Diese Fülle an sozialen Rollen ist mit einem Blumenstrauß vergleichbar. So kann beispielhaft ein fünfzigjähriger Mann ein liebevoller Ehemann, ein fürsorglicher Familienvater, ein engagierter Mitarbeiter, aber gleichwohl ein jähzorniger Autofahrer und ein unfreundlich-arroganter Kunde im Supermarkt sein. An diesem Beispiel sieht man sehr gut, über welches Spektrum an verschiedenen Rollen Menschen verfügen können. Es ist wichtig, sich dieses in der täglichen heilpädagogischen Arbeit bewusst zu machen. Erschwerend kommt jedoch hinzu, dass die Menschen, mit denen Heilpädagoginnen arbeiten, oftmals schon bestimmte negativ konnotierte Rollen, die gesellschaftlich zugeschrieben wurden, mitbringen. Menschen mit Behinderung gelten gesellschaftlich als fürsorgebedürftig und erschwerend manchmal auch als Kostenfaktor.

In der »Valorisation der sozialen Rollen« geht es darum, bestimmte soziale Rollen, z. B. eines Kindes mit sozial-emotional herausforderndem Verhalten, durch die Intervention der Heilpädagogin aufzuwerten und diesem Kind die Bereitschaft zu vermitteln, eine positiv konnotierte Rolle kennenzulernen und ggf. dauerhaft anzunehmen.

Beispiel

Benjamin ist fünf Jahre alt und gilt in der Kindertagesstätte als »verhaltensauffällig«. Die Erzieherinnen berichten, dass Benjamin in einer koedukativ gemischten Gruppe von 14 Kindern im Alter von drei bis sechs Jahren betreut wird. Benjamin stört durch aggressive Art und Weise das Spiel der anderen Kinder, macht deren Spiele und »Produkte« (z. B. Bilder) kaputt und wird regelmäßig auch gewalttätig gegen die Kinder. »Manchmal ist Benjamin kaum zu bändigen«, berichten die beiden Erzieherinnen. Besonders in unbeobachteten Situationen, z. B. beim Zähneputzen kann man die Uhr danach stellen, bis eines der anderen Kinder die Erzieherinnen zur Hilfe holt, wird berichtet.

Auf Nachfragen bei den Erzieherinnen, was Benjamin denn gut kann, berichten diese, dass er zeitweise sehr fürsorglich, besonders den kleineren Kindern gegenüber sein kann. Wir beschließen, Benjamin eine kleine positiv-konnotierte Rolle zu seinen selbst eingenommenen negativ-konnotierten Rollen hinzuzufügen. Benjamin darf künftig nach dem Mittagessen früher als die anderen Kinder vom Tisch aufstehen und soll – als Helfer – die Zahnbürsten der Kinder mit Zahnpasta versehen.

Benjamin hat demnach eine weitere kleine Blume (positiv konnotiert) in sein »Soziale-Rollen-Blumengesteck« hinzugefügt. Die negativ-konnotierten Rollen (»Verhaltensauffälligkeiten«) von Benjamin kann man ihm nicht wegnehmen, nur durch das Hinzufügen weiterer Rollen, die positiv konnotiert sind, kann man hoffen, dass sich die negativ konnotierten Rollen reduzieren. In der Theorie und in der Praxis der »Valorisation der sozialen Rollen« kommt der Ausspruch Paul Moors deutlich zum Tragen: »Nicht gegen die Fehler, sondern für das Fehlende«.

Exemplarisch wurden zwei Methoden zur Förderung von Kindern, die behindert oder von einer Behinderung bedroht sind, im Bereich der frühen Förderung in einer Integrations-Kindertagesstätte dargestellt. Vergleichbar dem Aufgabenspektrum der Heilpädagogin in der Frühförderung muss die Heilpädagogin in der Integrations-Kindertagesstätte neben der heilpädagogischen Diagnostik, der heilpädagogischen Förderplanung, der Durchführung der heilpädagogischen Förderung und Entwicklungsbegleitung auch die Evaluation und regelmäßigen Neuausrichtung der heilpädagogischen Förderangebote leisten.

Zudem ist auch im Bereich »frühe Förderung« die Begleitung der Eltern (Sorgeberechtigten) im Sinne einer »Elternarbeit« von elementarer Bedeutung. »Nicht das Kind ist zu erziehen, sondern sein Umfeld«, fordert die Heilpädagogin in einer Integrations-Kindertagesstätte zu ganzheitlichem Handeln mit dem Kind und den Eltern, dieses schließt ggf. mit ein, die Eltern auch bei einer vorher nicht bekannten Beeinträchtigung ihres Kindes sorgsam zu begleiten und diese in ihrem schicksalhaften Bewältigungsverlauf zu unterstützen (siehe »Krisenspirale« nach Erika Schuchardt). Diese gesetzlich verpflichtende Zusammenarbeit ergibt sich (auch) aus § 22a, Abs. 2, Punkt 1 sowie Satz 2 SGB VIII.

---

§ 22a SGB VIII Förderung in Tageseinrichtungen

(2) Die Träger der öffentlichen Jugendhilfe sollen sicherstellen, dass die Fachkräfte in ihren Einrichtungen zusammenarbeiten

1. mit den Erziehungsberechtigten und Tagespflegepersonen zum Wohl der Kinder und zur Sicherung der Kontinuität des Erziehungsprozesses,
2. mit anderen kinder- und familienbezogenen Institutionen und Initiativen im Gemeinwesen, insbesondere solchen der Familienbildung und -beratung,
3. mit den Schulen, um den Kindern einen guten Übergang in die Schule zu sichern und um die Arbeit mit Schulkindern in Horten und altersgemischten Gruppen zu unterstützen.

Die Erziehungsberechtigten sind an den Entscheidungen in wesentlichen Angelegenheiten der Erziehung, Bildung und Betreuung zu beteiligen.

Die konkrete Assistenz und Anwaltschaft der Heilpädagogik

- Behinderte und nichtbehinderte Kinder sollen in Kindertageseinrichtungen gemeinsam betreut und gefördert werden (§ 22a, Abs. 4 SGB VIII).
- Auf Landesebene gibt es rechtlich Unterschiede, wie die Betreuung und Förderung von Kindern mit Behinderung bis zur Einschulung aussieht (§ 26 SGB VIII). So gibt es in einigen Bundesländern ein pluralistisches System aus heilpädagogischen (Sonder-)Kindertagsstätten, Integrations-Kindertagesstätten und Kindertagesstätten, die keine Kinder mit Behinderung aufnehmen können, und wiederum andere Bundesländer, die keine Sondereinrichtungen für Kinder bis zur Einschulung anbieten.
- Die Förderung von Kindern mit Behinderung oder von Kindern, die von einer Behinderung bedroht sind (§ 2, Abs. 1 SGB IX), in einer Kindertagesstätte kann als Einzelförderung und/oder als Gruppenförderung (§ 22a, Abs. 4, Satz 1 SGB VIII) erfolgen. Einer Förderung in Gruppen/Kleingruppen sollte der Vorzug gegeben werden.
- Historisch begründet ist die Methode des heilpädagogisch begleiteten (gelenkten) Spiels zu präferieren.
- Bei Kindern mit herausforderndem Verhalten im sozial-emotionalen Bereich kann die heilpädagogische Methode der »Valorisation der sozialen Rollen« hilfreich sein.
- Die Arbeit mit den Eltern des Kindes gehört unweigerlich zu den heilpädagogischen Leistungen in einer Integrations-Kindertagesstätte (§ 22a, Abs. 2, Punkt 1 SGB VIII).

4.3 Rechtliche Grundlagen der heilpädagogischen Kinder- und Jugendheime

Otto Speck schreibt, dass »Heilpädagogik demnach als Pädagogik unter dem Aspekt spezieller Erziehungserfordernisse beim Vorliegen von [...] Erziehungshindernissen ([...] soziale Benachteiligung) gesehen« werden muss (Speck, 2003, 20). Insbesondere in stationären Einrichtungen der »Hilfen zur Erziehung«, den Kinder- und Jugendheimen, ist dieses unbestritten der Fall. Heilpädagogik hat demnach auch in solchen Einrichtungen ein Berufs- und Handlungsfeld.

Im Kapitel 3.1 wurde ausführlich dargelegt, welches die Hauptursache einer Inobhutnahme (Kindeswohlgefährdung nach § 1666 BGB) von Kindern und Jugendlichen ist. In den meisten Fällen wird das Kind oder der Jugendliche ohne

Zustimmung der Eltern von den Jugendämtern in Obhut genommen, da eine Kindeswohlgefährdung vorliegt.

Der Gesetzgeber benennt im § 42, Abs. 1 SGB VIII jedoch noch zwei weitere Optionen der Inobhutnahme. Zum einen, wenn das Kind oder der Jugendliche darum bittet, in Obhut genommen zu werden, oder wenn die Eltern nicht zustimmen können, da sie zum Beispiel im Ausland leben und nicht zu erreichen sind. Wenn also eine Kindeswohlgefährdung nach § 1666 BGB und/oder nach § 171 StGB vorliegt, muss das zuständige Jugendamt das gefährdete Kind oder den Jugendlichen in seine Obhut nehmen (§ 42 SGB VIII) und dieses bzw. diesen erst einmal in einer Einrichtung der Kinder- und Jugendhilfe unterbringen. Die rechtliche Grundlage für Kinder- und Jugendheime ergibt sich aus § 34 SGB VIII.

---

§ 34 SGB VIII »Heimerziehung, sonstige betreute Wohnform«

Hilfe zur Erziehung in einer Einrichtung über Tag und Nacht (Heimerziehung) oder in einer sonstigen betreuten Wohnform soll Kinder und Jugendliche durch eine Verbindung von Alltagserleben mit pädagogischen und therapeutischen Angeboten in ihrer Entwicklung fördern. Sie soll entsprechend dem Alter und Entwicklungsstand des Kindes oder des Jugendlichen sowie den Möglichkeiten der Verbesserung der Erziehungsbedingungen in der Herkunftsfamilie

1. eine Rückkehr in die Familie zu erreichen versuchen oder
2. die Erziehung in einer anderen Familie vorbereiten oder
3. eine auf längere Zeit angelegte Lebensform bieten und auf ein selbständiges Leben vorbereiten.

Jugendliche sollen in Fragen der Ausbildung und Beschäftigung sowie der allgemeinen Lebensführung beraten und unterstützt werden.

Es ist wichtig zu beachten, dass der Gesetzgeber sehr wohl bewusst von »Hilfen *zur* Erziehung« spricht. Hier spiegelt sich der grundgesetzlich geschützte Auftrag des Art. 6, Abs. 2 GG der Eltern zur Versorgung und Erziehung ihrer eigenen Kinder als die »ihnen zuvörderst obliegende Pflicht« wieder. Diese entspricht auch den sogenannten »soziobiologischen Ansätzen« der modernen Entwicklungspsychologie (Lohaus/Vierhaus/Maass, 2010, 15).

Insofern kann die Aufzählung im § 34 SGB VIII auch als ein »Ranking« gesehen werden, bei dem das erste Ziel sein sollte, das Kind/der Jugendliche in seine Ursprungsfamilie zurückzuführen. Nur wenn dieses nicht möglich ist, soll das Kinder- und Jugendheim mithilfe des Vormunds (§ 1773 BGB, § 55 SGB VIII) eine andere Möglichkeit der Betreuung des Kindes oder des Jugendlichen suchen. Wenn es das vorrangige Ziel ist, das Kind oder den Jugendlichen in die Herkunftsfamilie zurückzuführen, ist eine entsprechende professionelle Elternarbeit ein elementar wichtiger Aspekt der Heilpädagogik in einem Kinder- und Jugendheim. Bei dieser Zielsetzung kommt die zentrale Aussage Paul Moors zur Heilpädagogik »Nicht das

Kind ist zu erziehen, sondern sein Umfeld« zum Tragen. Um eine Rückführung in das Elternhaus zu ermöglichen, muss jedoch heilpädagogisch planvoll vorgegangen werden. Das Kind und die Eltern müssen Schritt für Schritt beraten und begleitet werden. Im sogenannten »Hilfeplan« nach § 36, Abs. 2 SGB VIII wird das entsprechende Vorgehen geplant, festgelegt und dokumentiert.

---

§ 36 SGB VIII »Mitwirkung, Hilfeplan«

(1) Der Personensorgeberechtigte und das Kind oder der Jugendliche sind vor der Entscheidung über die Inanspruchnahme einer Hilfe und vor einer notwendigen Änderung von Art und Umfang der Hilfe zu beraten und auf die möglichen Folgen für die Entwicklung des Kindes oder des Jugendlichen hinzuweisen. Vor und während einer langfristig zu leistenden Hilfe außerhalb der eigenen Familie ist zu prüfen, ob die Annahme als Kind in Betracht kommt. Ist Hilfe außerhalb der eigenen Familie erforderlich, so sind die in Satz 1 genannten Personen bei der Auswahl der Einrichtung oder der Pflegestelle zu beteiligen. Der Wahl und den Wünschen ist zu entsprechen, sofern sie nicht mit unverhältnismäßigen Mehrkosten verbunden sind. Wünschen die in Satz 1 genannten Personen die Erbringung einer in § 78a genannten Leistung in einer Einrichtung, mit deren Träger keine Vereinbarungen nach § 78b bestehen, so soll der Wahl nur entsprochen werden, wenn die Erbringung der Leistung in dieser Einrichtung nach Maßgabe des Hilfeplans nach Absatz 2 geboten ist.

(2) Die Entscheidung über die im Einzelfall angezeigte Hilfeart soll, wenn Hilfe voraussichtlich für längere Zeit zu leisten ist, im Zusammenwirken mehrerer Fachkräfte getroffen werden. Als Grundlage für die Ausgestaltung der Hilfe sollen sie zusammen mit dem Personensorgeberechtigten und dem Kind oder dem Jugendlichen einen Hilfeplan aufstellen, der Feststellungen über den Bedarf, die zu gewährende Art der Hilfe sowie die notwendigen Leistungen enthält; sie sollen regelmäßig prüfen, ob die gewählte Hilfeart weiterhin geeignet und notwendig ist. Werden bei der Durchführung der Hilfe andere Personen, Dienste oder Einrichtungen tätig, so sind sie oder deren Mitarbeiter an der Aufstellung des Hilfeplans und seiner Überprüfung zu beteiligen. Erscheinen Maßnahmen der beruflichen Eingliederung erforderlich, so sollen auch die für die Eingliederung zuständigen Stellen beteiligt werden.

(3) Erscheinen Hilfen nach § 35a erforderlich, so soll bei der Aufstellung und Änderung des Hilfeplans sowie bei der Durchführung der Hilfe die Person, die eine Stellungnahme nach § 35a Absatz 1a abgegeben hat, beteiligt werden.

(4) Vor einer Entscheidung über die Gewährung einer Hilfe, die ganz oder teilweise im Ausland erbracht wird, soll zur Feststellung einer seelischen Störung mit Krankheitswert die Stellungnahme einer in § 35a Absatz 1a Satz 1 genannten Person eingeholt werden.

Dieser Hilfeplan nach § 36 SGB VIII, auch »Case-Management« genannt, sollte verschiedene Stufen der Rückführung des Kindes oder des Jugendlichen in die Herkunftsfamilie berücksichtigen.

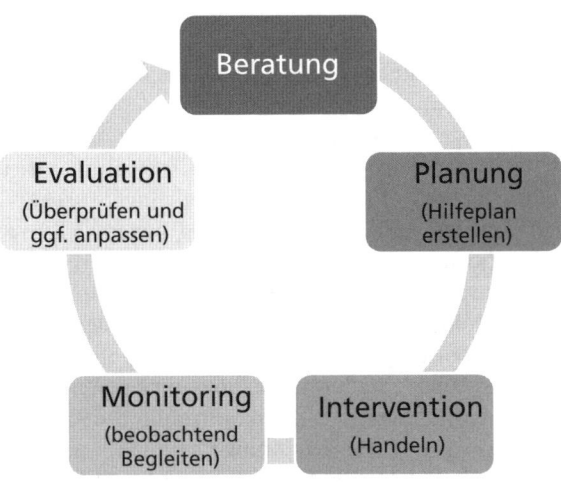

Abb. 13: Hilfeplan

Bei der Erstellung des Hilfeplans ist jedoch zu beachten, dass sich sämtliche Hilfen an der aktuellen Lebenswelt des Kindes oder des Jugendlichen und seiner Familie orientieren (Winkler, 2003, 17). Hierzu sind heilpädagogisch-analytische Fähigkeiten eine zwingende Voraussetzung (»Erst verstehen, dann erziehen«), um die aktuelle Lebenswelt des Kindes oder des Jugendlichen zu begreifen und einen entsprechenden gemeinsamen Hilfeplan zu erarbeiten, der sämtliche Potenziale des Kindes/Jugendlichen, der Familie und des Kinder- und Jugendheimes nutzen kann (Hellmann, 2009, 19 ff.).

Wolfgang Klafki stellte bereits 1970 sechs wichtige Thesen zur Erziehung auf. Eine dieser Thesen bringt den lebensweltorientierten Ansatz sowie die zukunftsorientierte Hilfeplanung eines gelungenen Case-Management-Prozesses besonders zum Ausdruck:

> »Im pädagogischen Bezug orientiert sich der Erzieher sowohl an der Gegenwart des jungen Menschen wie auch an seiner probeweise vorweggenommenen Zukunft« (Klafki, 1970, 65).

Es kann und sollte von der Heilpädagogin überlegt werden, inwieweit sie die Wünsche der »probeweise vorweggenommenen Zukunft« des Kindes eruieren kann, indem sie das Instrument (bzw. Teile des Instruments) der persönlichen Zukunftsplanung »Käpt'n Life und seine Crew« nutzen kann.

Um in einem Kinder- und Jugendheim mit heilpädagogischer Prägung konzeptionell-lebensweltorientiert arbeiten zu können, ist es unabdingbar, dass die Lebenswelten »Kinder- und Jugendheim« und »Herkunfts- bzw. Ursprungsfamilie« auch (sozial-)räumlich nah sind. Es war eine pädagogisch-konzeptionelle Tradition (u. a. geprägt von Bruno Bettelheim) der 1950er Jahre, Kinder und Jugendliche

117

vorerst aus dem »schädigenden« (pathologischen) Milieu des Elternhauses her-auszunehmen, um sie in ein »gesundes« Milieu, welches oftmals weit entfernt war, unterzubringen (Thesing, 2001, 139).

Im Einzelfall, besonders bei Kindern/Jugendlichen mit traumatisierenden Missbrauchserfahrungen, mag dieser konzeptionelle Schwerpunkt der Kinder- und Jugendheimpädagogik durchaus sinnvoll sein. Es hat sich jedoch parallel zu diesem konzeptionellen Schwerpunkt ein weiterer Schwerpunkt der Kinder- und Jugend-heimpädagogik entwickelt.

Im Sinne einer gelungenen konzeptionellen Pluralität der Kinder- und Jugend-heimpädagogik hat sich in den 1980er Jahren der »sozialraumorientierte Ansatz« etabliert (Gartinger/Janssen, 2014, 357). Ein wichtiger Aspekt dieses »sozial-raumorientierten Ansatzes« ist es, Kinder- und Jugendliche nicht aus ihrem höchstindividuellen Sozialraum (z. B. Kita oder Schule, Freundeskreis etc.) her-auszureißen und dadurch zusätzlich zu traumatisieren, sondern durch eine gezielte sozialräumliche Steuerung und Planung der Kinder- und Jugendheime diese Kinder und Jugendliche in ihrem unmittelbaren Lebensumfeld (Sozialraum) zu belassen und zu betreuen (z. B. durch eine Inobhutnahme mit Fremdunterbringung) sowie eine Rückführung in die Ursprungs-/Herkunftsfamilie dadurch zu erleichtern. Dieser Anspruch der »Sozialraumorientierung« ergibt sich insbesondere auch aus den gesetzlichen Vorgaben des § 80, Abs. 2, Punkt 1 SGB VIII.

---

§ 80 SGB VIII »Jugendhilfeplanung«

(2) Einrichtungen und Dienste sollen so geplant werden, dass insbesondere

1. Kontakte in der Familie und im sozialen Umfeld erhalten und gepflegt werden können,
2. ein möglichst wirksames, vielfältiges und aufeinander abgestimmtes Angebot von Jugendhilfeleistungen gewährleistet ist,
3. junge Menschen und Familien in gefährdeten Lebens- und Wohnbereichen besonders gefördert werden,
4. Mütter und Väter Aufgaben in der Familie und Erwerbstätigkeit besser mit-einander vereinbaren können.

Neben den konzeptionellen Schwerpunkten der Kinder- und Jugendheimpädago-gik, der Lebensweltorientierung und der Sozialraumorientierung, welche sich beide im Moor-Zitat »Nicht das Kind ist zu erziehen, sondern sein Umfeld« wieder-spiegeln, soll hier auch noch ein weiterer wichtiger heilpädagogisch-konzeptio-neller Schwerpunkt erörtert werden.

In den allermeisten Kinder- und Jugendheimen wird nach dem sogenannten »Bezugsbetreuersystem« gearbeitet. Oftmals reduziert sich diese Tätigkeit des Be-zugsbetreuers nur auf organisatorisch-administrative Tätigkeiten der Heilpäda-gogin in einem Kinder- und Jugendheim. Zu diesen Aufgaben der verantwortlichen Heilpädagogin zählen u. a.:

- Kontaktpflege zum zuständigen Jugendamt (u. a. zum gesetzlichen Vormund nach § 1773 BGB i. V. m. § 55 SGB VIII)
- Kontaktpflege zu weiteren Behörden (z. B. Agentur für Arbeit etc.)
- Kontaktpflege zur Kindertagesstätte oder Schule des Kindes oder Jugendlichen
- Kontaktpflege und Terminübersicht zu behandelnden Ärzten des »Bezugskindes« (z. B. regelmäßige, notwendig stattfindende Zahnarzttermine)
- Kontaktpflege zu neigungsbedingten Aktivitäten des »Bezugskindes« (z. B. Sportvereine etc.)
- Verwaltung der Gelder der »Bezugskindes« (z. B. Taschengeld, Bekleidungsgeld, Geburtstags- und Weihnachtsgeschenkegeld, ggf. Hygienegeld, ggf. Gelder für Urlaubsreisen etc.)
- Erstellen eines Entwicklungsberichts des »Bezugskindes«
- Kontaktpflege zum Elternhaus und/oder weiteren Verwandten des »Bezugskindes«
- Fortschreiben des Hilfeplans (§ 36 SGB VIII) des »Bezugskindes«
- organisatorische Verantwortung für Feste und Feiern des »Bezugskindes« (z. B. Geburtstage, Konfirmation/Kommunion/Jugendweihe etc.)

Dadurch bekommt der Begriff »Bezug« im Sinne einer »Beziehung« bei diesen organisatorisch-administrativen Aufgaben wenig Gestalt und Lebendigkeit. Als einer der gedanklichen Urväter des »Bezugsbetreuersystems« zählt Bruno Bettelheim (Thesing, 2001, 138). Schon ihm war es wichtig, dass der »Bezugsbetreuer« tatsächlich eine Beziehung zu seinem »Bezugskind« aufbaut und eingeht. Insofern sollte sich dieser konzeptionelle Schwerpunkt der Kinder- und Jugendheime nicht nur auf die organisatorisch-administrativen Aufgaben reduzieren.

So rekurrieren Lohaus, Vierhaus und Maass (2010, 99), dass es unerlässlich sei, dem Kind/Jugendlichen im Heim positive Bindungserfahrungen zu ermöglichen. Diese können im Sinne eines Bezugsbetreuersystems durch eine gelungene, positiv konnotierte, heilpädagogische Beziehungsgestaltung in einem Kinder- und Jugendheim auf- und ausgebaut werden (Flosdorf, 2009, 18). Wichtige Impulse für eine positiv konnotierte heilpädagogische Beziehungsgestaltung liefert das »dialogische Prinzip« von Martin Buber (Köhn, 2013, 73).

»Der Mensch wird am Du zum Ich« ist die zentrale Aussage Martin Bubers und der elementare Kern des »Dialogischen Prinzips« (Buber, 1997, 32). Eine Möglichkeit der Heilpädagogin, eine positiv konnotierte, dialogische Beziehung zu einem Kind oder Jugendlichen aufzubauen, ist es, eine sogenannte »dialogische Schnittmenge« zwischen ihr (als »Ich«) und dem Kind/Jugendlichen (als »Du«) zu suchen, zu ergründen und auf- bzw. auszubauen.

Hierfür muss sich die Heilpädagogin, in der Tradition Paul Moors (»Erst verstehen, dann erziehen«), mit den Besonderheiten und Interessen des Kindes oder des Jugendlichen beschäftigen. Zentral leitende Fragestellungen dieser ressourcenorientieren Heilpädagogik sind dementsprechend »Was mag das Kind/der Jugendliche?«, »Wofür interessiert und begeistert sich das Kind/der Jugendliche?«, »Welche Affinitäten hat das Kind/der Jugendliche?« und/oder »Welche besonderen Begabungen hat das Kind/der Jugendliche?«.

Mithilfe dieser Kenntnis sollte es der Heilpädagogin leicht fallen, eine positiv konnotierte Beziehung zum Kind oder dem Jugendlichen aufzubauen und somit

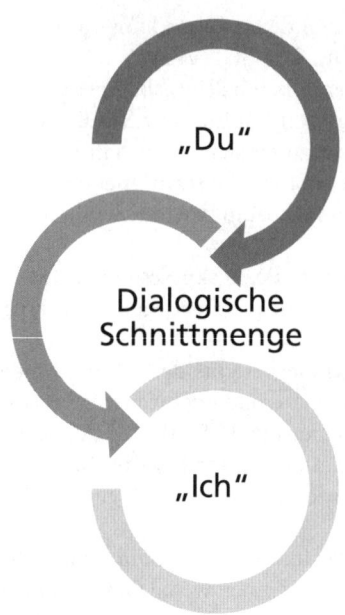

Abb. 14: Modell des »Dialogischen Prinzips«

den konzeptionellen Schwerpunkt des Bezugsbetreuer-Systems eines Kinder- und Jugendheims zur aktiven Umsetzung zu verhelfen.

Wie bereits im » Vorwort zur inhaltlichen Ausgestaltung« dieses Buches genannt, ist uns ein wichtiges Anliegen, auch Aspekte und konzeptionelle Schwerpunkte des »Qualitätsmanagements« aufzuzeigen. Im dritten Abschnitt (»Vereinbarungen über Leistungsangebote, Entgelte und Qualitätsentwicklung«) des Kinder- und Jugendhilfegesetzes (§§ 78a–g SGB VIII) verlangt der Sozialgesetzgeber eine kontinuierliche (konzeptionelle) Qualitätsentwicklung der Einrichtungen der Kinder- und Jugendhilfe. Drei wichtige konzeptionelle Schwerpunkte der Kinder- und Jugendheime mit heilpädagogischer Prägung wurden bereits dargestellt.

Ein weiterer konzeptioneller Schwerpunkt der Jugendheime mit heilpädagogischer Prägung sind die sogenannten »fakultativ geschlossenen Heimplätze« bzw. die geschlossene Unterbringung Jugendlicher. In den vergangenen Jahren haben sich im Wesentlichen drei Gründe herauskristallisiert, warum Kinder und Jugendliche geschlossen untergebracht werden müssen:

- stoffgebundene Suchtmittelabhängigkeit (z. B. Alkohol und Drogen wie »Crystal Meth« etc.) sowie die oftmals damit einhergehende Beschaffungskriminalität
- massive Schulabstinenz, der durch andere Möglichkeiten (u. a. durch § 1666, Abs. 3, Punkt 2 BGB) nicht mehr begegnet werden kann
- hochdelinquentes Verhalten von Kindern und jungen Jugendlichen, die nach § 19 StGB schuldunfähig oder nach §§ 20, 21 StGB nur eingeschränkt schuldfähig sind.

Der Gesetzgeber hat hierfür eigens 2008 den § 1631b BGB in Kraft treten lassen.

---

§ 1631b BGB »Mit Freiheitsentziehung verbundene Unterbringung«

Eine Unterbringung des Kindes, die mit Freiheitsentziehung verbunden ist, bedarf der Genehmigung des Familiengerichts. Die Unterbringung ist zulässig, wenn sie zum Wohl des Kindes, insbesondere zur Abwendung einer erheblichen Selbst- oder Fremdgefährdung, erforderlich ist und der Gefahr nicht auf andere Weise, auch nicht durch andere öffentliche Hilfen, begegnet werden kann. Ohne die Genehmigung ist die Unterbringung nur zulässig, wenn mit dem Aufschub Gefahr verbunden ist; die Genehmigung ist unverzüglich nachzuholen.

Auch der zuvor genannte § 42, Abs. 5 SGB VIII wurde dementsprechend geändert.

---

§ 42 SGB VIII »Inobhutnahme von Kindern und Jugendlichen«

(5) Freiheitsentziehende Maßnahmen im Rahmen der Inobhutnahme sind nur zulässig, wenn und soweit sie erforderlich sind, um eine Gefahr für Leib oder Leben des Kindes oder des Jugendlichen oder eine Gefahr für Leib oder Leben Dritter abzuwenden. Die Freiheitsentziehung ist ohne gerichtliche Entscheidung spätestens mit Ablauf des Tages nach ihrem Beginn zu beenden.

(6) Ist bei der Inobhutnahme die Anwendung unmittelbaren Zwangs erforderlich, so sind die dazu befugten Stellen hinzuzuziehen.

4.3.1 Exkurs in Sachen »Die Assistenz und Anwaltschaft der Heilpädagogik«

Im Jahr 2015 flohen ca. 60.000 minderjährige Kinder und Jugendliche ohne Eltern vor Terror und Krieg nach Deutschland. Diese hoch- und mehrfach traumatisierten Kinder und Jugendlichen benötigen besonderen Schutz und Unterstützung durch die Gesellschaft. Der Sozialgesetzgeber hat reagiert und ab dem 1. Januar 2016 das SGB VIII um die §§ 42a bis 42f ergänzt.

- § 42a SGB VIII » Vorläufige Inobhutnahme von ausländischen Kindern und Jugendlichen nach unbegleiteter Einreise«
- § 42b SGB VIII » Verfahren zur Verteilung unbegleiteter ausländischer Kinder und Jugendlicher«
- § 42c SGB VIII »Aufnahmequote«
- § 42d SGB VIII »Übergangsregelung«
- § 42e SGB VIII »Berichtspflicht«
- § 42f SGB VIII »Behördliches Verfahren zur Altersfeststellung«

Wie man den Überschriften der jeweiligen Paragraphen entnehmen kann, geht es bei der Novellierung des SGB VIII im Wesentlichen um die Zuordnung und um das Verwaltungsverfahren für unbegleitete minderjährige Flüchtlinge (UMF) als Asylbeantragende. Deren Situation wird die stationäre Jugendhilfe vor eine noch nie zuvor dagewesene Aufgabe stellen. Gerade hier ist die Heilpädagogik als Pädagogik unter erschwerten Bedingungen (Haeberlin, 1996, 13) gefragt.

Die konkrete Assistenz und Anwaltschaft der Heilpädagogik

- Kinder und Jugendliche, die durch das zuständige Jugendamt in Obhut genommen wurden, sind traumatisiert.
- Die Inobhutnahme geschieht i. d. R. gegen den Willen der Eltern, auf Wunsch des Kindes/Jugendlichen oder aufgrund der Tatsache, dass bei den Eltern keine Zustimmung eingeholt werden kann (§ 42 SGB VIII).
- Die rechtliche Grundlage für Kinder- und Jugendheime ergibt sich aus § 34 SGB VIII und gibt eine klare Zielrichtung vor. Das Kind/den Jugendlichen in seine Ursprungsfamilie wieder zurückzuführen, ist eine wichtige Prämisse. Hierfür muss die Heilpädagogin im Kinder- und Jugendheim einen Hilfeplan (Case-Management) im Sinne des § 36 SGB VIII aufstellen.
- Die heilpädagogische Zielsetzung mit dem Kind/dem Jugendlichen orientiert sich immer an der aktuellen Lebenswelt des Kindes/Jugendlichen (lebensweltorientierter Ansatz).
- Einrichtungen der stationären Kinder- und Jugendhilfe (Kinder- und Jugendheime) sollten möglichst im Sozialraum entstehen und geführt werden (Sozialraumorientierung), gemäß § 80 SGB VIII.
- Die Beziehungsgestaltung (i. S. d. »dialogischen Prinzips«) ist ein elementar wichtiges heilpädagogisches Merkmal in der Arbeit mit traumatisierten Kindern und Jugendlichen in Kinder- und Jugendheimen.
- Eine konzeptionelle Besonderheit der Kinder- und Jugendheime sind sogenannte »geschlossene Heimplätze«, diese unterliegen besonderen rechtlichen Bedingungen (§ 1631b BGB und § 42, Abs. 5 SGB VIII).
- Die heilpädagogische Arbeit mit »unbegleiteten minderjährigen Flüchtlingen« (UMF) in Einrichtungen der Kinder- und Jugendhilfe wird in Zukunft zunehmen und die Heilpädagogin vor neue Herausforderungen stellen.

4.4 Rechtliche Grundlagen der vollstationären Wohneinrichtungen für Menschen mit Behinderung

Ohne Zweifel ist eine Wurzel der Heilpädagogik in der stationären Behindertenhilfe verortet. Die Begründer der Heilpädagogik, Heinrich Marianus Deinhardt,

Jan-Daniel Georgens und Jeanne Marie von Gayette, leiteten im Jahr 1861 ein Internat für Menschen mit mentalen Beeinträchtigungen (Kobi, 2004, 129). Insofern ist die stationäre Behindertenhilfe (z. B. Wohneinrichtungen für Menschen mit Behinderung) ein traditionell wichtiges Berufs- und Handlungsfeld für ausgebildete und studierte Heilpädagoginnen.

Menschen mit Behinderung haben ein Recht auf Hilfen und Unterstützung des Sozialstaates, besagt das sechste Kapitel des SGB XII (Sozialhilfe) unter der Überschrift »Eingliederungshilfe für behinderte Menschen«. Inwiefern der Begriff »Eingliederungshilfe« im Kontext der immer lauter werdenden Diskussion um Inklusion und gleichberechtigter Teilhabe noch zeitgemäß ist, sollte sozialpolitisch weiter diskutiert werden. Dieser Rechtsanspruch auf »Eingliederungshilfe« für Menschen mit Behinderung ergibt sich aus § 53 SGB XII. Oftmals können erwachsene Menschen mit Behinderungen, insbesondere mit mentalen/kognitiven Behinderungen (sogenannte »geistig« behinderte Menschen), diesen Anspruch bzw. diesen Antrag aufgrund der mentalen/kognitiven Behinderung nicht stellen, da sie »geschäftsunfähig« sind.

---

§ 104 BGB »Geschäftsunfähigkeit«

Geschäftsunfähig ist:

1. wer nicht das siebente Lebensjahr vollendet hat,
2. wer sich in einem die freie Willensbestimmung ausschließenden Zustand krankhafter Störung der Geistestätigkeit befindet, sofern nicht der Zustand seiner Natur nach ein vorübergehender ist.

Insofern können erwachsene Menschen mit mentalen/kognitiven Behinderungen auch keinen Antrag auf Leistungen nach dem § 53 SGB XII stellen, da vorausgesetzt wird, dass sie aufgrund der Behinderung keinen rechtskräftigen Willen haben bzw. bilden können.

---

§ 105 BGB »Nichtigkeit der Willenserklärung«

(1) Die Willenserklärung eines Geschäftsunfähigen ist nichtig.

(2) Nichtig ist auch eine Willenserklärung, die im Zustand der Bewusstlosigkeit oder vorübergehender Störung der Geistestätigkeit abgegeben wird.

Den Antrag auf Leistungen nach dem Sozialgesetzbuch kann dann der »rechtliche Betreuer« (§§ 1896 ff. BGB) für diese erwachsenen Menschen stellen. Bei Kindern und Jugendlichen mit mentalen/kognitiven Behinderungen müssten die Inhaber der elterlichen Sorge (§§ 1626 ff. BGB) den entsprechenden Antrag stellen. Die Erläuterungen zur »rechtlichen Betreuung« und zur »elterlichen Sorge« finden Sie im Kapitel 3.

---

§ 53 SGB XII »Leistungsberechtigte und Aufgabe«

(1) Personen, die durch eine Behinderung im Sinne von § 2 Abs. 1 Satz 1 des Neunten Buches wesentlich in ihrer Fähigkeit, an der Gesellschaft teilzuhaben, eingeschränkt oder von einer solchen wesentlichen Behinderung bedroht sind, erhalten Leistungen der Eingliederungshilfe, wenn und solange nach der Besonderheit des Einzelfalles, insbesondere nach Art oder Schwere der Behinderung, Aussicht besteht, dass die Aufgabe der Eingliederungshilfe erfüllt werden kann. Personen mit einer anderen körperlichen, geistigen oder seelischen Behinderung können Leistungen der Eingliederungshilfe erhalten.

(2) Von einer Behinderung bedroht sind Personen, bei denen der Eintritt der Behinderung nach fachlicher Erkenntnis mit hoher Wahrscheinlichkeit zu erwarten ist. Dies gilt für Personen, für die vorbeugende Gesundheitshilfe und Hilfe bei Krankheit nach den §§ 47 und 48 erforderlich ist, nur, wenn auch bei Durchführung dieser Leistungen eine Behinderung einzutreten droht.

(3) Besondere Aufgabe der Eingliederungshilfe ist es, eine drohende Behinderung zu verhüten oder eine Behinderung oder deren Folgen zu beseitigen oder zu mildern und die behinderten Menschen in die Gesellschaft einzugliedern. Hierzu gehört insbesondere, den behinderten Menschen die Teilnahme am Leben in der Gemeinschaft zu ermöglichen oder zu erleichtern, ihnen die Ausübung eines angemessenen Berufs oder einer sonstigen angemessenen Tätigkeit zu ermöglichen oder sie so weit wie möglich unabhängig von Pflege zu machen.

(4) Für die Leistungen zur Teilhabe gelten die Vorschriften des Neunten Buches, soweit sich aus diesem Buch und den auf Grund dieses Buches erlassenen Rechtsverordnungen nichts Abweichendes ergibt. Die Zuständigkeit und die Voraussetzungen für die Leistungen zur Teilhabe richten sich nach diesem Buch.

Zum besseren Verständnis und zur Erläuterung des sogenannten »Behinderungsbegriffs« nach § 2, Abs. 1, Satz 1 SGB IX, wie er im § 53, Abs. 1 SGB XII genannt wird:

---

§ 2 SGB IX »Behinderung«

(1) Menschen sind behindert, wenn ihre körperliche Funktion, geistige Fähigkeit oder seelische Gesundheit mit hoher Wahrscheinlichkeit länger als sechs Monate von dem für das Lebensalter typischen Zustand abweichen und daher ihre Teilhabe am Leben in der Gesellschaft beeinträchtigt ist. Sie sind von Behinderung bedroht, wenn die Beeinträchtigung zu erwarten ist.

Zu beachten ist, dass § 53, Abs. 1 SGB XII den »Behinderungsbegriff« nach § 2, Abs. 1 SGB IX in den Bereichen der gesellschaftlichen Teilhabe von Menschen mit Behinderung deutlich hervorhebt und konkretisiert. Es geht dem Sozialgesetzgeber bei der Definition von »Behinderung« im SGB XII nicht »nur« um körperlich/somatische Einschränkungen. Vielmehr sind Aspekte der eingeschränkten Teilhabe am gesellschaftlichen Leben für Menschen mit Behinderung ein ausschlaggebender Gradmesser (Münder et al., 2005, 399). Zudem rekurriert der Sozialgesetzgeber im § 53, Abs. 1 SGB XII auf den sogenannten Einzelfall. Mit diesem Terminus wird abermals klargestellt, dass sich Leistungen des SGB XII immer nach dem Einzelfall (siehe auch § 9 SGB XII) richten müssen, so auch die Leistungen der »Eingliederungshilfe«.

---

§ 9 SGB XII »Sozialhilfe nach der Besonderheit des Einzelfalles«

(1) Die Leistungen richten sich nach der Besonderheit des Einzelfalles, insbesondere nach der Art des Bedarfs, den örtlichen Verhältnissen, den eigenen Kräften und Mitteln der Person oder des Haushalts bei der Hilfe zum Lebensunterhalt.

(2) Wünschen der Leistungsberechtigten, die sich auf die Gestaltung der Leistung richten, soll entsprochen werden, soweit sie angemessen sind. Wünschen der Leistungsberechtigten, den Bedarf stationär oder teilstationär zu decken, soll nur entsprochen werden, wenn dies nach der Besonderheit des Einzelfalles erforderlich ist, weil anders der Bedarf nicht oder nicht ausreichend gedeckt werden kann und wenn mit der Einrichtung Vereinbarungen nach den Vorschriften des Zehnten Kapitels dieses Buches bestehen. Der Träger der Sozialhilfe soll in der Regel Wünschen nicht entsprechen, deren Erfüllung mit unverhältnismäßigen Mehrkosten verbunden wäre.

(3) Auf Wunsch der Leistungsberechtigten sollen sie in einer Einrichtung untergebracht werden, in der sie durch Geistliche ihres Bekenntnisses betreut werden können.

Auch der § 53 SGB XII offenbart einen deduktiven Aufbau. Während im ersten Absatz noch allgemein der Behinderungsbegriff erläutert wird, konkretisiert der Sozialgesetzgeber im dritten Absatz desselben Paragraphen die besonderen Aufgaben der »Eingliederungshilfe« für Menschen mit Behinderung. Der Terminus »besondere« im Absatz 2 signalisiert eine nichtabschließende, exemplarische Aufzählung der Aufgaben der »Eingliederungshilfe«:

- eine drohende Behinderung zu verhüten,
- eine Behinderung bzw. deren Folgen zu beseitigen oder
- zu mildern.

So zählt es auch zu den Leistungen (Aufgaben) der »Eingliederungshilfe«, den Verlauf einer progredienten Behinderungsform (z. B. Multiple Sklerose) zu verlangsamen.

Weiterführend konkretisiert der Sozialgesetzgeber im § 54 SGB XII die Leistungen der »Eingliederungshilfe«. Da jedoch Leistungen nach dem SGB XII immer dem »Einzelfall« angepasst sein müssen, sind auch die Aufzählungen in diesem Paragraphen nicht abschließend.

§ 54 SGB XII »Leistungen der Eingliederungshilfe«

(1) Leistungen der Eingliederungshilfe sind neben den Leistungen nach den §§ 26, 33, 41 und 55 des Neunten Buches insbesondere

1. Hilfen zu einer angemessenen Schulbildung, insbesondere im Rahmen der allgemeinen Schulpflicht und zum Besuch weiterführender Schulen einschließlich der Vorbereitung hierzu; die Bestimmungen über die Ermöglichung der Schulbildung im Rahmen der allgemeinen Schulpflicht bleiben unberührt,
2. Hilfe zur schulischen Ausbildung für einen angemessenen Beruf einschließlich des Besuchs einer Hochschule,
3. Hilfe zur Ausbildung für eine sonstige angemessene Tätigkeit,
4. Hilfe in vergleichbaren sonstigen Beschäftigungsstätten nach § 56,
5. nachgehende Hilfe zur Sicherung der Wirksamkeit der ärztlichen und ärztlich verordneten Leistungen und zur Sicherung der Teilhabe der behinderten Menschen am Arbeitsleben.

Die Leistungen zur medizinischen Rehabilitation und zur Teilhabe am Arbeitsleben entsprechen jeweils den Rehabilitationsleistungen der gesetzlichen Krankenversicherung oder der Bundesagentur für Arbeit.

(2) Erhalten behinderte oder von einer Behinderung bedrohte Menschen in einer stationären Einrichtung Leistungen der Eingliederungshilfe, können ihnen oder ihren Angehörigen zum gegenseitigen Besuch Beihilfen geleistet werden, soweit es im Einzelfall erforderlich ist.

(3) Eine Leistung der Eingliederungshilfe ist auch die Hilfe für die Betreuung in einer Pflegefamilie, soweit eine geeignete Pflegeperson Kinder und Jugendliche über Tag und Nacht in ihrem Haushalt versorgt und dadurch der Aufenthalt in einer vollstationären Einrichtung der Behindertenhilfe vermieden oder beendet werden kann. Die Pflegeperson bedarf einer Erlaubnis nach § 44 des Achten Buches. Diese Regelung tritt am 31. Dezember 2018 außer Kraft.

Im ersten Absatz des § 54 SGB XII werden Leistungen der »Eingliederungshilfe« für Menschen mit Behinderung in Schulen, Hochschulen und bei der Teilhabe am Arbeitsleben erörtert. Schwierig ist jedoch die Tatsache, dass das »Schulrecht« hoheitlich in die Verantwortung der einzelnen Bundesländer fällt und der entsprechende Absatz rechtsunspezifisch ist. Allein der Begriff »angemessen« lässt viel Interpretationsspielraum. In den vergangenen Jahren mussten immer wieder Gerichte zur »Eingliederungshilfe« für eine »angemessene« Schulbildung für Kinder und Jugendliche mit Behinderung urteilen. Kinder und Jugendliche mit Behinderung, Eltern, Schulen (Integrations- und/oder Förderschulen) und Schulhelfer/ Schulbegleiter wurden teilweise wochenlang im Unklaren gehalten.

Im Absatz 2 des § 54 SGB XII wird klargestellt, dass Menschen mit Behinderung auch Leistungen der »Eingliederungshilfe« in stationären Wohneinrichtungen erhalten können. Zudem bekommen Angehörige – im Einzelfall – Zuschüsse (z. B. Fahrtkostenzuschüsse) für Besuche. Die rechtlichen Grundlagen für eine stationäre »Eingliederungshilfe« für Menschen mit Behinderung in Wohneinrichtungen der Behindertenhilfe findet sich im § 13 SGB XII wieder:

---

§ 13 SGB XII »Leistungen für Einrichtungen, Vorrang anderer Leistungen«

(1) Die Leistungen können entsprechend den Erfordernissen des Einzelfalles für die Deckung des Bedarfs außerhalb von Einrichtungen (ambulante Leistungen), für teilstationäre oder stationäre Einrichtungen (teilstationäre oder stationäre Leistungen) erbracht werden. Vorrang haben ambulante Leistungen vor teilstationären und stationären Leistungen sowie teilstationäre vor stationären Leistungen. Der Vorrang der ambulanten Leistung gilt nicht, wenn eine Leistung für eine geeignete stationäre Einrichtung zumutbar und eine ambulante Leistung mit unverhältnismäßigen Mehrkosten verbunden ist. Bei der Entscheidung ist zunächst die Zumutbarkeit zu prüfen. Dabei sind die persönlichen, familiären und örtlichen Umstände angemessen zu berücksichtigen. Bei Unzumutbarkeit ist ein Kostenvergleich nicht vorzunehmen.

(2) Einrichtungen im Sinne des Absatzes 1 sind alle Einrichtungen, die der Pflege, der Behandlung oder sonstigen nach diesem Buch zu deckenden Bedarfe oder der Erziehung dienen.

Erfreulich ist, dass der Sozialgesetzgeber den Grundsatz »ambulant vor stationär« in diesen Paragraphen integriert hat. Umso problematischer ist die Tatsache, dass gleichwohl Kostenaspekte diesen Grundsatz im darauffolgenden Satz agitieren und somit oftmals ad absurdum führen. Oben wurde bereits auf die Nichtübereinstimmung des § 13 SGB XII mit dem Art. 19, Punkt a der UN-Behindertenrechtskonvention verwiesen.

Im ersten Bericht des Bundesministeriums für Familie, Senioren, Frauen und Jugend (BMFSFJ) zur Situation von Heimen aus dem Jahr 2006 (Punkt 7.5: »Strukturdaten der stationären Behindertenhilfe«, Stand 2003) geht hervor, dass zu diesem Zeitpunkt annähernd 179.000 Menschen mit Behinderungen in stationären Wohneinrichtungen der »Eingliederungshilfe« (Behindertenhilfe) leben bzw. leben möchten. Wesentliche Beweggründe für erwachsene Menschen mit mentalen/kognitiven Behinderungen, in eine vollstationäre Wohneinrichtung der Behindertenhilfe zu ziehen, sind zum einen, dass die Eltern (oder andere Angehörige) mit der Versorgung des erwachsenen Menschen mit Behinderung, oftmals altersbedingt, überfordert sind, und zum anderen, dass der erwachsene Mensch mit Behinderung diesen Wunsch äußert. Da vollstationäre Wohnformen der Behindertenhilfe zu den Leistungen der »Eingliederungshilfe« (§ 13 i. V. m. § 54 SGB XII) zählen, kann nun der rechtliche Betreuer (§§ 1896 ff. BGB) für den erwachsenen Menschen mit mentaler/kognitiver Behinderung einen Antrag auf diese

Leistungen stellen. Der Antrag muss beim Leistungserbringer, dem sogenannten »überörtlichen Träger des Sozialamtes« (in der Regel), gemäß § 97, Abs. 3, Punkt 1 SGB XII gestellt werden.

---

§ 97 SGB XII »Sachliche Zuständigkeit«

(1) Für die Sozialhilfe sachlich zuständig ist der örtliche Träger der Sozialhilfe, soweit nicht der überörtliche Träger sachlich zuständig ist.

(2) Die sachliche Zuständigkeit des überörtlichen Trägers der Sozialhilfe wird nach Landesrecht bestimmt. Dabei soll berücksichtigt werden, dass so weit wie möglich für Leistungen im Sinne von § 8 Nr. 1 bis 6 jeweils eine einheitliche sachliche Zuständigkeit gegeben ist.

(3) Soweit Landesrecht keine Bestimmung nach Absatz 2 Satz 1 enthält, ist der überörtliche Träger der Sozialhilfe für

1. Leistungen der Eingliederungshilfe für behinderte Menschen nach den §§ 53 bis 60,
2. Leistungen der Hilfe zur Pflege nach den §§ 61 bis 66,
3. Leistungen der Hilfe zur Überwindung besonderer sozialer Schwierigkeiten nach den §§ 67 bis 69,
4. Leistungen der Blindenhilfe nach § 72

sachlich zuständig.

(4) Die sachliche Zuständigkeit für eine stationäre Leistung umfasst auch die sachliche Zuständigkeit für Leistungen, die gleichzeitig nach anderen Kapiteln zu erbringen sind, sowie für eine Leistung nach § 74.

(5) Die überörtlichen Träger sollen, insbesondere bei verbreiteten Krankheiten, zur Weiterentwicklung von Leistungen der Sozialhilfe beitragen. Hierfür können sie die erforderlichen Einrichtungen schaffen oder fördern.

Die sachliche und finanzielle Verantwortung für die Eingliederungshilfeleistung »Wohnen« liegt beim »überörtlichen Träger der Sozialhilfe« des jeweiligen Bundeslandes bzw. der Kommune.

Das sogenannte »Subsidiaritätsprinzip« verpflichtet die Leistungserbringer der entsprechenden SGBs (z. B. überörtliche Sozialhilfeträger, öffentlicher Jugendhilfeträger etc.) zur Zusammenarbeit mit Kirchen, Wohlfahrtsverbänden und freien Trägern. Dieses Subsidiaritätsprinzip findet sich in § 5, Abs. 2 SGB XII und für den Bereich der stationären Wohnformen gleichwohl im § 75, Abs. 2 SGB XII wieder:

§ 5 SGB XII »Verhältnis zur freien Wohlfahrtspflege«

(2) Die Träger der Sozialhilfe sollen bei der Durchführung dieses Buches mit den Kirchen und Religionsgesellschaften des öffentlichen Rechts sowie den Verbänden der freien Wohlfahrtspflege zusammenarbeiten. Sie achten dabei deren Selbständigkeit in Zielsetzung und Durchführung ihrer Aufgaben.

(3) Die Zusammenarbeit soll darauf gerichtet sein, dass sich die Sozialhilfe und die Tätigkeit der freien Wohlfahrtspflege zum Wohle der Leistungsberechtigten wirksam ergänzen. Die Träger der Sozialhilfe sollen die Verbände der freien Wohlfahrtspflege in ihrer Tätigkeit auf dem Gebiet der Sozialhilfe angemessen unterstützen.

§ 75 SGB XII »Einrichtungen und Dienste«

(2) Zur Erfüllung der Aufgaben der Sozialhilfe sollen die Träger der Sozialhilfe eigene Einrichtungen nicht neu schaffen, soweit geeignete Einrichtungen anderer Träger vorhanden sind, ausgebaut oder geschaffen werden können. Vereinbarungen nach Absatz 3 sind nur mit Trägern von Einrichtungen abzuschließen, die insbesondere unter Berücksichtigung ihrer Leistungsfähigkeit und der Sicherstellung der Grundsätze des § 9 Abs. 1 zur Erbringung der Leistungen geeignet sind. Sind Einrichtungen vorhanden, die in gleichem Maße geeignet sind, hat der Träger der Sozialhilfe Vereinbarungen vorrangig mit Trägern abzuschließen, deren Vergütung bei vergleichbarem Inhalt, Umfang und Qualität der Leistung nicht höher ist als die anderer Träger.

Zusammenfassend kann konstatiert werden: Der rechtliche Betreuer stellt für den erwachsenen Menschen mit mentaler/kognitiver Behinderung (**A**) beim zuständigen überörtlichen Träger der Sozialhilfe einen Antrag auf Leistungen der »Eingliederungshilfe« in einer Wohneinrichtung (**B**). Dieser bemächtigt zur Erfüllung der Aufgabe einen freien Einrichtungsträger (**C**) mit der Durchführung der »Eingliederungshilfemaßnahme«.

4.4.1 Das sozial- und jugendhilferechtliche (subsidiäre) Dreiecksverhältnis

Wichtig: Dieses sozialhilferechtliche (subsidiäre) Dreiecksverhältnis lässt sich gleichwohl auch auf die *Einrichtungen der Frühförderung* (**A**: Inhaber der elterlichen Sorge, **B**: Krankenkassen- oder Sozialhilfeträger und **C**: SPZ oder IFF) und die *Einrichtungen der Kinder- und Jugendhilfe* (**A**: Inhaber der elterlichen Sorge oder das Kind/der Jugendliche selbst, **B**: zuständiges Jugendamt und **C**: Kindertagesstätte oder Kinder- und Jugendheim) übertragen.

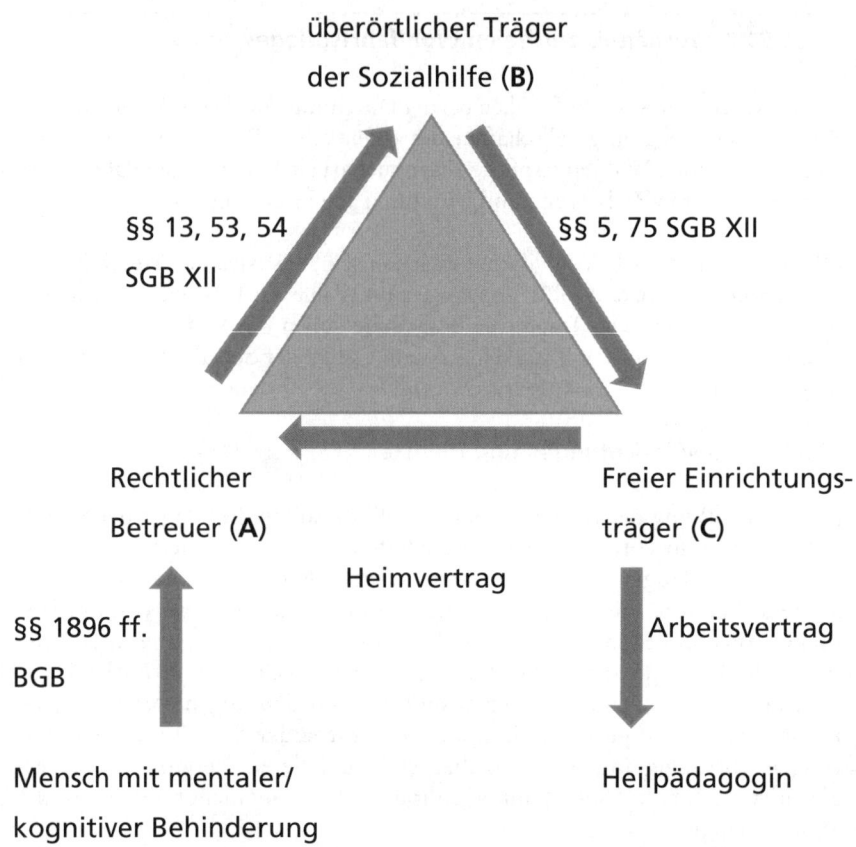

überörtlicher Träger
der Sozialhilfe (B)

§§ 13, 53, 54
SGB XII

§§ 5, 75 SGB XII

Rechtlicher
Betreuer (A)

Freier Einrichtungs-
träger (C)

Heimvertrag

§§ 1896 ff.
BGB

Arbeitsvertrag

Mensch mit mentaler/
kognitiver Behinderung

Heilpädagogin

Abb. 15: Das sozialhilferechtliche (subsidiäre) Dreiecksverhältnis

Im Rahmen einer sehr umfassenden Reform des Sozialhilferechts im Jahr 1996 (Bundesgesetzblatt vom 29. Juli 1996, Teil I, Nr. 38, 1088 ff.) wurde das Verhältnis zwischen dem Sozialhilfeträger und den Einrichtungsträgern fundamental neu geregelt. So wurde zum Beispiel der Wettbewerbsgedanke zwischen den Einrichtungen rechtlich deutlich hervorgehoben (siehe § 75, Abs. 2, Satz 3 SGB XII). Eine Neuerung durch diese Sozialhilferechtsreform fordert die Anwaltschaft der Heilpädagogik – bis heute – besonders. Im § 76, Abs. 2 SGB XII verlangt der Sozialgesetzgeber, dass Leistungsberechtigte (Menschen mit Behinderung) nach »Gruppen vergleichbaren Hilfebedarfs« kategorisiert und dementsprechend als »Maßnahmenpauschale« abgerechnet werden.

> **§ 76 SGB XII »Inhalt der Vereinbarungen«**
>
> (2) Vergütungen für die Leistungen nach Absatz 1 bestehen mindestens aus den Pauschalen für Unterkunft und Verpflegung (Grundpauschale) und für die

Maßnahmen (Maßnahmepauschale) sowie aus einem Betrag für betriebsnotwendige Anlagen einschließlich ihrer Ausstattung (Investitionsbetrag). Förderungen aus öffentlichen Mitteln sind anzurechnen. Die Maßnahmepauschale kann nach Gruppen für Leistungsberechtigte mit vergleichbarem Bedarf kalkuliert werden. Einer verlangten Erhöhung der Vergütung auf Grund von Investitionsmaßnahmen braucht der Träger der Sozialhilfe nur zuzustimmen, wenn er der Maßnahme zuvor zugestimmt hat.

Diese Maßnahmenpauschale wird in den meisten Bundesländern über das sogenannte »Metzler-Verfahren« errechnet. Im Metzler-Verfahren werden sieben individuelle Lebensbereiche des Menschen mit Behinderung begutachtet und bewertet:

- alltägliche Lebensführung
- individuelle Basisversorgung
- Gestaltung sozialer Beziehungen
- Teilnahme am kulturellen und gesellschaftlichen Leben
- Kommunikation und Orientierung
- emotionale und psychische Entwicklung
- Gesundheitsförderung und -erhaltung.

Mithilfe der Kategorisierungen »kann«, »kann mit Schwierigkeiten« und »kann nicht«, wird der Mensch mit Behinderung in insgesamt 34 Unterpunkten zu den jeweilig genannten Bereichen in fünf Hilfebedarfsgruppen klassifiziert. Die Hilfebedarfsgruppe 1 des »Metzler-Verfahrens« kennzeichnet den geringsten Hilfebedarf und die Hilfebedarfsgruppe 5 macht den höchsten Hilfebedarf für den jeweiligen Menschen mit Behinderung deutlich.

Die meisten Träger der Sozialhilfe der jeweiligen Bundesländer gehen davon aus, dass Menschen mit Behinderung der Hilfebedarfsgruppe 1 und 2 nicht in vollstationären Wohneinrichtungen der Behindertenhilfe leben (müssen). Problematisch ist, dass die Hilfebedarfsgruppe des jeweiligen Menschen mit Behinderung den Förder- bzw. Betreuungsbedarf durch die Heilpädagogin kennzeichnet.

Das heißt, je höher der Hilfebedarf des Menschen mit Behinderung ist, je höher ist der Stellenanteil für Förderung und Betreuung durch die Heilpädagogin. Wenn die Heilpädagogin ihrer Tätigkeit ressourcenorientiert und ganzheitlich nachgeht und den Menschen mit Behinderung durch eine gezielte Förderung zum Beispiel von Hilfebedarfsgruppe 4 auf Hilfebedarfsgruppe 3 bringt, gefährdet sie ihren eigenen Arbeitsplatz. Potenziert man diese Tatsache auf eine Wohneinrichtung mit z. B. 150 Wohnplätzen, kann der Einrichtungsträger kein strategisches Personalmanagement führen, da die Personalplanung im höchsten Grade von den Hilfebedarfsgruppen der Bewohner mit Behinderung abhängig ist. Es erklärt, warum Einrichtungsträger in der Vergangenheit überwiegend Stellen im Bereich »vollstationäres Wohnen für Menschen mit Behinderung« zeitlich befristet besetzt haben, da diese ja den Hilfebedarf von den ihnen anvertrauten Menschen mit Behinderung strategisch (langfristig) nicht »berechnen« konnten.

Der systembedingte Fehler ist jedoch noch gravierender. Diese unsichere berufliche Perspektive führt dazu, dass immer weniger junge Menschen das Berufsziel Heilerziehungspflege oder Heilpädagogik in stationären Wohneinrichtungen der Behindertenhilfe anstreben.

Im Jahr 2001 wurde das Heimgesetz umfangreich novelliert (Crößmann/Iffland/Mangels, 2002, 10). Die gesetzlichen Regelungen des Heimgesetzes (HeimG) gelten nach § 1, Abs. 1 HeimG auch für vollstationäre Wohneinrichtungen für Menschen mit Behinderung.

---

§ 1 HeimG »Anwendungsbereich«

(1) Dieses Gesetz gilt für Heime. Heime im Sinne dieses Gesetzes sind Einrichtungen, die dem Zweck dienen, ältere Menschen oder pflegebedürftige oder behinderte Volljährige aufzunehmen, ihnen Wohnraum zu überlassen sowie Betreuung und Verpflegung zur Verfügung zu stellen oder vorzuhalten, und die in ihrem Bestand von Wechsel und Zahl der Bewohnerinnen und Bewohner unabhängig sind und entgeltlich betrieben werden.

Besonders bedeutungsvoll für die Heilpädagogik ist der § 11, Punkt 2 HeimG, da hier explizit »heilpädagogische Leistungen« für volljährige Menschen mit Behinderung genannt und gefordert werden.

---

§ 11 HeimG »Anforderungen an den Betrieb eines Heims«

(1) Ein Heim darf nur betrieben werden, wenn der Träger und die Leitung

2. die Selbständigkeit, die Selbstbestimmung und die Selbstverantwortung der Bewohnerinnen und Bewohner wahren und fördern, insbesondere bei behinderten Menschen die sozialpädagogische Betreuung und heilpädagogische Förderung sowie bei Pflegebedürftigen eine humane und aktivierende Pflege unter Achtung der Menschenwürde gewährleisten, [...]

Insbesondere die Tatsache, dass der Träger des Heimes (Einrichtung der stationären Wohneinrichtung für erwachsene Menschen mit Behinderung) nach § 11, Punkt 2 HeimG verpflichtet ist, »sozialpädagogische Betreuung *und* heilpädagogische Förderung« bereitzustellen, ist von großer Bedeutung. Liest man die entsprechenden Kommentare und Erläuterungen zum § 11, Punkt 2 des HeimG, fällt erstaunlicherweise auf, dass es keine Vorgaben oder Empfehlungen zum Terminus »heilpädagogische Förderung« gibt. Auch die entsprechende Bundestags-Drucksache 14/5399 vom 23. Februar 2001 (Entwurf eines dritten Gesetzes zur Änderung des Heimgesetzes) liefert weder im Text noch in der entsprechenden Begründung Antworten auf die Frage, was heilpädagogische Förderung im Sinne des Heimgesetzes sei.

Heilpädagogik in ihrem Mandat zwischen Assistenz und Anwaltschaft hat hier eine Chance, diesen unklaren Gestaltungsspielraum zu nutzen. Die Frage, was alles unter der gesetzlich geforderten »heilpädagogischen Förderung« subsumiert werden kann, kann hier nicht erschöpfend beantwortet werden, zumal die konzeptionellen Schwerpunkte der unterschiedlichen vollstationären Wohneinrichtungen der Behindertenhilfe zu verschieden sind.

Nichtsdestotrotz wollen wir im Folgenden einige Empfehlungen zu Aspekten der »heilpädagogischen Förderung«, die unserer Meinung nach zu wenig Beachtung in der Betreuung von Menschen mit Behinderung in vollstationären Wohneinrichtungen finden, abgeben.

Im Kapitel 4.3 wurde bereits darauf verwiesen, welchen Stellenwert die heilpädagogische Beziehungsgestaltung im Sinne des »dialogischen Prinzips« in vollstationären Wohneinrichtungen hat. Kondensiert man die drei Grundaussagen Paul Moors, wäre eine zentrale Erkenntnis: Heilpädagogik ist Beziehungsgestaltung! Der Aspekt der heilpädagogischen Beziehungsgestaltung sollte bzw. muss sich auch in der anthropologisch-kritischen Auswahl der Methoden der »heilpädagogischen Förderung« im Sinne des § 11, Punkt 2 HeimG wiederfinden. Heinz Krebs schreibt mahnend zur Auswahl der Methoden in der Förderung von (behinderten) Menschen:

> »Therapien oder Hilfsprogramme, die den Menschen zum Objekt von Methoden machen und die Qualität seiner Lebensmöglichkeiten trotz Behinderung dadurch wesentlich einschränken, verlieren ihren human vertretbaren Charakter« (Krebs, 1993, 33).

Es ist unabdingbar, dass die Heilpädagogin in der »heilpädagogischen Förderung« in einer Wohneinrichtung für Menschen mit Behinderung sowohl den Methoden den Vorzug gibt, die den Aspekt der Beziehungsgestaltung beinhalten, als auch die Notwendigkeit einer reflektierten kritischen Auswahl der Methode beachtet. Die Auseinandersetzung mit dem »kategorischen Imperativ« von Immanuel Kant ist hier sicherlich hilfreich und zielführend.

Zum Beispiel hat Wolfgang Praschak eine Methode entwickelt, die beide Aspekte der »heilpädagogischen Förderung« (i. S. d. § 11, Punkt 2 HeimG) und Beziehungsgestaltung in vollstationären Wohneinrichtungen für Menschen mit Behinderung vereinbaren. Insbesondere Menschen mit komplexen Behinderungen (früher auch »Schwerstmehrfachbehinderte« genannt) können von der von ihm entwickelten Methode der sogenannten »Sensumotorischen Kooperation« vielseitig profitieren (Praschak, 1987, 199 ff.). Ziel dieser Methode ist in allererster Linie der dialogische Beziehungsaufbau zwischen der Heilpädagogin und dem Menschen mit Behinderung mithilfe verschiedener Aspekte der sensorischen Wahrnehmungsförderung. Aspekte der sensorischen Wahrnehmungsförderung finden sich auch in Methoden, wie der »Basalen Stimulation®« nach Andreas Fröhlich und des »Snoezelen«. Bei der »Sensumotorischen Kooperation« wird jedoch die heilpädagogische Beziehungsgestaltung (»Erst verstehen, dann erziehen«) in den Fokus gerückt.

Die »sensumotorische Kooperation« ist nur eine von vielen Methoden, mit denen die Heilpädagogin in einer vollstationären Wohneinrichtung der Behindertenhilfe arbeiten kann. Es gibt unzählige weitere Methoden der »heilpädagogischen Förderung« (§ 11 HeimG). Die Heilpädagogin sollte sich immer die Frage stellen: »Was macht diese Methode heilpädagogisch?«!

4.4.2 Exkurs in Sachen »Die Assistenz der Heilpädagogik«

Wie im Kapitel 4.2.1 dargestellt, publizierte Jan-Daniel Georgens Bücher zum Thema »Spiel« und »Spielentwicklung«. Parallel dazu veröffentlichte sein Mitautor Heinrich Marianus Deinhardt ein Werk mit dem Schwerpunkt »Ästhetik«, das der Heilpädagogik zugehörig genannt werden sollte. In Theodor Hellers Werk »Grundriss der Heilpädagogik« ist eine aufschlussreiche Aussage des deutschen Hilfsschullehrers Max Kirmsse nachzulesen, welcher die Einrichtung von Deinhardt und Georgens in Baden (nahe Wien) besuchte:

> Die zahlreichen Zimmer und Säle erhielten reiche Illustrationen von Künstlerhänden, Bildhauer schufen zu diesem Zwecke Büsten und Statuen, unter anderem eine Pestalozzistatue« (Heller, 1925, 468).

Die Aussage Kirmsses zum Interieur der heilpädagogischen Anstalt »Levana« verdeutlicht, dass Georgens und Deinhardt der Aspekt der »Ästhetik« (im Wohnraum) offensichtlich wichtig war.

In einem 1922 erschienene Buch mit dem Titel »Beiträge zur Würdigung Schillers Briefe über ästhetische Erziehung des Menschen« von Heinrich Marianus Deinhardt setzt sich dieser mit dem Werk Friedrich Schillers auseinander und regt eine weitere vertiefende Auseinandersetzung der ästhetischen Erziehung als wichtiges Merkmal des Menschseins an.

Betrachtet man nun die Beobachtungen des deutschen Hilfsschullehrers Kirmsse und die gedankliche Auseinandersetzung Deinhardts zur ästhetischen Erziehung, muss man zu der Auffassung gelangen, dass »Ästhetische Wohnraumgestaltung« ein originär heilpädagogisches Thema der vollstationären Einrichtungen der Behindertenhilfe ist. Es ist bedauerlich, dass das Thema »Wohnraumgestaltung für/mit Menschen mit Behinderung« in der heil- und sonderpädagogischen Fachliteratur sowie im fachlichen Diskurs so wenig Beachtung findet, betrachtet man die hier genannte Anzahl von Menschen, die in vollstationären Einrichtungen der Behindertenhilfe leben. Es stünde der Heilpädagogik (in der Behindertenhilfe) gut zu Gesicht, sich diesem historisch ihr angemessenen Thema »ästhetische Wohnraumgestaltung« wieder anzunehmen. Heilpädagogische Förderung im Sinne des § 11 HeimG durch »ästhetische Wohnraumgestaltung« könnte ein wichtiger konzeptioneller Schwerpunkt der vollstationären Wohneinrichtungen der Behindertenhilfe werden und sein.

Die konkrete Assistenz und Anwaltschaft der Heilpädagogik

- Erwachsene Menschen mit mentalen/kognitiven Behinderungen werden im Rahmen der »Eingliederungshilfe« auch in vollstationären Wohneinrichtungen der Behindertenhilfe betreut und gefördert (§§ 53, 54 SGB XII)
- Leistungen der »Eingliederungshilfe« (§§ 53, 54 SGB XII) müssen »einzelfallbezogen« beantragt und vom Sozialhilfeträger jeweils im Einzelfall bearbeitet/ bewertet werden (u. a. § 9 SGB XII)
- Menschen mit Behinderung in vollstationären Wohneinrichtungen der Behindertenhilfe werden nach »Gruppen vergleichbaren Hilfebedarfs« zusammenge-

fasst. Der entsprechende Hilfebedarf wird daran berechnet (§ 76 SGB XII). An dieser Berechnung misst sich als sogenannte »Maßnahmenpauschale« der Umfang (zeitlich und finanziell) des Förderauftrages der Heilpädagogin.

- Im § 11, Punkt 2 des Heimgesetzes (HeimG) wird in Einrichtungen der Behindertenhilfe für erwachsene Menschen von den Einrichtungsträgern ausdrücklich »heilpädagogische Förderung« abverlangt. Die inhaltliche Ausgestaltung des Terminus »heilpädagogische Förderung« nach dem HeimG ist derzeit nirgends definiert.

  Der Heilpädagogik in der Behindertenhilfe wurde hier ein großes Gestaltungsfeld anvertraut, dieses Gestaltungsfeld sollte (heilpädagogisch) auf- und ausgebaut werden.

- Eine Möglichkeit der »heilpädagogischen Förderung« (§ 11 HeimG) könnte die konzeptionell verortete »ästhetische Wohnraumgestaltung« sein, deren Wurzeln tief in die Geschichte der Heilpädagogik hineinreichen.

Zusammenfassende Betrachtung

Manche Kinder und Jugendliche benötigen heilpädagogische Hilfen. Sie haben Eltern, die Sorge und Verantwortung für sie tragen. Diese sogenannte »elterliche Sorge« ist im Kapitel 3.1 dargestellt und erläutert worden. Manchmal können Eltern ihre »*elterliche Sorge*« nicht mehr wahrnehmen; ein Gericht entscheidet dann, dass ein Vormund diese Aufgabe übernehmen müsse. Wenn der junge Mensch volljährig ist, ist er allein für sich verantwortlich.

Bei Menschen mit mentalen/kognitiven Einschränkungen, welche die Tragweite ihres Tuns und ihrer Entscheidungsfähigkeit nicht einschätzen können, kann ein sogenannter »Rechtlicher Betreuer« eingesetzt werden, der dann mit/für diese Menschen Entscheidungen trifft. Dieser Aspekt ist im Kapitel 3.2 dargelegt worden.

Kinder, Jugendliche und erwachsene Menschen mit Behinderung (insbesondere Menschen mit mentalen/kognitiven Beeinträchtigungen), die heilpädagogische Hilfen benötigen, erhalten diese in Institutionen. Institutionen, in denen ein Großteil der Heilpädagoginnen beschäftigt ist, sind im Kapitel 4 abgehandelt. Zu diesen Institutionen gehören Einrichtungen der *Frühförderung* behinderter Kinder (Sozialpädiatrische Zentren oder Interdisziplinäre Frühförderstellen), *Integrations-Kindertagesstätten* zur frühen Förderung von Kindern, die behindert oder von einer Behinderung bedroht sind, heilpädagogische *Kinder- und Jugendheime* und vollstationäre Wohneinrichtungen der *Behindertenhilfe*.

In allen hier genannten Institutionen gelten gleichsam weitergehende rechtliche Grundlagen und Bedingungen, welche nunmehr im folgenden Kapitel erläutert werden. Einige dieser rechtlichen Grundlagen aus diesem Kapitel gelten allerdings nicht nur für Heilpädagoginnen in Institutionen. Zum Beispiel haben Eltern auch eine »Aufsichtspflicht« ihren Kindern gegenüber.

5 Recht – allgemein

Heilpädagoginnen, die in Institutionen arbeiten, sind verpflichtet, sich an bestimmte verbindliche Gesetze und rechtliche Verordnungen zu halten. Die folgenden Erläuterungen in diesem Kapitel setzen sich mit den wichtigsten Gesetzen und rechtlichen Verordnungen in den Institutionen auseinander.

Es sollte vorweg angemerkt werden, dass wir nicht alle im Kapitel 2.2 genannten rechtlichen Grundlagen hier erläutern können. Das würde den Rahmen des Buches sprengen. Wir verweisen stattdessen hier auf die heuristischen Metakompetenzen der Heilpädagogik mit Bezug zur Jurisprudenz.

Als inhaltlichen Schwerpunkt dieses Kapitels werden wir folgende rechtliche Grundlagen erläutern:

- Verwaltungsrecht
- Sozialdatenschutz
- Infektionsschutzgesetz
- Aufsichtspflicht und die Haftung bei Verletzung der Aufsichtspflicht
- Einblicke in das Themengebiet Arbeitsrecht

5.1 Einführung in das Verwaltungsrecht

Die Eltern eines Kindes, welches in seiner Entwicklung erheblich beeinträchtigt ist, beantragen bei der zuständigen Krankenkasse die Kostenübernahme für die Förderung ihres Kindes in einem Sozialpädiatrischen Zentrum. Für die Betreuung in einer Integrations-Kindertagesstätte beantragen die Eltern, als Inhaber der elterlichen Sorge für ihr Kind, zusätzlichen Förderbedarf. Der Jugendliche in einem heilpädagogischen Kinder- und Jugendheim möchte an einer Klassenreise nach Portugal teilnehmen. Die Kosten für diese Reise beantragt der Vormund bei der entsprechenden Kostenstelle des Jugendamts. Der rechtliche Betreuer beantragt eine Kommunikationshilfe für einen Menschen mit Behinderung bei der Krankenkasse oder beim zuständigen Sozialamt.

Alle vier Szenarien haben eines gemeinsam. Es muss immer ein schriftlicher Antrag gestellt werden, welcher bestenfalls auch substanziiert (d. h. begründet) ist. Den Vorgang, einen Antrag an eine zuständige Behörde zu stellen, welcher bearbeitet und beurteilt werden muss, nennt man Verwaltungsakt. Die rechtliche Grundlage für diese sogenannten Verwaltungsakte, wenn diese sich auf Leistungen nach einem der zwölf Sozialgesetzbücher beziehen, findet sich im SGB X wieder.

---

§ 31 SGB X »Begriff des Verwaltungsaktes«

Verwaltungsakt ist jede Verfügung, Entscheidung oder andere hoheitliche Maßnahme, die eine Behörde zur Regelung eines Einzelfalles auf dem Gebiet des öffentlichen Rechts trifft und die auf unmittelbare Rechtswirkung nach außen gerichtet ist. Allgemeinverfügung ist ein Verwaltungsakt, der sich an einen nach allgemeinen Merkmalen bestimmten oder bestimmbaren Personenkreis richtet oder die öffentlich-rechtliche Eigenschaft einer Sache oder ihre Benutzung durch die Allgemeinheit betrifft.

Wenn staatliche Leistungen beantragt werden, denen kein Sozialgesetzbuch zugrunde liegt, zum Beispiel »Wohngeld« oder »BAföG«, finden sich die rechtlichen Grundlagen für diesen Verwaltungsakt im Verwaltungsverfahrensgesetz (VwVfG) wieder.

---

§ 35 VwVfG »Begriff des Verwaltungsaktes«

Verwaltungsakt ist jede Verfügung, Entscheidung oder andere hoheitliche Maßnahme, die eine Behörde zur Regelung eines Einzelfalls auf dem Gebiet des öffentlichen Rechts trifft und die auf unmittelbare Rechtswirkung nach außen gerichtet ist. Allgemeinverfügung ist ein Verwaltungsakt, der sich an einen nach allgemeinen Merkmalen bestimmten oder bestimmbaren Personenkreis richtet oder die öffentlich-rechtliche Eigenschaft einer Sache oder ihre Benutzung durch die Allgemeinheit betrifft.

In der Regel muss ein Erziehungsberechtigter (Inhaber der elterlichen Sorge) oder der rechtliche Betreuer an eine zuständige Behörde einen Antrag stellen. Im Verwaltungsrecht beginnen die meisten Verwaltungsakte nach § 31 SGB X oder § 35 VwVfG durch einen entsprechenden Antrag. Es gibt jedoch Ausnahmen, bei der eine Behörde eine Entscheidung treffen muss, ohne dass ein Antrag vorliegt. Dieses »Opportunitätsprinzip« tritt bei Inobhutnahmen (§ 42 SGB VIII) durch eine Kindeswohlgefährdung (§ 1666 BGB) von Kindern und Jugendlichen ein. Auch der örtliche Sozialhilfeträger unterliegt diesem Opportunitätsprinzip.

---

§ 18 SGB XII »Einsetzen der Sozialhilfe«

(1) Die Sozialhilfe, mit Ausnahme der Leistungen der Grundsicherung im Alter und bei Erwerbsminderung, setzt ein, sobald dem Träger der Sozialhilfe oder den von ihm beauftragten Stellen bekannt wird, dass die Voraussetzungen für die Leistung vorliegen.

Wie man dem § 18, Abs. 1 SGB XII entnehmen kann, muss der Sozialhilfeträger tätig werden, wenn ihm Informationen zur entsprechenden Leistungserbringung *bekannt* sind (Papenheim/Baltes/Tiemann, 1998, 208). Dieses wäre zum Beispiel der Fall, wenn ein umsichtiger Nachbar dem Sozialamt telefonisch mitteilt, dass seine 87jährige Nachbarin im Winter ihre Wohnung nicht mehr heizen kann, da sie keine Kohlen mehr hat.

Eine zuständige Behörde hat einen Antrag zeitnah zu bearbeiten, jedoch kommt es nicht selten vor, dass diese unangemessen lange für die Entscheidung brauchen. In diesem Fall kann die antragstellende Person bzw. der Inhaber der elterlichen Sorge oder der rechtliche Betreuer der zuständigen Stelle mit einer sogenannten Untätigkeitsklage bzw. Versäumnisanzeige drohen, um der »Bitte« einer zeitnahen Bearbeitung Nachdruck zu verleihen. Diese ist jedoch erst nach Ablauf von mindestens sieben Monaten zulässig (Kuhn-Zuber/Bohnert, 2014, 154).

§ 88 Sozialgerichtsgesetz (SGG)

(1) Ist ein Antrag auf Vornahme eines Verwaltungsakts ohne zureichenden Grund in angemessener Frist sachlich nicht beschieden worden, so ist die Klage nicht vor Ablauf von sechs Monaten seit dem Antrag auf Vornahme des Verwaltungsakts zulässig. Liegt ein zureichender Grund dafür vor, daß der beantragte Verwaltungsakt noch nicht erlassen ist, so setzt das Gericht das Verfahren bis zum Ablauf einer von ihm bestimmten Frist aus, die verlängert werden kann. Wird innerhalb dieser Frist dem Antrag stattgegeben, so ist die Hauptsache für erledigt zu erklären.

(2) Das gleiche gilt, wenn über einen Widerspruch nicht entschieden worden ist, mit der Maßgabe, daß als angemessene Frist eine solche von drei Monaten gilt.

§ 75 Verwaltungsgerichtsordnung (VwGO)

Ist über einen Widerspruch oder über einen Antrag auf Vornahme eines Verwaltungsakts ohne zureichenden Grund in angemessener Frist sachlich nicht entschieden worden, so ist die Klage abweichend von § 68 zulässig. Die Klage kann nicht vor Ablauf von drei Monaten seit der Einlegung des Widerspruchs oder seit dem Antrag auf Vornahme des Verwaltungsakts erhoben werden, außer wenn wegen besonderer Umstände des Falles eine kürzere Frist geboten ist. Liegt ein zureichender Grund dafür vor, daß über den Widerspruch noch nicht entschieden oder der beantragte Verwaltungsakt noch nicht erlassen ist, so setzt das Gericht das Verfahren bis zum Ablauf einer von ihm bestimmten Frist, die verlängert werden kann, aus. Wird dem Widerspruch innerhalb der vom Gericht gesetzten Frist stattgegeben oder der Verwaltungsakt innerhalb dieser Frist erlassen, so ist die Hauptsache für erledigt zu erklären.

Auch wenn viele Behörden eine »gefühlte Ewigkeit« benötigen, um einen Antrag, im Sinne eines Verwaltungsaktes, zu bearbeiten und entsprechend zu bescheiden, kommt es zum Glück nicht allzu häufig zu einer Untätigkeitsklage. Sehr viel häufiger ist es, dass der entsprechende Bescheid unzulänglich bzw. falsch ist.

Beispiel

Thorsten ist 24 Jahre alt und wird in einer vollstationären Wohneinrichtung für Menschen mit mentalen/kognitiven Behinderungen heilpädagogisch betreut. Neben der mentalen/kognitiven Behinderung hat Thorsten auch eine Hypersalivation (verstärkter Speichelfluss), einhergehend mit der fehlenden Möglichkeit des Lippenschlusses. Das bedeutet, dass die Heilpädagogin Thorsten mindestens zehn bis zwölf Mal täglich die Oberbekleidung wechseln muss. Zudem wird durch das häufige Waschen die Oberbekleidung entsprechend verschlissen. Die zuständige Bezugsbetreuerin bittet den rechtlichen Betreuer (§§ 1896 ff. BGB), einen Antrag beim zuständigen Sozialamt auf zusätzliche Bekleidungsgelder zu stellen. Dieser Verwaltungsakt (§ 31 SGB X) wird mit dem Verweis, dass jeder erwachsene Mensch in Wohneinrichtungen der Behindertenhilfe jeweils eine Sommer- und Winterbekleidungspauschale erhält, beschieden. Der Antrag wird abgelehnt.

Aufmerksame Leser haben bereits erkannt, dass der Bescheid des Sozialhilfeträgers falsch ist, da der Sozialhilfeträger nicht die »Besonderheit des Einzelfalls« von Thorstens Behinderung (§ 9 SGB XII) berücksichtigt hat. Der rechtliche Betreuer muss nunmehr einen Widerspruch gegen den Bescheid als Ergebnis eines Verwaltungsakt (§ 31 SGB X) einlegen.

Widersprüche sind an bestimmte Bedingungen geknüpft:

- Widersprüche müssen fristgerecht gestellt werden. Fristgerecht bedeutet, dass diese innerhalb der im Bescheid angegebenen Frist einzureichen sind.
- Widersprüche müssen formgerecht sein. Formgerecht impliziert, dass der Widerspruch schriftlich eingehen muss oder zur Niederschrift eingelegt wird. Zudem ist es wichtig, dass der Begriff »Widerspruch« bezugnehmend auf einen genannten (bestimmten) Bescheid genannt ist.
- Widersprüche, die postalisch versendet werden, müssen ausreichend frankiert (»beschwert«) sein
- Widersprüche müssen an die zuständige (verantwortliche) Behörde gerichtet sein.

Der Widerspruch ist bereits Bestandteil einer Klage, die dann noch folgen kann.

> **§ 69 Verwaltungsgerichtsordnung (VwGO)**
>
> Das Vorverfahren beginnt mit der Erhebung des Widerspruchs.

Ein weiterer wichtiger Aspekt zum Verwaltungsrecht soll hier nicht unerwähnt sein. Wenn zum Beispiel ein Mensch Leistungen zum Lebensunterhalt (HzL – »Stütze«) nach dem SGB XII beantragen will, ist er verpflichtet, die Fragen des entsprechenden Antrags nach bestem Wissen wahrheitsgemäß zu beantworten. Diese im SGB I verorteten Mitwirkungspflichten sind für alle Leistungen, welche durch die entsprechenden SGBs erbracht werden, verpflichtend vorausgesetzt. Eine

139

Zuwiderhandlung dieser Mitwirkungspflicht könnte im Sinne des § 263 StGB (Betrug) ein Straftatbestand sein.

---

§ 60 SGB I »Angabe von Tatsachen«

(1) Wer Sozialleistungen beantragt oder erhält, hat

1. alle Tatsachen anzugeben, die für die Leistung erheblich sind, und auf Verlangen des zuständigen Leistungsträgers der Erteilung der erforderlichen Auskünfte durch Dritte zuzustimmen,
2. Änderungen in den Verhältnissen, die für die Leistung erheblich sind oder über die im Zusammenhang mit der Leistung Erklärungen abgegeben worden sind, unverzüglich mitzuteilen,
3. Beweismittel zu bezeichnen und auf Verlangen des zuständigen Leistungsträgers Beweisurkunden vorzulegen oder ihrer Vorlage zuzustimmen.

Satz 1 gilt entsprechend für denjenigen, der Leistungen zu erstatten hat.

Diese sogenannten Mitwirkungspflichten sind besonders bedeutsam, wenn es sich um Leistungen des SGB XII (Sozialhilfe) handelt. Eine Besonderheit des SGB XII ist der sogenannte »Nachranggrundsatz«. Das heißt diese Leistungen können erst beantragt werden, wenn alle anderen Möglichkeiten der Hilfen und (finanziellen) Unterstützung ausgeschöpft oder nicht möglich sind.

---

§ 2 SGB XII »Nachrang der Sozialhilfe«

(1) Sozialhilfe erhält nicht, wer sich vor allem durch Einsatz seiner Arbeitskraft, seines Einkommens und seines Vermögens selbst helfen kann oder wer die erforderliche Leistung von anderen, insbesondere von Angehörigen oder von Trägern anderer Sozialleistungen, erhält.

(2) Verpflichtungen anderer, insbesondere Unterhaltspflichtiger oder der Träger anderer Sozialleistungen, bleiben unberührt. Auf Rechtsvorschriften beruhende Leistungen anderer dürfen nicht deshalb versagt werden, weil nach dem Recht der Sozialhilfe entsprechende Leistungen vorgesehen sind.

Leistungen nach dem SGB XII können eigentlich erst beantragt werden, wenn nahe Angehörige und andere Leistungsträger (z. B. Agenturen für Arbeit) nicht leisten.

---

§ 1601 BGB »Unterhaltsverpflichtete«

Verwandte in gerader Linie sind verpflichtet, einander Unterhalt zu gewähren.

5.2 Sozialdatenschutz

Es dürfte allgemein bekannt sein, dass jeder das Recht auf sensible Behandlung seiner persönlichen Daten und Informationen, welche z. B. in einem Antrag auf Sozialleistungen preisgegeben werden, hat. Daten/Sozialdaten bekannt zu geben, ist jedoch oftmals zwingend notwendig, um benötigte Leistungen, z. B. die heilpädagogische Förderung eines entwicklungsbeeinträchtigten Kindes, zu erhalten (siehe Mitwirkungspflichten).

Zum Sozialdatenschutz stellt der § 35 SGB I klare Forderungen:

---

§ 35 SGB I »Sozialgeheimnis«

(1) Jeder hat Anspruch darauf, daß die ihn betreffenden Sozialdaten (§ 67 Abs. 1 Zehntes Buch) von den Leistungsträgern nicht unbefugt erhoben, verarbeitet oder genutzt werden (Sozialgeheimnis). Die Wahrung des Sozialgeheimnisses umfaßt die Verpflichtung, auch innerhalb des Leistungsträgers sicherzustellen, daß die Sozialdaten nur Befugten zugänglich sind oder nur an diese weitergegeben werden. Sozialdaten der Beschäftigten und ihrer Angehörigen dürfen Personen, die Personalentscheidungen treffen oder daran mitwirken können, weder zugänglich sein noch von Zugriffsberechtigten weitergegeben werden. Der Anspruch richtet sich auch gegen die Verbände der Leistungsträger, die Arbeitsgemeinschaften der Leistungsträger und ihrer Verbände, die Datenstelle der Träger der Rentenversicherung, die in diesem Gesetzbuch genannten öffentlich-rechtlichen Vereinigungen, gemeinsame Servicestellen, Integrationsfachdienste, die Künstlersozialkasse, die Deutsche Post AG, soweit sie mit der Berechnung oder Auszahlung von Sozialleistungen betraut ist, die Behörden der Zollverwaltung, soweit sie Aufgaben nach § 2 des Schwarzarbeitsbekämpfungsgesetzes und § 66 des Zehnten Buches durchführen, die Versicherungsämter und Gemeindebehörden sowie die anerkannten Adoptionsvermittlungsstellen (§ 2 Abs. 2 des Adoptionsvermittlungsgesetzes), soweit sie Aufgaben nach diesem Gesetzbuch wahrnehmen und die Stellen, die Aufgaben nach § 67c Abs. 3 des Zehnten Buches wahrnehmen. Die Beschäftigten haben auch nach Beendigung ihrer Tätigkeit bei den genannten Stellen das Sozialgeheimnis zu wahren.

(2) Eine Erhebung, Verarbeitung und Nutzung von Sozialdaten ist nur unter den Voraussetzungen des Zweiten Kapitels des Zehnten Buches zulässig.

(3) Soweit eine Übermittlung nicht zulässig ist, besteht keine Auskunftspflicht, keine Zeugnispflicht und keine Pflicht zur Vorlegung oder Auslieferung von Schriftstücken, nicht automatisierten Dateien und automatisiert erhobenen, verarbeiteten oder genutzten Sozialdaten.

(4) Betriebs- und Geschäftsgeheimnisse stehen Sozialdaten gleich.

---

(5) Sozialdaten Verstorbener dürfen nach Maßgabe des Zweiten Kapitels des Zehnten Buches verarbeitet oder genutzt werden. Sie dürfen außerdem verarbeitet oder genutzt werden, wenn schutzwürdige Interessen des Verstorbenen oder seiner Angehörigen dadurch nicht beeinträchtigt werden können.

Die Datenschutzbestimmungen des § 35 SGB I lässt sich allerdings nur auf die Leistungen der SGBs anwenden. Leistungen anderer Gesetzbücher, z. B. Wohngeldgesetz (WoGG) oder Leistungen nach dem Bundesausbildungsförderungsgesetz (BAföG), werden (auch) nach dem Bundesdatenschutzgesetz (BDSG) behandelt.

§ 1 BDSG »Zweck und Anwendungsbereich des Gesetzes«

(1) Zweck dieses Gesetzes ist es, den Einzelnen davor zu schützen, dass er durch den Umgang mit seinen personenbezogenen Daten in seinem Persönlichkeitsrecht beeinträchtigt wird.

(2) Dieses Gesetz gilt für die Erhebung, Verarbeitung und Nutzung personenbezogener Daten durch

1. öffentliche Stellen des Bundes,
2. öffentliche Stellen der Länder, soweit der Datenschutz nicht durch Landesgesetz geregelt ist und soweit sie
   a) Bundesrecht ausführen oder
   b) als Organe der Rechtspflege tätig werden und es sich nicht um Verwaltungsangelegenheiten handelt,
3. nicht-öffentliche Stellen, soweit sie die Daten unter Einsatz von Datenverarbeitungsanlagen verarbeiten, nutzen oder dafür erheben oder die Daten in oder aus nicht automatisierten Dateien verarbeiten, nutzen oder dafür erheben, es sei denn, die Erhebung, Verarbeitung oder Nutzung der Daten erfolgt ausschließlich für persönliche oder familiäre Tätigkeiten.

Datenschutz bedeutet einerseits, dass der Leistungsempfänger sämtliche Daten zur Leistungsbeantragung angeben muss (siehe § 60 SGB I), und andererseits, dass der Leistungserbringer (z. B. das zuständige Jugendamt) die Daten verarbeiten, diese jedoch nicht unbefugt an Dritte (Personen und/oder Behörden) weitergeben darf.

Gerade in Zeiten, in denen sich soziale Netzwerke ungeheurer Beliebtheit erfreuen, soll ein Aspekt des Datenschutzes nicht unerwähnt bleiben. Der Umgang mit Bildmaterial (z. B. Fotos und Videos) ist ebenfalls ein besonders schützenswerter und sensibler Bereich, der über das »Gesetz betreffend das Urheberrecht an Werken der bildenden Künste und der Photographie« (umgangssprachlich auch »Kunsturheberschutzgesetz« – KunstUrhG genannt) geschützt wird.

§ 22 KunstUrhG

Bildnisse dürfen nur mit Einwilligung des Abgebildeten verbreitet oder öffentlich zur Schau gestellt werden. Die Einwilligung gilt im Zweifel als erteilt, wenn der Abgebildete dafür, daß er sich abbilden ließ, eine Entlohnung erhielt. Nach dem Tode des Abgebildeten bedarf es bis zum Ablaufe von 10 Jahren der Einwilligung der Angehörigen des Abgebildeten. Angehörige im Sinne dieses Gesetzes sind der überlebende Ehegatte oder Lebenspartner und die Kinder des Abgebildeten und, wenn weder ein Ehegatte oder Lebenspartner noch Kinder vorhanden sind, die Eltern des Abgebildeten.

Ausnahmen billigt das KunstUrhG nur in folgenden Fällen:

§ 23 KunstUrhG

(1) Ohne die nach § 22 erforderliche Einwilligung dürfen verbreitet und zur Schau gestellt werden:

1. Bildnisse aus dem Bereiche der Zeitgeschichte;
2. Bilder, auf denen die Personen nur als Beiwerk neben einer Landschaft oder sonstigen Örtlichkeit erscheinen;
3. Bilder von Versammlungen, Aufzügen und ähnlichen Vorgängen, an denen die dargestellten Personen teilgenommen haben;
4. Bildnisse, die nicht auf Bestellung angefertigt sind, sofern die Verbreitung oder Schaustellung einem höheren Interesse der Kunst dient.

(2) Die Befugnis erstreckt sich jedoch nicht auf eine Verbreitung und Schaustellung, durch die ein berechtigtes Interesse des Abgebildeten oder, falls dieser verstorben ist, seiner Angehörigen verletzt wird.

Verstöße gegen den Sozialdatenschutz und/oder gegen das Kunsturheberschutzgesetz können auch strafrechtlich verfolgt werden, wenn das öffentliche Interesse an der Strafverfolgung durch die Staatsanwaltschaft bejaht wurde.

5.3 Wichtige Grundlagen des Infektionsschutzgesetz

Einrichtungen der Kinder- und Jugendhilfe, Schulen (auch Förderschulen für Menschen mit Behinderung) und vollstationäre Einrichtungen der Behindertenhilfe sind Einrichtungen die im Infektionsschutzgesetz (IfSG, vormals »Bundesseuchengesetz«) genannt sind.

---

§ 33 IfSG »Gemeinschaftseinrichtungen«

Gemeinschaftseinrichtungen im Sinne dieses Gesetzes sind Einrichtungen, in denen überwiegend Säuglinge, Kinder oder Jugendliche betreut werden, insbesondere Kinderkrippen, Kindergärten, Kindertagesstätten, Kinderhorte, Schulen oder sonstige Ausbildungseinrichtungen, Heime, Ferienlager und ähnliche Einrichtungen.

Wie mit welchen Erkrankungen, die im Infektionsschutzgesetz stehen, umzugehen ist, besagt § 34 IfSG. Der Lesefreundlichkeit halber haben wir Krankheiten (z. B. Pest etc.), die sehr selten in Gemeinschaftseinrichtungen, in denen Heilpädagoginnen beschäftigt sind, getilgt.

---

§ 34 IfSG »Gesundheitliche Anforderungen, Mitwirkungspflichten, Aufgaben des Gesundheitsamtes«

(1) Personen, die an

7. Keuchhusten
9. Masern
11. Mumps
15. Scabies (Krätze)
16. Scharlach oder sonstigen Streptococcus pyogenes-Infektionen
20. Windpocken

erkrankt oder dessen verdächtig oder die verlaust sind, dürfen in den in § 33 genannten Gemeinschaftseinrichtungen keine Lehr-, Erziehungs-, Pflege-, Aufsichts- oder sonstige Tätigkeiten ausüben, bei denen sie Kontakt zu den dort Betreuten haben, bis nach ärztlichem Urteil eine Weiterverbreitung der Krankheit oder der Verlausung durch sie nicht mehr zu befürchten ist. Satz 1 gilt entsprechend für die in der Gemeinschaftseinrichtung Betreuten mit der Maßgabe, dass sie die dem Betrieb der Gemeinschaftseinrichtung dienenden Räume nicht betreten, Einrichtungen der Gemeinschaftseinrichtung nicht benutzen und an Veranstaltungen der Gemeinschaftseinrichtung nicht teilnehmen dürfen. Satz 2 gilt auch für Kinder, die das 6. Lebensjahr noch nicht vollendet haben und an infektiöser Gastroenteritis erkrankt oder dessen verdächtig sind.

(3) Absatz 1 Satz 1 und 2 gilt entsprechend für Personen, in deren Wohngemeinschaft nach ärztlichem Urteil eine Erkrankung an oder ein Verdacht auf

7. Masern
9. Mumps

aufgetreten ist.

---

(5) Wenn einer der in den Absätzen 1, 2 oder 3 genannten Tatbestände bei den in Absatz 1 genannten Personen auftritt, so haben diese Personen oder in den Fällen des Absatzes 4 der Sorgeinhaber der Gemeinschaftseinrichtung hiervon unverzüglich Mitteilung zu machen. Die Leitung der Gemeinschaftseinrichtung hat jede Person, die in der Gemeinschaftseinrichtung neu betreut wird, oder deren Sorgeberechtigte über die Pflichten nach Satz 1 zu belehren.

Im Weiteren besagt der sechste Abschnitt des Infektionsschutzgesetzes sehr genau, wie regelmäßig Mitarbeiter/innen bezüglich Infektionsschutz und den entsprechenden Hygienerichtlinien in den sogenannten »Gemeinschaftseinrichtungen« zu belehren sind und wie diese Belehrungen dokumentiert werden müssen.

§ 35 IfSG »Belehrung für Personen in der Betreuung von Kindern und Jugendlichen«

Personen, die in den in § 33 genannten Gemeinschaftseinrichtungen Lehr-, Erziehungs-, Pflege-, Aufsichts- oder sonstige regelmäßige Tätigkeiten ausüben und Kontakt mit den dort Betreuten haben, sind vor erstmaliger Aufnahme ihrer Tätigkeit und im Weiteren mindestens im Abstand von zwei Jahren von ihrem Arbeitgeber über die gesundheitlichen Anforderungen und Mitwirkungsverpflichtungen nach § 34 zu belehren. Über die Belehrung ist ein Protokoll zu erstellen, das beim Arbeitgeber für die Dauer von drei Jahren aufzubewahren ist. Die Sätze 1 und 2 finden für Dienstherren entsprechende Anwendung.

§ 36 IfSG »Einhaltung der Infektionshygiene«

(1) Folgende Einrichtungen legen in Hygieneplänen innerbetriebliche Verfahrensweisen zur Infektionshygiene fest und unterliegen der infektionshygienischen Überwachung durch das Gesundheitsamt:

1. die in § 33 genannten Gemeinschaftseinrichtungen,
2. Einrichtungen nach § 1 Absatz 1 bis 5 des Heimgesetzes,
3. Betreuungs- oder Versorgungseinrichtungen, die mit einer der in den Nummern 1 und 2 genannten Einrichtungen vergleichbar sind,
4. Obdachlosenunterkünfte,
5. Gemeinschaftsunterkünfte für Asylbewerber, Spätaussiedler und Flüchtlinge,
6. sonstige Massenunterkünfte und
7. Justizvollzugsanstalten.

Als besonders bedeutsam empfinden viele Heilpädagoginnen die Bereiche »Aufsichtspflicht« und »Arbeitsrecht«. Wir haben uns daher entschlossen, diese beiden Bereiche in separaten Kapiteln zu behandeln, auch wenn die Aufsichtspflicht nebst der Haftung und das Arbeitsrecht originär Teilbereiche des Feldes *Recht – allgemein* sind.

145

6 Aufsichtspflicht und Haftung in den Berufs- und Handlungsfeldern der Heilpädagogik

6.1 Grundlagen der Aufsichtspflicht

Das Thema Aufsichtspflicht und Haftung führt oftmals zu großer Verunsicherung und Ängsten bei pädagogischen Fachkräften. Sie haben das Gefühl, dass die damit eng verbundene Haftungsfrage das tägliche pädagogische Handeln beeinflusst. Diese Ängste sind zwar verständlich, aber unbegründet. Ausgangspunkt vieler Ängste ist einerseits die große Bedeutung des Kindeswohles. Die Eltern von Kindern und Jugendlichen geben ein Stück ihrer elterlichen Sorge an einen Dritten ab. Dieser Schritt ist für viele Familien sehr schmerzhaft und bedarf eines besonderen Vertrauensverhältnisses. Auf der anderen Seite kann der Nichteintritt eines Schadens von niemandem garantiert werden. Das allgemeine Lebensrisiko kann nicht ausgeschlossen werden; auch bei einer gewissenhaften Aufsichtsführung kann ein Schaden eintreten. Damit sehen sich nun alle pädagogischen Fachkräfte täglich konfrontiert und müssen einen Weg finden, dennoch ihre Pflicht zu erfüllen.

Daher erwarten pädagogische Fachkräfte während der Ausbildung bzw. der Fort- und Weiterbildung eine konkrete, allgemeingültige Handlungsanweisung, um der Aufsichtspflicht gerecht zu werden. Eine solche kann es aber nicht geben. Schon 1965 hat der BGH dazu ausgeführt: »Ob sich ein Verhalten als Verletzung der Aufsichtspflicht darstellt, kann nicht grundsätzlich, sondern nur nach den Gegebenheiten des konkreten Falles beantwortet werden« (BGH, VersR 1965, 606). Damit ist klargestellt, dass sich auch die Ausübung der Aufsichtspflicht in jedem Einzelfall anders gestalten kann und muss. Kinder und Jugendliche haben das Recht, in ihrer Entwicklung gefördert und zu eigenverantwortlichen und gemeinschaftsfähigen Persönlichkeiten erzogen zu werden (§ 1 SGB VIII). Dabei sollen die wachsenden Bedürfnisse, Fähigkeiten, Fertigkeiten und Besonderheiten jedes einzelnen Kindes/Jugendlichen einbezogen werden. Um diesem Ziel gerecht zu werden, sind für jeden Einzelfall der Inhalt und der Umfang der Aufsichtspflicht anzupassen. Es müssen Freiräume geschaffen werden, um den Kindern und Jugendlichen eigene Lernerfahrungen zu ermöglichen. Nur so können eine ungestörte Entwicklung und eine ganzheitliche Förderung umgesetzt werden. Eine permanente Überwachung würde dies behindern. Die Gewährung solcher Freiräume schränkt aber auch die Möglichkeit eines unmittelbaren Eingreifens der Aufsichtspflichtigen in allen Situationen ein. Daher muss vielmehr der Umgang mit Gefahren erlernt und geübt werden, um das Erziehungsziel zu erreichen. Darüber hinaus ist dies auch der einzige sichere Weg, um dem allgemeinen Lebensrisiko gegenüberzutreten. Diese Grundannahme trifft auf alle vergleichbaren Berufsgruppen gleichermaßen zu. Da die von der Rechtsprechung entwickelten Grundsätze zur Aufsichtspflicht bisher vorwiegend aus Fällen von Erziehern/Erzieherinnen oder Sozialpädagogen/-pädagoginnen abgeleitet wurden, betreffen die nachfolgenden Beispiele aus der Rechtsprechung diese Berufsgruppen. Auch deshalb ist in diesem Kapitel auf den Begriff der pädagogischen Fachkraft zurückgegriffen worden, der alle diese Berufsgruppen beinhalten soll.

6.1.1 Aufsichtsbedürftige Personen

Um sich dem Thema inhaltlich zu nähern, muss geklärt werden, wer aufsichtsbedürftig bzw. aufsichtspflichtig ist, und was unter der Aufsichtspflicht zu verstehen ist. Das Gesetz regelt in § 832 BGB jedoch lediglich die Haftung des Aufsichtspflichtigen.

> ### § 832 BGB »Haftung des Aufsichtspflichtigen«
>
> (1) Wer kraft Gesetzes zur Führung der Aufsicht über eine Person verpflichtet ist, die wegen Minderjährigkeit oder wegen ihres geistigen oder körperlichen Zustands der Beaufsichtigung bedarf, ist zum Ersatz des Schadens verpflichtet, den diese Person einem Dritten widerrechtlich zufügt. Die Ersatzpflicht tritt nicht ein, wenn er seiner Aufsichtspflicht genügt oder wenn der Schaden auch bei gehöriger Aufsichtsführung entstanden sein würde.
>
> (2) Die gleiche Verantwortlichkeit trifft denjenigen, welcher die Führung der Aufsicht durch Vertrag übernimmt.«

Eine Definition der Aufsichtspflicht kann weder § 832 BGB noch einer anderen gesetzlichen Regelung entnommen werden. Aus § 832, Abs. 1 BGB ergibt sich jedoch, welche Personen aufsichtsbedürftig sind und dass die Aufsichtspflicht gesetzlich entsteht. Personen, die wegen Minderjährigkeit, also Kinder und Jugendliche unter 18 Jahren, oder wegen ihres geistigen oder körperlichen Zustands der Beaufsichtigung bedürfen, sind danach aufsichtsbedürftig. Mit der Feststellung, dass die Aufsichtspflicht eine gesetzliche Pflicht ist, wird klargestellt, dass es weitere Rechtsnormen gibt, die diese Aufsichtspflicht für bestimmte Personen vorsehen.

6.1.2 Entstehung der Aufsichtspflicht

Gesetzliche Aufsichtspflicht

Die Aufsichtspflicht kann gem. § 832, Abs. 1 Satz 1 BGB zunächst gesetzlich entstehen, d. h. das Gesetz legt hier fest, wer zur Aufsicht über einen Aufsichtsbedürftigen verpflichtet ist. Ein Einverständnis über die Ausübung der Aufsichtspflicht ist dabei nicht erforderlich. Dieses Recht aber auch die Pflicht, das Kind zu beaufsichtigen, ist zunächst ein Teil des Personensorgerechts der Eltern (§ 1631 BGB). Das Ziel dieser Beaufsichtigung legt § 832, Abs. 1 BGB bereits fest. Die Aufsichtspflicht soll den Schutz des Kindes und den Schutz Dritter vor Schäden, die das Kind herbeiführen könnte, sichern. Darüber hinaus kennt das BGB aber auch noch weitere gesetzlich aufsichtspflichtige Personen:

- als Bestandteil der elterlichen Sorge (§§ 1626, 1631, Abs. 1 BGB),
- als Bestandteil der Vormundschaft (§§ 1793, 1800, 1631 BGB),
- als Bestandteil der Pflegschaft (§§ 1915, 1800, 1631 BGB) sowie
- Lehrer/innen aller minderjährigen Schüler/innen und volljährigen geistig behinderten Schüler/innen (entsprechende Vorschriften finden sich im jeweiligen Recht auf Länderebene) und
- Ausbilder/innen gegenüber minderjährigen Auszubildenden (§§ 6, 9 BBiG).

Vertragliche Aufsichtspflicht

Darüber hinaus kann die Aufsichtspflicht gem. § 832, Abs. 2 BGB auch vertraglich entstehen. Es kann also die Aufsicht über das Kind einem anderen übertragen werden. Der BGH hat dazu ausgeführt, dass es sich um eine vertragliche Übernahme der Aufsichtspflicht handelt, wenn eine »weitreichende Obhut von längerer Dauer und weitreichender Einwirkungsmöglichkeit« besteht (BGH, NJW 1968, 1874). Vertragliche Aufsichtspflichten entstehen z. B. in Wohneinrichtungen für Kinder und Jugendliche, heilpädagogischen Praxen während der Behandlung, Kindertagesstätten, Horten, bei Tagesmüttern bzw. Tagesvätern, in der Vereinsarbeit (in Sportvereinen oder während der Durchführung von Ferienfahrten), bei Nachhilfelehrern/lehrerinnen oder auch bei Babysittern. Grundlage einer solchen Übertragung ist zunächst der Abschluss eines Vertrages. Bei der Aufnahme in eine Einrichtung, wie einer Wohneinrichtung, einem Kindergarten oder einem Hort, erfolgt dies regelmäßig durch den Betreuungsvertrag, der mündlich oder schriftlich mit der Leiterin/dem Leiter der Einrichtung als Vertreter/in des Trägers abgeschlossen wird. Bei einer Behandlung in einer heilpädagogischen Praxis erfolgt dies durch den Abschluss eines Behandlungsvertrages. Mit einem Betreuungsvertrag werden die Betreuung und Erziehung des Kindes in der Einrichtung geregelt. Die Aufsichtspflicht ist dann als Bestandteil des Erziehungs- und Bildungsauftrages eingeschlossen. In einem Behandlungsvertrag hingegen ist die Aufsichtspflicht nicht ausdrücklich geregelt. Sie entsteht als Nebenpflicht in diesen Verträgen. Eine Behandlung ohne auch die Übernahme der Aufsichtsführung ist nicht denkbar.

Aber auch in einigen Betreuungsverträgen ist die Aufsichtspflicht nicht ausdrücklich geregelt. Sie ist jedoch ein zentraler Aspekt in der Tagesbetreuung und gehört zu den erforderlichen und zu erwartenden Leistungen dieser Einrichtungen. Die Umsetzung des Erziehungs- und Bildungsauftrages ist ohne ihre Übernahme schlicht unmöglich. So wird die Aufsichtspflicht entweder aufgrund einer ausdrücklichen Regelung oder als Nebenpflicht dieses Vertrages übertragen.

Erforderlich für die Entstehung der vertraglichen Aufsichtspflicht sind jedenfalls:

- Abschluss eines Rechtsgeschäfts (Vertrag)
- Verträge sind formfrei (können also schriftlich, mündlich oder stillschweigend geschlossen werden)
- Inhaber/in der Aufsichtspflicht überträgt die Aufsichtspflicht einer anderen Person, die bereit ist, die Aufsichtspflicht zu übernehmen.

Die Rechtsprechung erkennt sogar eine stillschweigende Übertragung der Aufsichtspflicht als ausreichend zu (OLG Celle, NJW-RR, 1987, 1384).

Durch den Betreuungsvertrag oder anderweitige mündliche Vereinbarungen kann die Übertragung der Aufsichtspflicht auch beschränkt werden. Beispielsweise kann sie an bestimmte pädagogische Qualifikationen gebunden werden. Vielfach wird hier geregelt, dass die Aufsicht über ein Kind oder einen Jugendlichen nur an voll ausgebildete pädagogische Fachkräfte, wie Heilpädagogen/-pädagoginnen, Erzieher/innen oder Heilerziehungspfleger/innen, übertragen werden kann. Damit werden andere Personengruppen, wie Eltern, Praktikanten/Praktikantinnen, Sozialassistenten/-assistentinnen, andere Kinder- und Jugendliche oder auch Küchenkräfte, ausgeschlossen.

Der Inhalt und der Umfang einer vertraglich übernommenen Aufsichtspflicht entsprechen der elterlichen Aufsichtspflicht (OLG Koblenz, VersR 1995, 50). Eine inhaltliche Differenzierung zwischen einer vertraglichen und einer elterlichen Aufsichtspflicht ist nicht vorzunehmen. Beide Arten der Aufsichtspflicht verlangen die gleichen Handlungen von einem Aufsichtspflichtigen. Neben der vertraglichen Übernahme kann die Aufsichtspflicht auch durch tatsächliches Verhalten entstehen. Kinder, die die Einrichtung in Begleitung der Eltern besuchen, sind zwar grundsätzlich durch den Erziehungsberechtigten zu beaufsichtigen. Wird aber ein Kind an einem Spiel, einer Aktion oder Aufgabe beteiligt, entsteht schon hierdurch die Aufsichtspflicht der Einrichtung. Der Träger der Einrichtung (in der Regel eine Gemeinde, Kirchengemeinde, ein eingetragener Verein, eine gGmbH etc.) delegiert seinerseits durch die Arbeitsverträge oder eine Dienstanweisung die Betreuung der Kinder auf das Einrichtungspersonal. Damit wird ebenfalls die Ausübung der Aufsichtspflicht weiter übertragen.

Die Leitung der Einrichtung hat aufgrund der Arbeitsverträge oder einer Dienstanweisung die Aufsicht über die gesamte Einrichtung. Diese Gesamtverantwortung beinhaltet auch die Überwachung und Anleitung aller pädagogischen Fachkräfte. Deshalb bleibt sie verpflichtet, ungenügende Aufsichtsführung zu beanstanden, Weisungen durchzusetzen und äußerstenfalls den Träger einzuschalten. Die Delegation der Aufsichtspflicht an die einzelnen pädagogischen Fachkräfte berührt diese Verantwortung nicht.

Die pädagogischen Fachkräfte der Einrichtung haben zunächst die ihnen anvertrauten Kinder zu beaufsichtigen. Eine konkretere Abgrenzung ihrer »Zuständigkeit« kann es nicht geben, insbesondere wenn auch übergreifende Ausflüge oder Aktionen stattfinden. Eine pädagogische Fachkraft wird daher auch bei Gefahren einschreiten, die Kindern anderer Gruppen drohen. Die Leiterin der Einrichtung oder pädagogische Fachkräfte können Eltern, Praktikanten/Praktikantinnen oder auch Assistenzkräfte die Aufsicht übertragen, soweit dies verantwortbar ist. Ein solcher meist mündlicher Auftrag ist verbindlich.

Der Umfang eines Auftrags an geeignete und in erforderlichem Maß angeleitete Personen hängt davon ab,

- wie weit diese die zu beaufsichtigenden Kinder/Jugendlichen kennen und deren Verhalten einzuschätzen können,
- ob die Kinder/Jugendlichen zu echter Kooperation mit der pädagogischen Fachkraft bereit sind,
- wie oft und wie lange sie bereits in der Einrichtung mitgearbeitet haben und
- welche Erfahrung sie gesammelt haben.

Auch hier ist immer noch eine der Situation angemessene Überwachung durch die pädagogische Fachkraft erforderlich.

Gefälligkeitsaufsicht

Die vertragliche Aufsichtspflicht ist insbesondere von der Gefälligkeitsaufsicht abzugrenzen. Nicht jede tatsächliche Beaufsichtigung ist auch die Übernahme der Aufsichtspflicht einschließlich ihrer haftungsrechtlichen Konsequenzen. In diesen Fällen fehlt die subjektive Bereitschaft, sich rechtlich binden zu wollen.

Beispiel

Die Mutter des dreijährigen Jonathan bittet die nette Nachbarin Frau Vorsichtig, nach ihrem Sohn zu sehen, der im Sandkasten spielt. Sie muss ein Paket zur Post bringen und möchte ihn nicht aus dem Spiel reißen. Frau Vorsichtig hängt gerade ihre Wäsche neben dem Sandkasten auf und möchte ihrer Nachbarin gern den Gefallen tun.

Um hier eine Abgrenzung vornehmen zu können, wurden durch die Rechtsprechung Kriterien entwickelt. Diese sind in jedem Einzelfall zu prüfen und in eine Gesamtschau aller Umstände aus der Sicht eines objektiven Betrachters zu bewerten. Je stärker die Kriterien ausgeprägt sind, umso eher ist von einer vertraglichen Übernahme der Aufsichtspflicht auszugehen. Abgrenzungskriterien sind:

- Regelmäßigkeit der Beaufsichtigung
- Dauer der Beaufsichtigung
- Unentgeltlichkeit aufgrund reiner Gefälligkeit
- Sanktionsbefugnis (weitgehende Einwirkungsbefugnis auf den Minderjährigen).

Mit Hilfe dieser Abgrenzungskriterien kann im Einzelfall festgestellt werden, ob es sich um die Übernahme einer vertraglichen Aufsichtspflicht oder um eine reine Gefälligkeitsaufsicht handelt. Die Folge einer reinen Gefälligkeitsaufsicht ist, dass lediglich eine faktische Ausübung der Aufsicht vorliegt, jedoch nicht die Übernahme der Aufsichtspflicht. Die Notwendigkeit dieser Unterscheidung ergibt sich aus den sich daran anknüpfenden Fragen der Haftung. Eine Haftung und damit eine Ersatzpflicht der entstandenen Schäden sieht § 832 BGB für die Verletzung der gesetzlichen und der vertraglichen Aufsichtspflicht vor. Handelt es sich um eine Gefälligkeitsaufsicht, scheidet eine Schadensersatzpflicht aus. Daher ist es sowohl für den Aufsichtspflichtigen als auch für die Aufsichtsbedürftigen erheblich, um welche Art der Aufsicht es sich handelt.

Aus der Rechtsprechung des Bundesgerichtshofs (BGH) geht hervor:

Beispiel 1

Erlauben Eltern die gegenseitigen Besuche ihrer Kinder in der Wohnung, so besteht noch kein stillschweigender Vertrag zur Übernahme der vollen Aufsichtspflicht beim Spielen (BGH, NJW 1968, 1874).

Beispiel 2

In der Einladung von Kindern zu einer Geburtstagsfeier des eigenen Kindes liegt ein Angebot der Eltern zur vertraglichen Übernahme der Aufsicht über die eingeladenen Kinder vor (BGH, NJW 1987, 1384).

Beginn und Ende der Aufsichtspflicht

Der Beginn und das Ende der Aufsichtspflicht richten sich immer nach den jeweiligen Vereinbarungen. Regelmäßig vereinbaren die Inhaber/innen der gesetzlichen Aufsichtspflicht mit dem die Aufsichtspflicht Übernehmenden diesen Zeitpunkt bereits in ihrem Betreuungsvertrag, oder es liegt eine entsprechende mündlich Abrede vor. Besteht weder mündlich noch schriftlich eine Vereinbarung, so gilt die Regelung, von der stillschweigend ausgegangen werden kann. So beginnt und endet die vertragliche Aufsichtspflicht, wie es in dieser Einrichtung üblich ist. Es muss dann die regelmäßige Handhabung ermittelt werden.

6.2 Begriff der Aufsichtspflicht

Die Gesetze definieren den Begriff der Aufsichtspflicht ebenso wenig wie den Inhalt oder den Umfang. Vielmehr regeln sie lediglich die Rechtsfolgen von Aufsichtspflichtverletzungen. Der unbestimmte Rechtsbegriff der Aufsichtspflicht ist insoweit durch die Rechtsprechung, also die Gerichte, auszufüllen. Die Aufsichtspflicht beinhaltet zwei Schutzrichtungen. Einerseits soll eine aufsichtsbedürftige Person geschützt werden, damit sie sich nicht selbst schädigen kann oder durch einen Dritten geschädigt wird. Andererseits soll auch die Allgemeinheit geschützt werden, indem Dritte vor Schaden bewahrt werden, die ihnen durch eine aufsichtsbedürftige Person zugefügt werden könnte. Dieser Schutz umfasst alle Rechtsgüter (Leben, Körper, Gesundheit, Freiheit, Eigentum und sonstige Rechte).

Beispiel

In der Kita »Unsere Welt« führt die Erzieherin Natalie im Rahmen des Projektes »Fantasiewelten« ein Angebot durch, in welchem sich die zehn drei- bis sechsjährigen Kinder einen Kopfschmuck herstellen können. Die Auswahl reicht von Kronen, über Masken bis zu Ritterhelmen. Teilweise müssen Vorlagen gestaltet und anschließend ausgeschnitten werden.

Im Rahmen ihrer Aufsichtspflicht muss Natalie dafür sorgen, dass

- die Kinder sich nicht mit den Scheren selbst verletzen (schneiden, stechen etc.)
- die Kinder nicht ihre Nachbarn oder andere Kinder verletzen
- Kinder nicht durch Andere verletzt werden.

Dabei soll die Aufsichtspflicht das Defizit bzw. das noch nicht voll entwickelte Verantwortungsbewusstsein Minderjähriger, behinderter oder dementer Menschen ausgleichen. Dieser Kontext wird vielleicht mit dem Synonym »fürsorgebedürftig« etwas deutlicher. Die frühere Rechtsprechung forderte, dass jegliche Gefahren von ihnen ferngehalten werden mussten. Dieser Beurteilungsmaßstab hat sich jedoch heute stark verändert, und es fließen pädagogische Ansichten und Zielstellungen in die Beurteilung ein. Junge Menschen haben heute ein Recht darauf, in ihrer Entwicklung gefördert und zu eigenverantwortlichen, selbstständigen und gemeinschaftsfähigen Persönlichkeiten erzogen zu werden, u. a. § 1626 BGB, §§ 1, 9, Nr. 2 SGB VIII. Darüber hinaus haben gem. § 22, Abs. 2 und 3 und § 22a SGB VIII die Kindertageseinrichtungen auch die Aufgabe, die Entwicklung des Kindes zu einer eigenverantwortlichen und gemeinschaftsfähigen Persönlichkeit zu fördern. Die freie Entfaltung der Persönlichkeit ist ebenfalls bereits mit Art. 2, Abs. 1 GG geschützt und muss insoweit realisiert werden.

Eine solche Entwicklung und Erziehung erfordert jedoch Freiräume, die auch Gefahren beinhalten können. Da eine gefahrenfreie Entwicklung und Erziehung nicht möglich ist, kommt es vielmehr darauf an, dass eine Abwägung vorgenommen wird, die einerseits die pädagogische Absicht und andererseits das Ausmaß der Gefahr berücksichtigt. Zu viel Aufsicht verhindert die freie Entfaltung und verstößt damit gegen die gesetzlichen Zielsetzungen. Zu viele Einschränkungen behindern die Erziehung zur Selbständigkeit und Eigenverantwortung. Pädagogische Freiräume und Entscheidungsspielräume müssen aber immer dann zurücktreten, wenn aufgrund der Besonderheiten in der Person des Aufsichtsbedürftigen oder aber der konkreten Gefahrenlage erhebliche Schäden drohen und damit die Gefahrenquelle nicht mehr beherrschbar wird. Der BGH hat dazu ausgeführt: »Je gefährlicher ein Bereich ist oder je unternehmungslustiger ein Kind ist, desto engmaschiger muss es beaufsichtigt werden« (Urt. BGH vom 24.03.2009, Az.: VI ZR 199/08).

Im Ergebnis kann daher als Richtlinie festgestellt werden:
So wenig Aufsicht wie möglich und aber so viel wie nötig!!!

Die Rechtsprechung hat zur Thematik Aufsichtspflicht und freie Entfaltung der Persönlichkeit sowie pädagogischer Zielrichtungen eine Vielzahl von Entscheidungen getroffen.

Exemplarisch einige Beispiele:

Beispiel 1

»Nicht unbedingt das Fernhalten von jedem Gegenstand, der bei unsachgemäßem Umgang gefährlich werden kann, sondern gerade die Erziehung des Kindes zu verantwortlichem Hantieren mit einem solchen Gegenstand, wird oft der bessere Weg sein, das Kind und Dritte vor Schäden zu bewahren. Hinzu kommt die Notwendigkeit frühzeitiger praktischer Schulung des Kindes, das seinen Erfahrungsbereich möglichst ausschöpfen soll« (BGH, NJW 1976, 1684).

Beispiel 2

»Bei der Bemessung der Aufsichtspflicht muss ferner zwischen den Erfordernissen eines Mindestbestandes von Sicherheit und Ordnung einerseits und dem pädagogischen Ziel der freien Entfaltung der kindlichen Persönlichkeit abgewogen werden« (Urt. LG Berlin, Az. 7.0247/75).

6.3 Bestimmungsfaktoren der Aufsichtspflicht

Welche Aufsicht konkret erforderlich ist, kann nicht allgemein durch ein Gesetz bestimmt werden, sondern ist immer eine Einzelfallentscheidung, da jeder Mensch ein Individuum ist und eine Vielzahl weiterer Faktoren eine Rolle spielen. Auch das Recht der Kinder und Jugendlichen auf eine Förderung ihrer Entwicklung und auf eine Erziehung zu eigenverantwortlichen und gemeinschaftsfähigen Persönlichkeiten findet an dieser Stelle entsprechende Berücksichtigung. In diese Abwägungsentscheidung sind daher sowohl die individuellen als auch die äußeren Bedingungen und Gegebenheiten ausreichend einzubeziehen.

In seinem grundsätzlichen Urteil hat der BGH ausgeführt:

»Das Maß der gebotenen Aufsicht richtet sich nach Alter, Eigenart und Charakter des Kindes, sowie danach, was dem Aufsichtspflichtigen in der konkreten Situation zugemutet werden kann. Es muss immer für den Einzelfall geprüft werden, was verständige Aufsichtspersonen unternehmen müssen, um das Kind oder Dritte vor Schaden zu bewahren« (BGH, NJW RR 1087, 1430).

Auch die neuere ständige Rechtsprechung hält an diesen Maßstäben weiterhin fest (BGH, NJW 2009, 1954; BGH, BGHZ 196, 35). Es ist deshalb zu fragen, was ein verständiger Aufsichtspflichtiger nach vernünftigen Erwägungen unternehmen müsste, um zu verhindern, dass das Kind oder der Jugendliche selbst zu Schaden kommt oder Dritte schädigt. Demnach ist das Maß der Aufsichtsführung insbesondere abhängig von den folgenden Faktoren:

- personengebundene Faktoren
- gruppenbezogene Faktoren
- räumliche Faktoren
- sachliche Faktoren
- personelle Faktoren.

6.3.1 Personengebundene Faktoren

Eine auf ein bestimmtes Kind oder einen bestimmten Jugendlichen abgestimmte Aufsichtsführung erfordert eine gewisse Kenntnis seiner Eigenarten und Besonderheiten. Anderenfalls kann der individuelle Inhalt und Umfang der Aufsichtsführung nicht bestimmt werden; das Treffen der erforderlichen Einzelfallentscheidung ist so nicht möglich. In eine solche Bestimmung sind u. a. nachfolgende Merkmale einzubeziehen.

- Alter, Entwicklungsstand
- Bedürfnisse, Wünsche, Interessen
- Charakter
- kognitive, körperliche, emotionale und soziale Fähigkeiten
- Gesundheitszustand
- Besonderheiten, ggf. Behinderungen, Allergien etc.
- Rolle in der Gruppe.

Darüber hinaus kann es weitere relevante Merkmale geben.

Um sich ein möglichst umfassendes Bild über ein Kind oder einen Jugendlichen machen zu können, sind also viele Informationen notwendig. Die besten Quellen stellen hier die eigenen Beobachtungen und Wahrnehmungen dar. Dies ist aber besonders am Anfang einer vertraglichen Aufsichtsführung problematisch, da noch keine ausreichenden Beobachtungen stattgefunden haben. Das Verhalten der Kinder und Jugendlichen in einem neuen Umfeld entspricht darüber hinaus oft noch nicht ihrem sonst üblichen.

Auch können die Informationen über die Eigenarten und Besonderheiten der Kinder und Jugendlichen über die Eltern oder andere gesetzliche Aufsichtspflichtige eingeholt werden. Sie verfügen in der Regel als Experten/Expertinnen für ihr Kind über gesicherte Informationen. Jedoch besteht die Gefahr vor allem bei bewertenden Aussagen, dass ihre Sicht subjektiv verfälscht ist. Daher sollten solche Informationen möglichst bald durch eigene Beobachtungen und Wahrnehmungen überprüft werden.

6.3.2 Gruppenbezogene Faktoren

Weiterhin sind auch gruppenbezogene Faktoren zu berücksichtigen. Zu dem individuellen Verhalten der Kinder oder Jugendlichen kommt in Gruppen eine eigene Dynamik hinzu, die zu einer anderen Art der Aufsicht veranlassen kann. Einerseits spielen objektive Gegebenheiten, wie Gruppengröße oder Personalschlüssel eine Rolle. Anderseits müssen auch weitere, eng mit den personengebundenen Faktoren verbundene oder situationsabhängige Umstände einbezogen werden. Oft hängen diese von einer Beurteilung des Aufsichtspflichtigen ab. Auch hier zeigen sich die Notwendigkeit und die Bedeutung einer guten Beobachtung, Wahrnehmung und Dokumentation in den Einrichtungen. Diese können dann an dieser Stelle für die Einschätzung der notwendigen Aufsicht herangezogen werden. Regelmäßig sind u. a. die folgenden Merkmale in die Bestimmung über das Maß der Aufsicht einzubeziehen:

- Gruppengröße
- Alter der Gruppenmitglieder
- Personalschlüssel
- Gruppensituation
- Gruppenzusammensetzung
- Beziehungen innerhalb der Gruppe, Sozialverhalten
- Verabredungen und Kompromisse in der Gruppe.

6.3.3 Räumliche oder örtliche Faktoren

Von Bedeutung sind auch räumliche/örtliche Faktoren. Sie betreffen sowohl die eigenen wie auch fremde Örtlich- bzw. Räumlichkeiten. Dabei sind insbesondere zu berücksichtigen:

- Raumbeschaffenheit, Raumgröße, Raumsicherheit
- räumliche bzw. örtliche Besonderheiten
- Umgebung, Gefahren der Umgebung
- Beschaffenheit und Sicherheit des Geländes
- natürliches und soziales Umfeld
- Natur und ihre Gefahrenquellen.

Ein abgeschlossenes Kindergartengelände, der öffentliche Verkehrsraum oder besondere Gefahren bei Ausflügen bedingen eine unterschiedliche Intensität der Aufsichtsführung. An Bedeutung gewinnen diese Faktoren immer dann, wenn neue, noch unbekannte Gelände, Orte, Bereiche etc. in die pädagogische Arbeit einbezogen werden. Dies kann z. B. ein Ausflug in den Wald, an den See, in eine andere Stadt oder eine Ferienfahrt ins Ausland sein. Möglicherweise sind hier bereits im Vorfeld weitere Erkundungen, wie eine Inaugenscheinnahme des Geländes oder eine gezielte Recherche über die räumlichen/örtlichen Bedingungen und Besonderheiten, erforderlich. Eine pädagogische Fachkraft wird solche Ortswechsel eher nicht vornehmen, wenn ihr diese Orte noch unbekannt sind. Die Gefahrenquellen sind für sie nur schwer abschätzbar und der Ortswechsel könnte zu gefährlich erscheinen. Auch bei bekannten, aber mit einer erhöhten Gefährlichkeit verbundenen Orten, z. B. ein Badesee ohne überwachte Badestelle oder ein im Winter zugefrorener See, gewinnt dieser raumbezogene Faktor erheblich an Bedeutung. Gewässer weisen grundsätzlich ein erhöhtes Gefahrenpotenzial auf, sodass hier das Maß der Aufsichtsführung anzupassen ist. Aber auch die räumlichen Faktoren können nicht isoliert, sondern müssen immer im Zusammenspiel mit allen weiteren betrachtet werden.

6.3.4 Sachbezogene Faktoren

Unter den sachbezogenen Faktoren ist u. a. die Gefährlichkeit des Spiels oder der genutzten Spielgeräte/-materialien zu verstehen. Dabei kann es weitere Umstände geben, die eine besondere Gefährlichkeit hervorrufen und so der pädagogischen Fachkraft eine verstärkte Aufsicht abverlangen. Unternimmt bspw. eine Kindergruppe einen Ausflug in den Kletterpark, spielen das Wetter und entsprechende Kleidung bzw. festes Schuhwerk eine größere Rolle als bei einem Spaziergang durch den Stadtteil. Die pädagogische Fachkraft muss den Inhalt und den Umfang ihrer Aufsicht den Gegebenheiten anpassen. Hat ein Kind kein passendes Schuhwerk, muss sie abschätzen, ob das Kind überhaupt klettern darf. Es kann insoweit erforderlich sein, ein Kletterverbot auszusprechen. Es könnte aber auch ausreichend sein, eine Beschränkung zu erteilen. Diese könnte in der Begrenzung auf bestimmte einfache bzw. flache Parcours und/oder aus einer erweiterten Hilfestellung bestehen. Hier ist die Fachkraft gefragt, die Situation zu erkennen und danach eine Entscheidung zu treffen u. a. bezüglich

- Wetter
- Kleidung
- mitgeführter Gegenstände
- ausgegebener Spielgeräte, Materialien oder Werkzeuge
- objektiver Gefährlichkeit der Aktivität
- Beherrschbarkeit der Gefahrenquelle
- Erlaubnisse und Auskünfte der Eltern, Belehrungen
- Informationspflicht über die Kinder und Jugendlichen.

6.3.5 Personelle Faktoren

Letztlich sind auch personelle Faktoren zu berücksichtigen. Diese können insoweit u. a. sein:

- Kompetenzen, pädagogisches Können, eigenes Zutrauen
- Berufserfahrungen
- Gesundheitszustand (z. B. Einschränkungen im Hören, Sehen oder der Beweglichkeit etc.)
- Situationserfassung, Erkennen der Gefahren

- Kennen der Kinder und Jugendlichen
- eigene Planung, aktuelle Vorhaben, Abstimmung im Team
- *Zumutbarkeit*, Anforderungen an Erzieher.

Aufgabe der pädagogischen Fachkraft ist im Rahmen der Aufsichtspflicht, das Kind/den Jugendlichen vor Schäden und Dritte vor Schäden durch das Kind/den Jugendlichen zu bewahren. Dafür ist es erforderlich, dass die pädagogische Fachkraft das Verhalten der ihnen anvertrauten Kinder oder Jugendlichen einschätzen und eben auch voraussehen kann. Hierfür sind neben den Kenntnissen über die anvertrauten Kinder und Jugendlichen auch besondere pädagogische Kenntnisse und Erfahrungen notwendig. Diese werden im Rahmen der beruflichen Aus- und Weiterbildung vermittelt. Allein diese theoretischen Kenntnisse werden jedoch nicht ausreichen. Es ist genauso wichtig, praktische Erfahrungen zu sammeln. Nur im Zusammenwirken beider Erforderlichkeiten können die Einschätzungen sicher vorgenommen werden. Eine Berufsanfängerin/ein Berufsanfänger oder auch eine Praktikantin bzw. ein Praktikant kann das Verhalten der Kinder oder Jugendlichen noch nicht so sicher einschätzen wie eine erfahrene Fachkraft. Daher dürfen an eine Berufsanfängerin/einen Berufsanfänger nicht die gleichen Anforderungen gestellt werden wie an eine erfahrene Fachkraft, da dies zu einer Überforderung führen würde. Das bedeutet für die Arbeit in den Einrichtungen, dass Auszubildende oder Berufsanfänger/innen erst mit zunehmenden Kenntnissen und Erfahrungen langsam an die Verantwortung für die Aufsichtsübernahme heranzuführen sind. Wie dies erfolgen soll, muss in der jeweiligen Einrichtung festgelegt werden. Denkbar wäre, Berufsanfängern/-anfängerinnen eine erfahrene Fachkraft zur Seite zu stellen. In einem geschlossenen Gruppensystem ist dies oft nicht möglich, da die gleiche Anzahl von Kindern dann von zwei Fachkräften betreut würde. Für viele Einrichtungen wäre eine solche Regelung damit nicht leistbar.

Einige Einrichtungen haben für die Einarbeitung neuer Kollegen/Kolleginnen entsprechende Einarbeitungskonzepte erstellt, die eine schrittweise Heranführung neuer Mitarbeiter/innen erlauben. Beispielsweise kann in der offenen Arbeit in großen Einrichtungen eine Arbeitsorganisation in Kleinteams erfolgen. Diese Teamorganisation ermöglicht eine schrittweise Einarbeitung neuer Mitarbeiter/innen. Hier kann den neuen/unerfahrenen Mitarbeitern/Mitarbeiterinnen ein »Mentor« zur Seite gestellt werden. Der Mentor fungiert als stetiger Ansprechpartner und kann Unterstützung geben. Möglich wird in einem solchen Modell ebenfalls eine verringerte Zuordnung von Bezugskindern. Mit wachsender Sicherheit und Erfahrung steigt die Bezugskinderzahl an. Neue Mitarbeiter/innen erhalten die Möglichkeit, die Kinder/Jugendlichen kennenzulernen und Sicherheit zu gewinnen. So kann der Berufseinstieg noch unerfahrenen Mitarbeitern/Mitarbeiterinnen erleichtert und eine zumutbare Aufsichtsführung gesichert werden.

Grundsätzlich darf keine pädagogische Fachkraft überfordert werden, da hieraus Gefahren resultieren können. Solche Überforderungen können in der Praxis durch verschiedene Umstände und Situationen entstehen. Oft wird berichtet, dass viel zu große Kinder- oder Jugendgruppen aufgrund von fehlendem Fachpersonal betreut und beaufsichtigt werden müssen. Problematisch hierbei ist, dass der Gesetzgeber keine konkreten Angaben vorgibt, wann eine Gruppe »zu groß« ist. Als Richtschnur können die rechtlichen Regelungen auf Landesebene herangezogen werden. Diese Personalschlüssel beinhalten bereits einen gewissen Vertretungsanteil für Krankheit und Urlaub der Mitarbeiter/innen. Es ist insoweit die Aufgabe der Leitung einer Einrichtung, für einen angemessenen und zumutbaren Personaleinsatz entsprechend dieser Vorgaben zu sorgen. Insgesamt bleibt es sicherlich nicht unzumutbar, in Ausnahmesituationen über einen gewissen absehbaren Zeitraum auch Kinder anderer Gruppen mit zu betreuen. Es darf jedoch keine Dauerlösung darstellen, um Kosten zu senken.

In Zeiten dauerhaften Fehlens von notwendigen pädagogischen Fachkräften ist von der Leitung einer Einrichtung eine Anpassung der Aufsichtsführung vorzunehmen. In solchen Situationen muss auf Aktivitäten mit erhöhtem Gefahrenpotenzial, wie Ausflüge oder Theaterbesuche, verzichtet werden. Auch könnte eine Reduzierung der sonstigen Aufgaben einer Fachkraft notwendig werden. Insbesondere organisatorische Aufgaben, wie die Vorbereitung und Durchführung von Elternabenden, Konzepterarbeitungen oder auch das Mitwirken an der Öffentlichkeitsarbeit der Einrichtung etc., müssen möglicherweise zeitweise eingeschränkt werden.

Aber auch die körperliche Verfassung und die eigenen Fähigkeiten der pädagogischen Fachkraft spielen für die Ausübung der Aufsichtspflicht eine Rolle. Entsprechend ihrer körperlichen und seelischen Verfassung, ihrer Fähigkeiten oder auch ihrer Kondition ist sie in der Lage, in einer Gefahrensituation zu handeln. Daher müssen diese individuellen Aspekte Berücksichtigung finden und das eigene Handeln daran orientiert werden. In diesem Bereich kann eine Nichtbeachtung ebenfalls zu einer Unzumutbarkeit der Aufsichtsführung für die pädagogische Fachkraft führen.

Aus arbeitsrechtlicher Sicht und auch um haftungsrechtliche Folgen zu vermeiden, kann in Fällen der Unzumutbarkeit durch Überforderung eine Überlastungsanzeige sinnvoll sein. Abschließend bleibt noch darauf hinzuweisen, dass nicht jede Aufsichtsmaßnahme, die grundsätzlich denkbar oder umsetzbar ist, immer auch der pädagogischen Fachkraft zugemutet werden kann. Damit ist gemeint, dass es oftmals eine Abwägungsentscheidung ist, ob in einer konkreten Situation den Erziehungszielen oder den Sicherheitserwägungen der Vorrang eingeräumt werden soll. Einerseits geht es um die Machbarkeit und andererseits um die freien Entwicklungsmöglichkeiten der Kinder oder Jugendlichen. Zumutbar sind immer eine zeitweise Beobachtung, das Aufstellen von Regeln und eine regelmäßige Kontrolle dieser Regeln.

Der BGH hatte dazu ausgeführt, dass eine ständige Überwachung weder möglich noch erforderlich ist. Zuviel Aufsicht behindert die freie Entfaltung der Persönlichkeit der Kinder und Jugendlichen. Jedoch ist diese Aussage auch kein allgemeiner Freibrief für die Fachkräfte, sondern ein Teil der Abwägungsentscheidung.

Das Maß der Zumutbarkeit unterliegt den gesellschaftlich Veränderungen wie auch den Veränderungen pädagogischer Sichtweisen. Insoweit bleibt festzustellen, dass das pädagogische Ziel der Erziehung zu eigenverantwortlichen, selbstständigen und gemeinschaftsfähigen Persönlichkeiten also den Umfang und die Intensität der zumutbaren Aufsichtsführung bestimmt.

6.4 Pflichten des Aufsichtspflichtigen

Um die Aufsichtspflicht ausreichend wahrzunehmen, treffen den Aufsichtspflichtigen, also insbesondere auch die pädagogische Fachkraft, grundsätzlich drei Pflichten, die in das pädagogische Vorgehen einzubeziehen sind. Lediglich der Umfang dieser Pflichten kann unterschiedlich stark ausgeprägt sein und orientiert sich an den vg. Kriterien. Die Entscheidung über die Intensität der Aufsichtsführung ist insoweit immer eine Einzelfallentscheidung, die der Aufsichtführende treffen muss.

6.4.1 Die Informationspflicht

Die Informationspflicht erfordert zunächst eine umfängliche Information aller aufsichtführenden Personen (Heilpädagogen/-pädagoginnen, Erzieher/innen, Eltern, Praktikanten/Praktikantinnen etc.) über den gesamten Sachverhalt. Dabei spielen dann erneut die vg. Kriterien der Aufsichtspflicht eine Rolle und verdeutlichen den Rahmen. Bspw. ist es zur Erfüllung der Informationspflicht notwendig, die zu beaufsichtigenden Kinder und Jugendlichen zu kennen oder sich über sie ausreichend zu informieren. Nur dann ist es möglich, das persönliche Maß der Aufsichtspflicht für ein konkretes Kind oder einen Jugendlichen zu bestimmen. Entsprechend ihrer wachsenden Fähigkeiten und Fertigkeiten oder auch Besonderheiten verändern sich die inhaltlichen Informationen, die Regelungen und die Belehrungen. Der selbständige und sichere Umgang mit Gefahrenquellen nimmt im Laufe der Zeit zu, und das Maß der Aufsicht nimmt entsprechend ab. Ohne eine Kenntnis über die Fähigkeiten, Fertigkeiten oder Besonderheiten der Kinder und Jugendlichen ist die Ausfüllung der eigenen Informationspflicht schwer möglich. Daher umfasst die Informationspflicht im ersten Schritt die Informationen über die Kinder und Jugendlichen.

Der Aufsichtführende muss sich aber auch über mögliche Gefahrenquellen informieren. Dazu kann beispielsweise gehören, bei Badeausflügen Informationen über die Beschaffenheit eines Gewässers einzuholen, bei Wanderungen Informationen über das Gelände, mögliche Wanderwege, Schwierigkeitsgrade und Dauer einer solchen Wanderung oder auch wie man sich bei der Begegnung mit Wild zu verhalten hat, etc.

Ebenfalls muss der Aufsichtführende die ihm anvertrauten Kinder und Jugendlichen informieren. Die Art und Weise sowie der Inhalt der Informationen sind von ihren persönlichen Voraussetzungen abhängig. Auch in diesem Schritt bezieht sich der Inhalt der Informationen auf die vg. Kriterien. Der Aufsichtspflichtige informiert demnach über räumliche, sachliche, personelle und gruppenbezogene Gegebenheiten. Auch muss er auf mögliche Gefahren aufmerksam machen, den Umgang mit ihnen darstellen, Regeln aufstellen (Belehrungen etc.), Verbote aussprechen und Konsequenzen bei Regel- oder Verhaltensverstößen aufzeigen. Dies ist schlecht möglich, ohne vorab selbst diese Kenntnisse zu besitzen. Auch hier gilt: Das pädagogische Handeln soll die Minderjährigen befähigen, selbstständig zu handeln und Verantwortung für sich übernehmen zu lernen.

Es ist daher auch erforderlich, dass sich der Aufsichtspflichtige selbst über die örtlichen und sachlichen Gegebenheiten informiert, um entsprechende Belehrungen, Regeln oder Verbote aufstellen zu können. Nur mit diesen Informationen kann das Risiko der Gefahrenquellen möglichst gering gehalten und beherrschbar werden. Dennoch sollte die Informationspflicht auf die wesentlichen Informationen und Regeln beschränkt werden, da anderenfalls der Umfang gegenteilig wirken könnte.

6.4.2 Die Überwachungspflicht

An dieser Stelle muss der Aufsichtführende die sog. tatsächliche Aufsichtsführung übernehmen. Er muss sich also vergewissern, dass die ihm anvertrauten Kinder und Jugendlichen die Anweisungen verstanden haben und auch einhalten. Es kann erforderlich sein, dass der Aufsichtspflichtige die Kinder und Jugendlichen auf die Aufgaben vorbereitet, Hilfestellungen gibt und zur richtigen Ausführung einführt oder anleitet. Hier ist auch eine tatsächliche Anwesenheit des Aufsichtführenden erforderlich. Der Umfang der Anwesenheitspflicht ist jedoch wieder eine Einzelfallentscheidung und ein Abwägungsprozess. Nicht erforderlich ist eine permanente und lückenlose Überwachung der Kinder und Jugendlichen auf Schritt und Tritt (BGH, NJW 1993, 1003; Urt. OLG Koblenz, vom 21.06.2012, Az.: 1 U 1086/11).

Anknüpfungspunkt sind immer die konkreten Kinder und Jugendlichen, welche aufgrund ihrer persönlichen Voraussetzungen sowie der aktuellen Situation die umfänglichste Überwachung und damit auch die Anwesenheit des Aufsichtspflichtigen benötigen.

6.4.3 Die Handlungspflicht

Der Aufsichtführende muss bei festgestellten Verstößen eingreifen und die angekündigten Konsequenzen tatsächlich aussprechen und durchsetzen. Ggf. sind an dieser Stelle auch weitergehende Regeln, Belehrungen oder Verbote erforderlich.

6.5 Haftung des Aufsichtspflichtigen

Die Haftung ist die Kehrseite der Aufsichtspflicht. Sie entsteht, wenn ein gefordertes Verhalten – etwa eine erforderliche Aufsicht nach den oben genannten Kriterien – nicht oder nur schlecht erfüllt wurde, also eine Aufsichtspflichtverletzung vorliegt und dadurch ein Schaden entstanden ist. Die Haftung erstreckt sich auf verschiedene Rechtsgebiete, die ihrerseits die haftungsrechtlichen Folgen aufzeigen.

Abb. 16: Haftungsumfang bei Aufsichtspflicht

Zivilrechtliche Folgen

Die zivilrechtliche Haftung führt zur Verpflichtung, für eine entstandene Körperverletzung oder Sachbeschädigung Schadensersatz zu leisten. Ausgangspunkt für einen solchen Anspruch ist § 832, Abs. 1 BGB. Die Besonderheiten der gesetzlichen Unfallversicherung sind jedoch zu berücksichtigen. Sie leistet insbesondere Ersatz für Körperschäden bei Kindern und Jugendlichen.

Arbeitsrechtliche Folgen

Die arbeitsrechtliche Haftung hat dienstrechtliche, arbeitsrechtliche oder disziplinarische Konsequenzen. Als arbeitsrechtliche Konsequenzen können hier u. a. eine Versetzung, eine Abmahnung, eine verhaltensbedingte oder auch eine außerordentliche Kündigung in Betracht kommen.

Strafrechtliche Folgen

Die strafrechtliche Haftung führt zu einer strafrechtlichen Sanktion. Voraussetzung für die Auslösung strafrechtlicher Folgen ist zunächst die Begehung einer Straftat und damit das Vorliegen eines Straftatbestandes aus dem Strafgesetzbuch (StGB). Mögliche Straftatbestände bei einer Aufsichtspflichtverletzung sind u. a. Sachbeschädigung, Körperverletzungsdelikte oder Tötungsdelikte.

6.5.1　Zivilrechtliche Haftung

Weiterhin wird die Ersatzpflicht danach differenziert, ob es sich um eine gesetzliche oder eine vertragliche Aufsichtspflicht gehandelt hat. Auch spielt es eine Rolle, ob der Aufsichtsbedürftige selbst einen Schaden erlitten oder er einen Dritten geschädigt hat.

Schadensersatzpflicht beim Aufsichtspflichtigen

Erleidet ein Aufsichtsbedürftiger durch eine ungenügende oder fehlende Aufsicht einen Körper- oder Sachschaden, so hat der Aufsichtspflichtige diesen Schaden zu ersetzen. Die rechtliche Grundlage für eine solche Schadensersatzpflicht normiert § 823, Abs. 1 BGB.

---

§ 823 BGB »Schadensersatzpflicht«

(1) Wer vorsätzlich oder fahrlässig das Leben, den Körper, die Gesundheit, die Freiheit, das Eigentum oder ein sonstiges Recht eines anderen widerrechtlich verletzt, ist dem anderen zum Ersatz des daraus entstehenden Schadens verpflichtet.

Eine Haftung erfordert demnach zunächst eine Verletzungshandlung an einem der geschützten Rechtsgüter. Bei einer Aufsichtspflichtverletzung kommen insbesondere Verletzungen an den Rechtsgütern Leben, Körper, Gesundheit oder Eigentum in Betracht. Die Verletzungshandlung, also die vorsätzliche oder fahrlässige Verletzung eines dieser Rechtsgüter, besteht in der Verletzung der Aufsichtspflicht. Im Fall der Aufsichtspflichtverletzung liegt somit aber gerade keine aktive Verletzungshandlung, also ein positives Tun, vor, sondern der Aufsichtspflichtige hat gerade etwas nicht getan. Dies wird als Unterlassen bezeichnet. Ein Unterlassen steht einem positiven Tun jedoch dann gleich, wenn es eine Pflicht hinsichtlich einer bestimmten Handlung gegeben hat. Gab es also jemanden, der die Pflicht hatte, den Schaden zu verhindern, so kann auch bei einem Unterlassen eine Haftung in Betracht kommen. Diese Pflicht kann sich aus einer bestimmten Stellung gegenüber dem Geschädigten ergeben. Eine solche besondere Stellung wird als Garantenstellung bezeichnet.

---

§ 13 StGB »Begehen durch Unterlassen«

(1) Wer es unterläßt, einen Erfolg abzuwenden, der zum Tatbestand eines Strafgesetzes gehört, ist nach diesem Gesetz nur dann strafbar, wenn er rechtlich dafür einzustehen hat, daß der Erfolg nicht eintritt, und wenn das Unterlassen der Verwirklichung des gesetzlichen Tatbestandes durch ein Tun entspricht.

Die Aufsichtspflicht besteht entweder aus einer gesetzlichen oder einer vertraglichen Verpflichtung, das Kind oder den Jugendlichen vor einem Schaden zu bewahren. Somit besteht für den Aufsichtspflichtigen eine solche Pflicht; er hat eine Garantenstellung inne. Damit ist in den Fällen der Aufsichtspflichtverletzung dieses Unterlassen einem positiven Tun gleichzusetzen. Darüber hinaus muss diese Verletzungshandlung auch schuldhaft sein, also dem Aufsichtspflichtigen muss die Pflichtverletzung auch verwertbar sein. Verwertbar ist immer eine vorsätzliche oder fahrlässige Verletzung der Aufsichtspflicht, die dann zu einer Haftung gem. § 823, Abs. 1 BGB führen kann. Eine vorsätzliche Verletzung der Aufsichtspflicht kann jedoch regelmäßig ausgeschlossen werden. Keine Heilpädagogin unterlässt vorsätzlich die Beaufsichtigung der ihr anvertrauten Kinder oder Jugendlichen, um diesen einen Schaden zuzufügen. Insoweit ist die fahrlässige Aufsichtspflichtverletzung das wahrscheinlichere Risiko. Dabei heißt Fahrlässigkeit die Außerachtlassung der erforderlichen Sorgfalt.

Gesetzliche Unfallversicherung

Für pädagogisches Fachpersonal in Tageseinrichtungen sieht das Gesetz in § 2 SGB VIII eine Haftungsfreistellung vor. Danach sind alle Kinder gesetzlich, also ohne dass ein eigener Vertrag geschlossen oder Versicherungsbeiträge geleistet werden müssen, unfallversichert. Gem. § 7, Abs. 1, Nr. 1 SGB VIII sind Kinder im Sinne der gesetzlichen Unfallversicherung alle Minderjährigen bis zur Vollendung des 14. Lebensjahres. Inhalt dieser gesetzlichen Unfallversicherung sind Personenschäden (Gesundheit, Körper und Leben). Im Schadensfall werden gem. §§ 104, 105 SGB VIII der Träger, die Erzieher/innen und die Kinder von einer Haftung für solche Schäden freigestellt, die im Zusammenhang mit dem Besuch der Einrichtung stehen. Eingeschlossen sind hier alle Veranstaltungen und Ausflüge etc. Mit dieser Regelung hat der Gesetzgeber den Schadensersatzanspruch ausgeschlossen. Ein Grund für dieses Haftungsprivileg ist ein ungestörter Ablauf und der Frieden in den Einrichtungen. Einerseits sollen die Mitarbeiter/innen ihre Entscheidungen auf einer fachlich-pädagogischen Grundlage treffen können, ohne subjektiv das Gefühl zu haben, bei jeder Abwägungsentscheidung »mit einem Bein im Gefängnis« zu stehen. Andererseits solle es auch eine Rechtssicherheit für den Fall eines Schadenseintritts geben. Ohne dass es einer gerichtlichen Auseinandersetzung zwischen dem Träger der Einrichtung, der pädagogischen Fachkraft und der geschädigten Familie bedarf, werden Schäden durch den Träger der gesetzlichen Unfallversicherung ausgeglichen. Die Elternpartnerschaft und das bestehende Vertrauensverhältnis sollen so wenig wie möglich belastet werden, da sie die Grundlage der pädagogischen Arbeit der Einrichtungen bilden. Die gesetzliche Unfallversicherung wirkt insoweit wie eine Haftpflichtversicherung bei Personenschäden für die Beteiligten. Dieses Haftungsprivileg gilt nicht für immaterielle Schäden (Sachschäden oder Schmerzensgeld). Sachschäden sind schon dann zu ersetzen, wenn der Verantwortliche nur fahrlässig gehandelt oder fahrlässig eine ihm obliegende Pflicht nicht beachtet hat. Für solche Schäden ist es empfehlenswert eine private Berufshaftpflichtversicherung abzuschließen, die in einem Schadensfall die Kosten für den Ersatz von Sachen des Kindergarten oder eines Dritten übernimmt. Immer häufiger schließen auch die Träger der Einrichtungen diese Berufshaftpflichtversicherung für ihre Mitarbeiter/innen ab.

Schaden bei einem Dritten

Erleidet ein Dritter durch den Aufsichtsbedürftigen wegen einer ungenügenden oder fehlenden Aufsicht einen Schaden, so hat der Aufsichtspflichtige diesen Schaden zu ersetzen. Die rechtliche Grundlage für eine solche Schadensersatzpflicht normiert § 832 BGB. Darin heißt es:

§ 832 BGB »Haftung des Aufsichtspflichtigen«

(1) Wer kraft Gesetzes zur Führung der Aufsicht über eine Person verpflichtet ist, die wegen Minderjährigkeit oder wegen ihres geistigen oder körperlichen Zustands der Beaufsichtigung bedarf, ist zum Ersatz des Schadens verpflichtet, den diese Person einem Dritten widerrechtlich zufügt. Die Ersatzpflicht tritt nicht ein, wenn er seiner Aufsichtspflicht genügt oder wenn der Schaden auch bei gehöriger Aufsichtsführung entstanden sein würde.

(2) Die gleiche Verantwortlichkeit trifft denjenigen, welcher die Führung der Aufsicht durch Vertrag übernimmt.«

Danach ist der Aufsichtspflichtige einem Dritten gegenüber zum Schadensersatz verpflichtet, wenn der zu Beaufsichtigende den Schaden verursacht hat. Die Handlungen des zu Beaufsichtigenden werden damit dem Aufsichtspflichtigen wie eigenes Handeln zugerechnet, weil er seine Aufsichtspflicht verletzt hat.

Beispiel

Der Installateurmeister Gerhard Wassermann wurde zu einem Wasserrohrbruch in der Kindertagesstätte »Unsere bunte Welt« gerufen. Er stellte sein Dienstfahrzeug auf dem Parkplatz vor dem Kita-Gelände ab und behob im Gebäude den Wasserschaden. Das Außengelände der Kita ist umzäunt und außen mit Ziersteinen eingesäumt. Der PKW parkte ca. 2 m von der Zaunanlage entfernt. Auf dem Außengelände ist zu diesem Zeitpunkt die »Mittel-Gruppe« mit ihrer Erzieherin Eva Ordentlich mit der Bepflanzung eines Erdbeerbeetes beschäftigt. Jonas, Friedrich und Klara entfernen sich unbemerkt von ihrer Gruppe und werfen mehrere Ziersteine auf das Fahrzeug von Gerhard Wassermann. Das Fahrzeug wird durch die Steine beschädigt und hat mehrere Lackkratzer sowie kleinere Beulen auf der Motorhaube (nach BGH Urt. v. 13.12.2012 –Az.: III ZR 226/12).

In diesem Fallbeispiel ist die Erzieherin Eva Ordentlich aufgrund des Betreuungsvertrages zwischen dem Träger der Einrichtung und den Eltern von Jonas, Friedrich und Klara sowie der weiteren Delegation an sie aufsichtspflichtig. Ihr obliegt die Ausübung der vertraglich entstandenen Aufsichtspflicht. Der Installateur Wassermann ist hier der »Dritte« im Sinne des Gesetzes. Gem. § 832, Abs. 2, Abs. 1 BGB muss die Erzieherin Eva Ordentlich den Schaden ersetzen, wenn Jonas, Friedrich und Klara die Kratzer und Beulen an dem PKW verursacht haben. Die Ersatzpflicht von Eva Ordentlich tritt bereits mit der Verursachung des Sachschadens durch die Kinder ein. Voraussetzung für die Ersatzpflicht gem. § 832, Abs. 1 BGB ist grundsätzlich das Vorliegen einer tatbestandsmäßigen und rechtswidrigen unerlaubten Handlung. Diese liegt hier in der Beschädigung des PKW, also in einer Verletzung des Eigentums von Gerhard Wassermann, durch die Steinwürfe der Kinder. Auf ein Verschulden von Eva Ordentlich kommt es nicht an, da hier eine gesetzliche Vermutung für ein solches eigenes Verschulden von Eva Ordentlich greift. Der Gesetzgeber geht davon aus, dass die Kinder bei einer gehörigen Aufsicht keinen Schaden bei einem Dritten hätten verursachen können.

Ein Aufsichtspflichtiger kann sich von der Ersatzpflicht (Haftung) gem. § 832 I 2 BGB befreien, wenn er den Entlastungsbeweis führen kann, dass er seine Aufsichtspflicht umfänglich erfüllt hat oder dass der Schaden auch dann entstanden wäre, wenn die Aufsichtsführung ordnungsgemäß gewesen wäre. Hier hat der Gesetzgeber die sonst übliche Beweislast umgekehrt. In unserem Beispiel müsste also Eva Ordentlich beweisen, dass sie ihrer Aufsichtspflicht gerecht wurde oder dass der Schaden an dem PKW auch bei einer gehörigen Aufsichtsführung entstanden wäre. Nur so kann sie sich von einer Haftung für den entstandenen Schaden befreien.

In der Praxis ist ein solcher Entlastungsbeweis oftmals schwer zu erbringen, da keine ausreichenden Beweismittel vorliegen. Deshalb ist es besonders wichtig, eine kontinuierliche Dokumentation der eigenen Maßnahmen in Bezug auf die Handlungspflichten vorzunehmen. In vielen Einrichtungen besteht über ein Belehrungsbuch hinausgehend keine nachvollziehbare Dokumentation. Sinnvoll ist aber, eine solche bereits im Vorfeld zu erstellen. Erst mit einer entsprechenden Dokumentation wird ein Vorhaben und Handeln einer pädagogischen Fachkraft sichtbar sowie nachvollziehbar. Sie sollte in schriftlicher Form, fortlaufend und unter Angabe des Datums erfolgen. Anderenfalls kann eine Exkulpation im Schadensfall schwer gelingen. Insoweit besteht das Risiko vor allem im Misslingen der Beweisführung. Auch ist eine Dokumentation im Vorfeld bei einem Schadensfall dahingehend hilfreich, dass dieser nicht als Schutzbehauptung angesehen werden kann. Hier wird deutlich, welche große Verantwortung der Träger gegenüber seinen Mitarbeitern/Mitarbeiterinnen hat. Es ist außerdem seine Pflicht dafür zu sorgen, dass das Haftungsrisiko für die pädagogischen Fachkräfte möglichst minimiert wird. Mit der Gestaltung der Arbeitszeit und der Übertragung der Arbeitsaufgaben stehen ihm relativ einfache Mittel zur Seite, um seine Mitarbeiter/innen zu schützen und sie solchen Haftungsrisiken nicht auszusetzen. Für eine Dokumentation des beruflichen Handelns sind einerseits ausreichende Zeitfenster zu eröffnen und andererseits geeignete Dokumentationsweisen sicherzustellen. Ohne die Einräumung von Vor- und Nachbereitungszeiten kann sie nur schwer erfolgen.

6.5.2 Schaden bei einem Aufsichtspflichtigen

Eine weitere Fallkonstellation ist denkbar. Auch die aufsichtführende pädagogische Fachkraft kann durch die Handlung eines Kindes oder Jugendlichen zu Schaden kommen.

Beispiel

In einem heilpädagogischen Hort kommt es auf dem Außengelände zwischen der zehnjährigen Cosima und der neunjährigen Lina zu einem Streit. Die Mädchen waren an diesem Tag schon währen der Mittagspause aneinandergeraten.

Die zunächst verbale Auseinandersetzung der beiden mündet in Handgreiflichkeiten. Sie schubsen und treten sich gegenseitig. Die aufgrund der lautstarken Streitigkeit von ihrem privaten Telefonat heran eilende Heilpädagogin Tina Unglück will die beiden Mädchen trennen und den Streit schlichten. Bevor sie die Mädchen erreicht, wirft Lina ihre Trinkflasche nach Cosima. Ihr Wurf verfehlt Cosima, trifft aber Tina Unglück mitten im Gesicht. Ihre Nase beginnt sofort zu bluten und schwillt an. Später wird im Krankenhaus ein Nasenbruch diagnostiziert.

Ein Schadensersatzanspruch richtet sich in solchen Fällen gegen das schädigende Kind selbst. Die Rechtsgrundlage für diese Ansprüche bildet ebenfalls § 823, Abs. 1 BGB. Erforderlich ist neben der rechtswidrigen unerlaubten Handlung auch die Deliktfähigkeit. Kindern oder Jugendlichen fehlt aber oft die hierfür notwendige Einsichts- und Steuerungsfähigkeit. Dies wird in vielen Fällen bereits den Anspruch auf Schadensersatz ausschließen. Des Weiteren ist auch ein ggf. bestehendes Mitverschulden des Aufsichtspflichtigen gem. § 254, Abs. 1 BGB zu berücksichtigen.

---

§ 254 BGB »Mitverschulden«

(1) Hat bei der Entstehung des Schadens ein Verschulden des Beschädigten mitgewirkt, so hängt die Verpflichtung zum Ersatz sowie der Umfang des zu leistenden Ersatzes von den Umständen, insbesondere davon ab, inwieweit der Schaden vorwiegend von dem einen oder dem anderen Teil verursacht worden ist.

Eine solche Minderung des Ersatzanspruches kann bis zu 100 % zu berücksichtigen sein.

6.5.3   Strafrechtliche Haftung

Eine strafrechtliche Haftung einer Heilpädagogin kann *immerdar* in Betracht kommen, wenn der Aufsichtsbedürftige aufgrund einer Aufsichtspflichtverletzung Schaden erleidet. In der Regel liegen Körperverletzungs- oder Tötungsdelikte in einer fahrlässigen Begehung vor. Eine vorsätzliche Körperverletzung oder gar Tötung eines Kindes oder Jugendlichen scheidet bei pädagogischen Fachkräften wohl aus.

---

§ 229 StGB »Fahrlässige Körperverletzung«

Wer durch Fahrlässigkeit die Körperverletzung einer anderen Person verursacht, wird mit Freiheitsstrafe bis zu drei Jahren oder mit Geldstrafe bestraft.

---

§ 222 StGB »Fahrlässige Tötung«

Wer durch Fahrlässigkeit den Tod eines Menschen verursacht, wird mit Freiheitsstrafe bis zu fünf Jahren oder mit Geldstrafe bestraft.

Erforderlich ist in diesen Fällen insbesondere der Nachweis über eine Aufsichtspflichtverletzung als Handlung der Heilpädagogin. Eine Beweislastumkehr bzw. Erleichterung kommt für die Staatsanwaltschaft nicht in Betracht. Hier gilt grundsätzlich der Grundsatz »in dubio pro reo«, also im Zweifel für den Angeklagten.

6.5.4 Arbeitsrechtliche Haftung

Jede Verletzung der Aufsichtspflicht kann auch arbeitsrechtsrechtliche Folgen auslösen, da sie immer eine Verletzung einer arbeitsvertraglichen Pflicht darstellt. Hierfür wird auch nicht erforderlich, dass tatsächlich ein Schaden eingetreten ist. Damit können auch völlig folgenlose Verletzungen der Aufsichtspflicht empfindliche Konsequenzen für eine pädagogische Fachkraft haben. In Betracht kommende Konsequenzen sind vorwiegend

- eine Ermahnung
- eine Versetzung
- die Zurückstellung einer Beförderung
- eine Entziehung von Leitungsfunktionen
- eine Abmahnung
- eine verhaltensbedingte Kündigung
- eine außerordentliche Kündigung.

Ob und welche Konsequenzen für erforderlich gehalten werden, ist wieder eine Einzelfallentscheidung.

Resultiert die Aufsichtspflichtverletzung aus einer unzumutbaren Arbeitsbelastung, kann eine Überlastungsanzeige nach §§ 15, 16 Arbeitsschutzgesetz (ArbSchG) und § 242 BGB ratsam sein, um sich vor solchen Haftungsrisiken zu schützen.

§ 15 ArbSchG »Pflichten der Beschäftigten«

(1) Die Beschäftigten sind verpflichtet, nach ihren Möglichkeiten sowie gemäß der Unterweisung und Weisung des Arbeitgebers für ihre Sicherheit und Gesundheit bei der Arbeit Sorge zu tragen. Entsprechend Satz 1 haben die Beschäftigten auch für die Sicherheit und Gesundheit der Personen zu sorgen, die von ihren Handlungen oder Unterlassungen bei der Arbeit betroffen sind.

§ 16 ArbSchG »Besondere Unterstützungspflichten«

(1) Die Beschäftigten haben dem Arbeitgeber oder dem zuständigen Vorgesetzten jede von ihnen festgestellte unmittelbare erhebliche Gefahr für die Sicherheit und Gesundheit sowie jeden an den Schutzsystemen festgestellten Defekt unverzüglich zu melden.

§ 242 BGB »Leistung nach Treu und Glauben«

Der Schuldner ist verpflichtet, die Leistung so zu bewirken, wie Treu und Glauben mit Rücksicht auf die Verkehrssitte es erfordern.

Zum Spiel von Kindern gehört es, Neuland zu entdecken und zu »erobern«. Dies kann ihnen, wenn damit nicht besondere Gefahren für sie selbst oder für andere verbunden sind, nicht allgemein untersagt werden. Vielmehr muss es bei Kindern dieser Altersstufe im Allgemeinen genügen, dass die Aufsichtspflichtigen sich über das Tun und Treiben in groben Zügen einen Überblick verschaffen, sofern nicht konkreter Anlass zu besonderer Aufsicht besteht. Andernfalls würde jede vernünftige Entwicklung des Kindes, insbesondere der Lernprozess im Umgang mit Gefahren, gehemmt.

7 Einführung in das Arbeitsrecht für Heilpädagoginnen und Heilpädagogen

Das Thema Arbeitsrecht wirft in der Praxis viele Fragestellungen auf, die hier nur überblicksartig beleuchtet werden können. Grundsätzlich umfasst es alle Rechtsvorschriften, die Arbeitnehmer/innen betreffen. Es wird auch als Schutzrecht für Arbeitnehmer/innen bezeichnet, um deren Position in einem anhängigen Beschäftigungsverhältnis zu stärken. Es ist daher ein Sonderrecht für schutzbedürftige Arbeitnehmer/innen und regelt insbesondere deren Rechtsbeziehungen zum Arbeitgeber. Das Arbeitsrecht ist geprägt von einer Vielzahl von Einzelnormen in verschiedenen Gesetzen, Verträgen und einer großen Bedeutung der arbeitsgerichtlichen Rechtsprechung. Dies macht es für die Anwender oftmals schwer, die Lösung ihrer Fragestellung oder ihres Problems ausfindig zu machen. Vor dem Hintergrund, dass dieses Rechtsgebiet die meisten Heilpädagoginnen ihr gesamtes berufliches Leben begleiten wird, erscheint dies nicht befriedigend. Dieses Kapitel soll vorwiegend eine Struktur bieten und Grundlagen vermitteln, um sich dem großen Thema leichter nähern zu können. Zu berücksichtigen bleibt stets auch, dass gerade dieses Rechtsgebiet ständigen Veränderungen unterliegt und sich den gesellschaftlichen Veränderungen sowie den wachsenden Bedürfnissen anpasst. Umso wichtiger ist ein Verständnis der Grundstruktur.

7.1 Bereiche des Arbeitsrechts

Die Struktur im Arbeitsrecht lässt sich in verschiedene Bereiche unterteilen. Die gröbste Unterteilung trennt das Individualarbeitsrecht vom Kollektivarbeitsrecht. Diese beiden Bereiche weisen verschiedene Beteiligte auf.

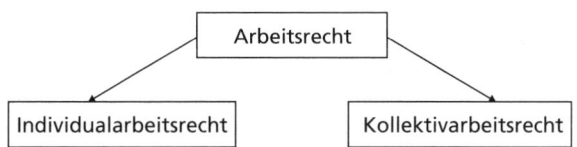

Abb. 17: Arbeitsrechtliche Bereiche

7.1.1 Individualarbeitsrecht

Das Individualarbeitsrecht regelt die Rechtsbeziehungen zwischen den einzelnen Arbeitnehmern/Arbeitnehmerinnen und dem Arbeitgeber. Darin sind insbesondere Regelungen über das Zustandekommen, den Inhalt, die Störungen, den Übergang oder die Beendigung von Arbeitsverträgen enthalten. Es geht also vorrangig um die Ausgestaltung des Arbeitsverhältnisses. Auch das Arbeitsschutzrecht gehört zum individuellen Arbeitsrecht. Dieser Bereich wird auch als technischer und sozialer Arbeitsschutz bezeichnet. Dazu gehören Regelungen zum Schutz der Jugend, der Schwangeren oder der Mütter in ihren Arbeitsverhältnissen. In diesem Bereich gibt es zahlreiche Einzelgesetze, die sich mit einzelnen Schutzbereichen befassen.

7.1.2 Kollektivarbeitsrecht

Hingegen regelt das kollektive Arbeitsrecht die Rechtsbeziehungen der arbeitsrechtlichen Koalitionspartner. Dazu zählen die Gewerkschaften als Kollektiv der Arbeitnehmer/innen und Arbeitgeberverbände als Kollektiv der Arbeitgeber/innen. Ebenfalls werden die Rechtsbeziehungen der Arbeitnehmervertretungen (wie Personalräte, Mitarbeitervertretungen oder Betriebsräte) zu ihren Mitgliedern und auch zueinander normiert. Teilbereiche des Kollektiven Arbeitsrechts sind das Tarifvertragsrecht, das Arbeitskampfrecht und das Betriebsverfassungsrecht.

7.2 Arbeitnehmer- und Arbeitgeberbegriffe

Für die Anwendbarkeit des Arbeitsrechts als Schutzrecht für Arbeitnehmer/innen ist zunächst zu klären, wer unter diesen Schutz fallen soll. Für die weitere Rechtsanwendung (bspw. die Zuständigkeit der Arbeitsgerichtsbarkeit, die Anwendbarkeit tariflicher Regelungen oder die Bestimmung arbeitsrechtlicher Rechte und Pflichten) ist daher von Bedeutung, welche Personen unter den Arbeitnehmerbegriff zusammengefasst werden.

Definition Arbeitnehmer

Auch der Arbeitnehmerbegriff ist nicht gesetzlich definiert. Nach allgemeiner Ansicht ist ein Arbeitnehmer eine Person, die aufgrund eines privatrechtlichen Vertrages verpflichtet ist, für einen anderen, regelmäßig gegen ein Entgelt, unselbstständige Dienste zu leisten.

Mit dem Merkmal des privatrechtlichen Vertrages findet eine Abgrenzung zu anderen Personengruppen wie Diakonissen, Polizisten, Richtern, sonstigen Beamten oder auch Bundesfreiwilligendienstler oder FSJler statt.

Auch ist das Vorliegen eines Arbeitsvertrages als Sonderform des Dienstvertrages gem. § 611 BGB erforderlich.

---

§ 611 BGB »Vertragstypische Pflichten beim Dienstvertrag«

(1) Durch den Dienstvertrag wird derjenige, welcher Dienste zusagt, zur Leistung der versprochenen Dienste, der andere Teil zur Gewährung der vereinbarten Vergütung verpflichtet.

(2) Gegenstand des Dienstvertrags können Dienste jeder Art sein.

Es wird ein Dienst, also eine Tätigkeit, eine Arbeitsleistung geschuldet. Dies ist rein wirtschaftlich zu betrachten und meint jede Arbeitsleistung, die einen wirtschaftlichen Wert darstellt. Unerheblich ist, ob es sich um eine geistige oder körperliche, aktive oder passive Leistung handelt. Im sozialen/pädagogischen Bereich ist dies stets der Fall. Diese Leistung muss darüber hinaus im Austauschverhältnis mit einem Entgelt stehen. Diese Leistung muss für einen anderen erbracht werden. Damit wird eine persönliche Abhängigkeit normiert, die ein zentraler Bestandteil des Arbeitnehmerbegriffs in Abgrenzung zum Selbständigen darstellt. Abgrenzungskriterien sind u. a. die Einordnung in die Betriebsorganisation eines anderen und die Weisungsgebundenheit. Darüber hinaus spielen weitere Indizien in der Gesamtwürdigung, wie die tatsächliche Ausgestaltung oder auch das fehlende Unternehmerrisiko, eine Rolle.

Leitende Angestellte

Leitende Angestellte sind zwar grundsätzlich als Arbeitnehmer/innen einzustufen, nehmen aber aufgrund ihrer Stellung im Unternehmen und ihrer Nähe zum Arbeitgeber eine Sonderstellung ein. Für sie gelten einige arbeitsrechtliche Bestimmungen nicht. Bspw. greifen für sie die Regelungen des Arbeitszeitgesetzes nicht, das Betriebsverfassungsgesetz findet auf sie ebenfalls keine Anwendung. Tarifverträge und auch der Kündigungsschutz sind eingeschränkt.

In der Praxis wird der Begriff eines leitenden Angestellten eher schwammig verwendet. Grundsätzlich sind nicht alle Führungskräfte auch leitende Angestellte. Eine einheitliche Begriffsbestimmung sieht das Arbeitsrecht auch in diesem Bereich nicht vor. Vielmehr beschreiben die einzelnen Regelungen verschiedene Merkmale für einen leitenden Angestellten.

Gemeinsam haben diese Regelungen, dass einem leitenden Angestellten die Ausübung der Arbeitgeberfunktion zumindest teilweise übertragen wird. Dazu zählt insbesondere eine selbstständige Einstellungs- und Entlassungsbefugnis. Aber auch eigenverantwortliche konzeptionelle Planungs- und Entscheidungsbefugnisse, weisungsfreie Gestaltung der Unternehmenspolitik, weitreichende Entscheidungsspielräume oder die Übertragung von Vertretungsbefugnissen deuten auf die Stellung als leitender Angestellter hin.

Damit sind leitende Angestellte formal eher dem Lager des Arbeitgebers als dem der Arbeitnehmer/innen zuzuordnen. Daraus leitet sich ihre rechtliche Sonderstellung ab.

Beispiel

Der Heilpädagoge Klaus Scheff ist im Gemeinsam e. V. angestellt und ihm wurde die Leitung eines Teams von zehn Mitarbeitern übertragen. Dabei ist er zuständig für die Dienst- und die Urlaubsplanung. Bei Personalbedarf soll er dem Vorstand Einstellungsempfehlungen zuarbeiten. Aufgrund seiner verantwortlichen Aufgaben ist Klaus der Ansicht, dass er zum leitenden Angestellten befördert wurde.

Lösung

Auch wenn er als Teamleiter weitreichendere Aufgaben zu erfüllen hat als die anderen angestellten Heilerziehungspfleger/-pflegerinnen, Erzieher/innen und Heilpädagogen/-pädagoginnen, fehlt die zumindest teilweise Übertragung der Arbeitgeberfunktion. Mit dem ihm übertragenen Aufgabenbereich prägt er nicht das Gesamtbild des Vereins und er besetzt keine weitreichenden weisungsfreien Entscheidungskompetenzen. Ebenso reicht das Vorschlagsrecht für künftige Einstellungen nicht aus, um den Status eines leitenden Angestellten zu begründen.

Definition Arbeitgeber

Deutlich einfacher ist hingegen die Definition des Arbeitgebers. Ein Arbeitgeber ist eine Person, die mindestens einen Arbeitnehmer beschäftigt. Auch eine juristische Person (bspw. ein eingetragener Verein oder eine gGmbH) kann Arbeitgeber sein.

7.3 Die Rechtsquellen und Grundbegriffe im Arbeitsrecht

Die Regelungen im Arbeitsrecht sind auf verschiedenen Ebenen der Rechtsordnung zu finden. Eine Einordnung in ein spezielles arbeitsrechtliches Gesetzbuch ist nicht erfolgt, sodass quer durch die gesamte Rechtsordnung Regelungen zu finden sind. Insbesondere gibt es Regelungen im Bereich des öffentlichen und des privaten Rechts. Damit werden einerseits der Staat und andererseits das Individuum verpflichtet und berechtigt. Auch im Arbeitsrecht können die Regelungen in eine Systematik gefasst werden. Hierbei ist, wie auch in allen anderen Rechtsgebieten, immer vom Grundgesetz auszugehen, welches den höchsten Rang in unserer innerstaatlichen Rechtsordnung einnimmt. An diesen Vorgaben müssen sich alle weiteren Regelungen messen lassen. Darüber hinaus wirken vor allem Bestimmungen des EU-Rechts und auch andere internationale arbeitsrechtliche Regelungen auf unser Normensystem.

Abb. 18: Innerstaatliche, arbeitsrechtlich relevante Regelungen

7.3.1 Grundgesetz

Art. 1 GG

Menschenwürde – Die Menschenwürde spielt bei der Gestaltung der Arbeitsbedingungen eine Rolle. Hier können einmal die Umgebungsbedingungen oder auch die Tätigkeit selbst betroffen sein. Ein Verstoß gegen die Menschenwürde kann darin liegen, dass ein »Büroraum« nicht zu belüften ist, vom Schimmel befallen oder unzumutbare Temperaturen herrschen. Auch müssen Höchstarbeits- und Pausenzeiten eingehalten werden. Ebenfalls spielt die Vergütung und die Freiwilligkeit der Leistungserbringung eine Rolle. Eine »moderne Sklaverei« ist verboten. Art. 1 GG ist zumeist auch im Zusammenhang mit Art. 2 GG zu sehen und zu prüfen.

Art. 2 GG

Allg. Handlungsfreiheit, allg. Persönlichkeitsrecht – In den letzten Jahren haben die Verbote heimlicher Video- und/oder Tonüberwachungen von Arbeitnehmern/Arbeitnehmerinnen einen hohen Bekanntheitsgrad erreicht. Erkenntnisse aus solchen unzulässigen Aufnahmen können auch nicht gegen Arbeitnehmer/innen verwendet werden. Darüber hinaus werden auch Handlungspflichten für den Arbeitgeber hergeleitet. Beispielsweise hat ein Arbeitnehmer einen Anspruch auf die Erbringung seiner vertraglich geschuldeten Leistung, also einen Beschäftigungsanspruch. Dieser Beschäftigungsanspruch folgt aus dem allgemeinen Recht des Arbeitnehmers, sich beruflich frei entfalten und entwickeln zu können. Bei einer anhaltenden Nichtbeschäftigung kann dies nicht erfolgen und ein Verlust von Fähigkeiten könnte im schlimmsten Fall eintreten, z. B. ein über längere Zeit nicht auftretender Musiker, nicht operierender Chirurg oder auch nicht beschäftigter Geschäftsführer. Grundlage bilden Art. 1 GG, Art. 2, Abs. 1 GG. Auch darf ein Arbeitgeber nicht tatenlos zusehen, wie ein einzelner Arbeitnehmer gemobbt wird. Vielmehr hat er dafür zu sorgen, dass eine solche Handlung anderer Arbeitnehmer/innen unterbleibt. Umgekehrt haben schikanierende Weisungen des Arbeitgebers zu unterbleiben, da diese einen Verstoß gegen Art. 1, Art. 2 GG darstellen.

Art. 3 GG

Gleichbehandlungsgrundsatz – Hier sind diverse Diskriminierungstatbestände eingeschlossen. In den letzten Jahren haben insbesondere Diskriminierungsverbote wegen des Alters (auch jungen Alters), Krankheit oder Schwangerschaft eine große Rolle gespielt. Die innerstaatlichen Regelungen wurden an die europäischen Vorgaben zugunsten der Arbeitnehmer/innen angepasst.

Diese Beispiele sind nur exemplarisch. Darüber hinaus lassen sich noch viele weitere Regelungen aus dem GG ableiten.

7.3.2 Bundesgesetze

Gesetze, die einen Bezug zum Arbeitsrecht aufweisen, gibt es viele. Sie sind häufig Bundesgesetze. Einige sollen hier beispielhaft genannt werden:

- Bürgerliches Gesetzbuch (BGB)
- Gewerbeordnung (GewO)
- Tarifvertragsgesetz (TVG)
- Bundesurlaubsgesetz (BUrlG)
- Arbeitszeitgesetz (ArbZG)
- Kündigungsschutzgesetz (KSchG)

Die Schwierigkeit in diesem Bereich liegt vor allem in der Vielzahl der Regelungen in unterschiedlichen Gesetzen und deren Auffindbarkeit.

7.3.3 Rechtsverordnungen (RVO)

Beispielhaft sollen hier einige arbeitsrechtliche RVO benannt werden:

- Arbeitsstättenverordnung (ArbStättV)
- Zweite Verordnung über zwingende Arbeitsbedingungen für die Pflegebranche
- Erste Verordnung zur Durchführung des Betriebsverfassungsgesetzes (Wahlordnung – WO)

7.3.4   Tarifverträge (TV)

Tarifverträge sind im Arbeitsrecht als Rechtsquelle häufig anzutreffen. Sie werden zwischen den Tarifvertragsparteien ausgehandelt und stellen grundsätzlich einen bürgerlich-rechtlichen Vertrag dar. Prinzipiell gelten Tarifverträge nur bei einer beidseitigen Tarifbindung (Arbeitgeber/innen und Arbeitnehmer/innen). Darüber hinaus kann das Bundesministerium für Arbeit und Soziales gem. § 5 TVG einen Tarifvertrag für allgemeinverbindlich erklären. Dann gelten diese Tarifverträge auch für Arbeitnehmer/innen und Arbeitgeber/innen, die nicht tarifgebunden sind.

Im Bereich der Heilpädagogik sind insbesondere die folgenden Tarifverträge von Bedeutung:

- Tarifvertrag des Öffentlichen Dienst im Sozial- und Erziehungsdienst (TvÖD-SuE)
- Arbeitsvertragsrichtlinien für Einrichtungen, die der Diakonie Deutschland angeschlossen sind, beschlossen von der Arbeitsrechtlichen Kommission der Diakonie Deutschland (AVR Diakonie)
- Richtlinien für Arbeitsverträge in den Einrichtungen des Deutschen Caritasverbandes (AVR Caritas)

7.3.5   Betriebsvereinbarungen (BV)

Betriebsvereinbarungen sind Verträge, die von den Betriebs- bzw. Personalräten oder Mitarbeitervertretungen und den Arbeitgebern/Arbeitgeberinnen geschlossen werden. Sie können alle Inhalte im Aufgabenbereich der Arbeitnehmervertretungen festlegen. Hier kommen insbesondere sämtliche sozialen Fragestellungen, wie betriebliche Arbeitszeitregelungen oder Regelungen über Urlaubsplanungen in Betracht. Darüber hinaus können auch Regelungen in Bezug auf die Arbeitsverhältnisse im Betrieb aufgenommen werden. Bspw. könnte zur Beschäftigungssicherung aller Mitarbeiter/innen eine Betriebsvereinbarung geschlossen werden, die einen festgelegten Verzicht im Stundenumfang der Mitarbeiter/innen enthält.

7.3.6   Weisungsrecht des Arbeitgebers

In vielen Arbeitsverträgen wird lediglich ein grober Rahmen für die Zusammenarbeit von Arbeitnehmern/Arbeitnehmerinnen und Arbeitgebern/Arbeitgeberinnen festgelegt. Dies lässt einen Spielraum offen, der später in der täglichen Arbeit ausgefüllt werden muss. So sind oftmals keine konkreten Tätigkeiten, sondern nur Berufsbezeichnungen als vereinbarte Tätigkeit aufgenommen. Ebenso sind selten konkrete Arbeitszeiten o. ä. im Arbeitsvertrag geregelt. Diese fehlende Konkretisierung kann der Arbeitgeber durch sein ihm zustehendes Weisungsrecht vornehmen. Das Weisungsrecht ist mit einigen anderen arbeitsrechtlichen Regelung in der Gewerbeordnung (GewO) geregelt.

> ### § 106 GewO »Weisungsrecht des Arbeitgebers«
>
> Der Arbeitgeber kann Inhalt, Ort und Zeit der Arbeitsleistung nach billigem Ermessen näher bestimmen, soweit diese Arbeitsbedingungen nicht durch den Arbeitsvertrag, Bestimmungen einer Betriebsvereinbarung, eines anwendbaren Tarifvertrages oder gesetzliche Vorschriften festgelegt sind. Dies gilt auch hinsichtlich der Ordnung und des Verhaltens der ArbeitnehmerInnen im Betrieb. Bei der Ausübung des Ermessens hat der Arbeitgeber auch auf Behinderungen des Arbeitnehmers Rücksicht zu nehmen.

Der Arbeitgeber kann also gem. § 106 GewO den Inhalt der Arbeitsleistung, den Arbeitsort und die Arbeitszeit des Arbeitnehmers nach »billigem Ermessen« näher bestimmen. Damit ist das einseitige Weisungsrecht ein Ausfluss der persönlichen Abhängigkeit eines Arbeitnehmers. Diese nähere Ausgestaltung des Arbeitsverhältnisses darf jedoch nicht über die Grenzen des Arbeitsvertrages, Betriebsvereinbarungen, Tarifverträgen oder gesetzlichen Bestimmungen reichen.

Beispiel 1

Im Arbeitsvertrag von Susi Ratlos und der Überall gGmbH ist eine Arbeitszeit von wöchentlich vierzig Stunden vereinbart. Die Lage dieser vereinbarten Arbeitszeit ist nicht bestimmt.

Lösung 1

Die Überall gGmbH kann nun die Arbeitszeiten aufgrund ihres Weisungsrechts festlegen. Bspw. könnte einseitig durch den Geschäftsführer bestimmt werden, dass Susi einen geteilten Dienst früh von 7 bis 10 Uhr und nachmittags von 14 bis 19:30 Uhr leisten muss.

Beispiel 2

Der Sonnenaufgang e. V. betreibt sieben verschiedene Einrichtungen Wohngruppen für Kinder- und Jugendliche nach dem SGB VIII. Diese liegen in drei verschiedenen Landkreisen von Brandenburg und in Berlin. Aufgrund des gestiegenen Personalbedarfs können drei weitere Heilpädagoginnen eingestellt werden. In einem Vorstellungsgespräch konnte Lisa Frei den Vorstand von sich überzeugen. Als Lisa ihren Arbeitsvertrag zur Unterschrift überreicht bekommt, stellt sie verwundert fest, dass keine Regelung über ihren Arbeitsort getroffen wird. Sie hat ihren Wohnort im Norden von Berlin und würde bis zu zwei Stunden Wegezeit in manche Einrichtungen des Sonnenaufgang e. V. benötigen.

Lösung 2

Sofern im Arbeitsvertrag keine Regelung in Bezug auf einen bestimmten Arbeitsort oder eine bestimmte Einrichtung getroffen werden, kann auch hier der Arbeitgeber diesen bestimmen. Das hieße für Lisa, dass sie in allen Einrichtungen im Land Brandenburg und in Berlin eingesetzt werden könnte.

Die Rechtmäßigkeit der Ausübung des Weisungsrechts ist abhängig, eine »billige« Ermessensentscheidung des Arbeitgebers. Das heißt, er darf nicht einseitig seine Interessen durchsetzen, sondern muss eine Abwägung aller wesentlichen Umständen und der beidseitigen Interessen vornehmen. Auch darf er nicht willkürlich entscheiden. Dabei muss der Arbeitgeber u. a. die schutzwürdigen Belange des Arbeitnehmers oder seine Wünsche, soweit diesen nicht betrieblichen Gründe oder berechtigte Belange anderer Arbeitnehmer/innen entgegenstehen, berücksichtigen (BAG, Urteil vom 23.09.2004 – 6 AZR 567/03). Aber selbst bei einer Unbilligkeit müsste der Arbeitnehmer zunächst den Weisungen Folge leisten. Er kann die Weisung jedoch arbeitsgerichtlich überprüfen lassen. Somit ist im Weisungsrecht des Arbeitgebers auch eine »Gehorsamspflicht« für den Arbeitnehmer enthalten.

7.3.7 Betriebliche Übung

Die Betriebliche Übung ist ein anerkanntes Rechtsinstrument im Arbeitsrecht und bezeichnet ein bestimmtes, regelmäßig wiederholtes und gleichförmiges Verhalten des Arbeitgebers. Aus diesem Verhalten kann ein vertraglicher Anspruch entstehen, wenn die Arbeitnehmer/innen darauf vertrauen können, dass ihnen eine bestimmte Leistung auf Dauer gewährt werden soll. Dabei handelt es sich um freiwillige Verhaltensweisen oder Leistungen, die arbeitsvertraglich geregelt werden können. Aus einer solchen Betrieblichen Übung können Arbeitnehmer/innen dauerhaft vertragliche Ansprüche gegen ihren Arbeitgeber herleiten. Voraussetzungen hierfür sind:

- regelmäßige, gleichförmige, wiederholte Verhaltensweise des Arbeitgebers
- vorbehaltslose Leistung des Arbeitgebers
- unabhängiger tatsächlicher Verpflichtungswillen des Arbeitgebers
- Arbeitgeber setzt objektiv verbindliche Zusage
- stillschweigende Annahme durch Arbeitnehmer bzw. Vertrauen auf Fortsetzung der Leistung.

Es kommt also im Einzelfall immer auf die Art, Dauer und Intensität der Leistung an.

Beispiel

Die bei der TuGutes gGmbH angestellten Heilpädagoginnen haben in den letzten drei Jahren im November eine Sonderzahlung i. H. v. 500 € erhalten. In diesem Jahr erklärte der neue Geschäftsführer Walter Spar, dass er nicht beabsichtigt, diese Sonderzahlungen vorzunehmen. Schließlich wäre die zusätzliche

Zahlung freiwillig und niemand hätte einen Anspruch darauf. Die Heilpädagogin Eva Klug hatte das zusätzliche Geld schon für eine Kurzreise verplant und war sich sehr unsicher, ob sie das Geld verlangen kann, obwohl ihr Arbeitsvertrag keine solche Leistung vorsieht.

Lösung

In der dreimaligen vorbehaltlosen Zahlung des Weihnachtsgeldes im November liegt nach der ständigen Rechtsprechung des Bundesarbeitsgerichts eine regelmäßige, wiederholte Verhaltensweise des Arbeitgebers vor. Nach der neuen Rechtsprechung des Bundesarbeitsgerichtes (BAG, Urt. vom 13.5.2015 – 10 AZR 266/ 14) ist es für eine Gleichförmigkeit der Verhaltens bereits ausreichend, wenn eine Zusage dem Grunde nach, also unabhängig von der Höhe und der Berechnungsgrundlage vorliegt. Darin lag der objektive Tatbestand einer verbindlichen Zusage und Eva Klug durfte auf eine Fortsetzung der Zahlung vertrauen. Sie kann weiterhin die Zahlung des Weihnachtsgeldes i. H. v. 500 € verlangen.

Eine einmal entstandene Betriebliche Übung kann nur durch

- Einigung zwischen Arbeitnehmer und Arbeitgeber, Aufhebungsvertrag oder
- einseitige Änderungskündigung des Arbeitgebers

beseitigt werden. Verhindern kann ein Arbeitgeber die Entstehung der Betrieblichen Übung bspw. durch einen Freiwilligkeitsvorbehalt oder einen doppelten Schriftformvorbehalt.

7.4 Rangregelungen und Normenkonkurrenz

Die Gestaltung einer arbeitsrechtlichen Rechtsbeziehung kann vielfältig erfolgen. Schon die Vielzahl an möglichen Rechtsquellen eröffnet ein großes Spektrum. Dies birgt aber auch die Gefahr, dass dieses Spektrum verschiedene, sich widersprechende Gestaltungsmöglichkeiten für ein und dieselbe Fragestellung bietet. Ein solcher Konflikt wird als Normenkollision oder Normenkonkurrenz bezeichnet.

7.4.1 Normenkonkurrenz auf einer Stufe

Rangprinzip

Eine Lösung solcher Situationen bietet das Rangprinzip. Danach sind die Rechtsquellen in eine Rangfolge eingeordnet. Die Rangfolge (ausgehend von der ranghöchsten Norm) ist in der folgenden Übersicht zusammengefasst. Nach dem Rangprinzip verdrängt im Fall der Normenkonkurrenz die ranghöhere Regelung die rangniedrigere. Liegt also eine Normenkonkurrenz auf verschiedenen Rangstufen vor, kann das Rangprinzip diese Konkurrenzsituation auflösen.

Beispiel 1

Ein Tarifvertrag im Sozialwesen sieht für männliche Heilpädagogen eine höhere Bezahlung vor als für weibliche. Die Idee war, so mehr Männer für eine solche Tätigkeit zu gewinnen.

Lösung 1

Eine solche Regelung ist jedoch nach dem Rangprinzip unwirksam, da hier ein Verstoß gegen eine ranghöhere Regelung, Art. 3 GG, vorliegt.

Beispiel 2

Klara Gutmut ist angestellte Heilpädagogin der TuGutes gGmbH. Die Weihnachtszeit naht heran und Klara freut sich auf einen »Zuschuss« ihres Arbeitgebers für diese kostspielige Zeit. Sie hatte von einer Kollegin gehört, dass der für sie bindende Tarifvertrag eine jährliche Sonderzahlung i. H. v. 500 € im November vorsieht. Ihr Arbeitsvertrag enthält dazu aber keine Regelung. Klara fragt sich nun als tarifgebundene Arbeitnehmerin, ob sie einen Anspruch auf das »Weihnachtsgeld« besitzt.

Lösung 2

Nach dem Rangprinzip geht die ranghöhere Regelung des Tarifvertrages vor und sie hat einen Anspruch auf die Sonderzahlung. Das Rangprinzip gilt nicht nur im Arbeitsrecht, sondern in allen anderen Rechtsgebieten gleichermaßen.

Günstigkeitsprinzip

Als Besonderheit des Arbeitsrechts kann ausnahmsweise bei einer Normkonkurrenz auf verschiedenen Stufen die rangniedrigere Regelung der ranghöheren vorgehen. Dies ist dann der Fall, wenn die rangniedrigere Norm eine für den Arbeitnehmer günstigere Regelung enthält. Dieses nur im Arbeitsrecht anzuwendende Prinzip heißt Günstigkeitsprinzip, vgl. § 4, Abs. 3 TVG.

> ### § 4 TVG »Wirkung der Rechtsnormen«
>
> (3) Abweichende Abmachungen sind nur zulässig, soweit sie durch den Tarifvertrag gestattet sind oder eine Änderung der Regelungen zugunsten des Arbeitnehmers enthalten.

Beispiel 1

Die Heilpädagogin Lena Fleißig ist bei dem Verein Bunte Welt e. V. angestellt. Sie hat einen Arbeitsvertrag, der ihr dreißig Urlaubstage gewährt. Daneben existiert ein Tarifvertrag, der, weil Fleißig Mitglied der Gewerkschaft ist, auf ihr Arbeitsverhältnis Anwendung findet. Dieser Tarifvertrag sieht für Lena Fleißig leider nur 28 Urlaubstage vor. Wie viele Urlaubstage stehen Lena Fleißig zu?

Lösung 1

In diesem Beispiel hat der Arbeitsvertrag, der für die Arbeitnehmerin eine günstigere Regelung enthält, Vorrang, sodass sie sich auf dreißig Tage Urlaub freuen kann.

Beispiel 2

Der Heilpädagoge Franz Sorgfältig ist bei der Vielfalt gGmbH angestellt. Er hat mit seinem Arbeitsvertrag einen Stundenlohn i. H. v. 12,50 € vereinbart. Daneben existiert ein für ihn bindender Tarifvertrag, nach dem ihm ein Stundenlohn i. H. v. 15,50 € zustünde. Welcher Stundenlohn steht Herrn Sorgfältig zu?

Lösung 2

In diesem Beispiel enthält der Arbeitsvertrag keine für den Arbeitnehmer günstigere Regelung. Die höherrangige Tarifregelung findet demnach Anwendung. Der Arbeitnehmer Sorgfältig hat einen Anspruch auf den höheren Stundenlohn i. H. v. 15,50 €.

7.4.2 Normenkonkurrenz auf verschiedenen Stufen

Bei einer Normenkonkurrenz auf derselben Rangstufe gelten das Ordnungs- und das Spezialitätsprinzip. Nach dem Ordnungsprinzip verdrängt die jüngere die ältere bzw. die speziellere die allgemeine Regelung. Das Günstigkeitsprinzip findet hier keine Anwendung.

7.5 Vertragsanbahnungsverhältnis

Vor dem Beginn eines neuen Arbeitsverhältnisses liegt meist eine Zeit der Sondierung der eigenen Möglichkeiten. Oftmals müssen sich Arbeitsuchende zunächst klar werden, was sie in Bezug auf die neuen Aufgaben, den Umfang einer neuen Tätigkeit, den Arbeitsort, die Entwicklungschancen, die Bezahlung und viele weitere Arbeitsbedingungen wünschen. Solche Wünsche müssen immer mit der momentanen Lebenswirklichkeit des Arbeitsuchenden abgeglichen sein. Nach dieser Selbstreflexion beginnt die Suche nach einer entsprechenden Stelle und das Bewerbungsverfahren. Bereits in diesem Stadium gibt es arbeitsrechtliche Regelungen, die berücksichtigt werden sollten.

7.5.1 Stellenausschreibung

Ausgangspunkt in der Praxis sind häufig Stellenausschreibungen der verschiedenen Arbeitgeber/innen mit einem Personalbedarf. Auch hier geht es zunächst um eine Sondierung der Arbeitsmarktlage. Schon bei der Erarbeitung einer solchen Stellenausschreibung können Fehler unterlaufen, die möglicherweise das gesamte Ausschreibungsverfahren hinfällig werden lassen oder Schadensersatzpflichten auslösen können. Insbesondere sind die Regelungen des Allgemeinen Gleichbehandlungsgesetzes (AGG) zu berücksichtigen.

Demnach unterliegt eine Stellenausschreibung dem Diskriminierungsverbot gem. §§ 11, 7, Abs. 1, 1 AGG. Es ist bereits in der Stellenausschreibung darauf zu achten, dass mögliche Bewerber/innen nicht wegen den in § 1 AGG genannten Gründen benachteiligt werden.

---

§ 11 AGG »Ausschreibung«

Ein Arbeitsplatz darf nicht unter Verstoß gegen § 7 Abs. 1 ausgeschrieben werden.

§ 7 AGG »Benachteiligungsverbot«

(1) Beschäftigte dürfen nicht wegen eines in § 1 genannten Grundes benachteiligt werden; dies gilt auch, wenn die Person, die die Benachteiligung begeht, das Vorliegen eines in § 1 genannten Grundes bei der Benachteiligung nur annimmt.

§ 1 AGG »Ziel des Gesetzes«

Ziel des Gesetzes ist, Benachteiligungen aus Gründen der Rasse oder wegen der ethnischen Herkunft, des Geschlechts, der Religion oder Weltanschauung, einer Behinderung, des Alters oder der sexuellen Identität zu verhindern oder zu beseitigen.

Dies gilt sowohl für die öffentliche als auch für die interne Ausschreibung im Betrieb. Danach ist bspw. eine geschlechtsneutrale Stellenausschreibung erforderlich, um die Chancengleichheit männlicher und weiblicher Bewerber zu gewähren.

Beispiel einer Ausschreibung für eine/n Heilpädagogen/-pädagogin

Die Sozialstiftung Lebenswelten wurde als Stiftung bürgerlichen Rechts durch das Land Brandenburg errichtet. Wir betreiben mehrere Jungendhilfeeinrichtungen und Einrichtungen der Behindertenhilfe in Berlin und Brandenburg.

Für unsere Wohneinrichtung »Lebensfroh« für geistig und körperlich behinderte Kinder und Jugendliche in Himmelpfort suchen wir zum nächstmöglichen Zeitpunkt

einen/eine Heilpädagogen/Heilpädagogin in Teilzeit.

Ihre Aufgabe

- individuelle organisatorische und praktische Unterstützung der Bewohner/innen im Alltag
- Zusammenarbeit mit Angehörigen, gesetzlichen Betreuern/Betreuerinnen und anderen Fachkräften
- Beobachtung und Dokumentation

Ihr Profil

- ein/e abgeschlossene/s Ausbildung/Studium als Heilpädagoge/Heilpädagogin
- wertschätzender Umgang mit unseren Klienten
- Zuverlässigkeit, Empathie, Teamfähigkeit, Selbständigkeit und Verantwortungsbewusstsein
- soziale, fachliche und kommunikative Kompetenz
- Bereitschaft zu flexibler Arbeitszeit (Schichtdienst)

Arbeitsort: Himmelpfort (Brandenburg)
Befristung: befristet auf zwölf Monate
Vergütung: TvÖD – Sozial und Erziehungsdienst
Führungsverantwortung: keine
Wenn wir Ihr Interesse wecken konnten, senden Sie bitte eine aussagekräftige schriftliche Bewerbung bis zum 21.01.2016 an:
[...]

Einer solchen Stellenausschreibung können schon eine Menge an Informationen entnommen werden, die von Bedeutung sind. Zuerst ist der konkrete Arbeitgeber mit seinem Namen und seiner Anschrift benannt. Schon hieraus können weitere Informationen, wie der Unternehmenssitz, Einsatzort, ggf. Größe, ggf. die konfessionelle Bindung oder auch der Ruf abgeleitet werden.

Darüber hinaus sind der Stellenausschreibung schon einzelne Arbeitsaufgaben, persönliche Voraussetzungen, Erwartungen und auch Arbeitsbedingungen zu entnehmen. Daher empfiehlt es sich, die Stellenbeschreibung aufmerksam zu lesen und einen Abgleich mit den eigenen Vorstellungen vorzunehmen.

Ebenfalls kann zur Vorbereitung auf ein Bewerbungsverfahren einschließlich des Vorstellungsgespräches die Stellenausschreibung sehr hilfreich sein. Es finden sich oftmals Hinweise auf die Ausrichtung und Schwerpunkte der Einrichtung, Einsatzgebiete bzw. -orte, Umfang der Tätigkeit, mögliche Befristungen oder auch die Anwendbarkeit eines Tarifvertrages u. v. m. Mit diesen Angaben ist die gründliche Vorbereitung auf ein erfolgreiches Vorstellungsgespräch sehr gut möglich und auch unbedingt notwendig.

7.5.2 Bewerbungsverfahren

Mit dem Zugang eines Bewerbungsanschreibens kommt ein Vertragsanbahnungsverhältnis zustande. Aus ihm entstehen gegenseitige Rechte und Pflichten, insbesondere Offenbarungs-, Schutz- und Kostenerstattungspflichten.

Die einzelnen Bewerbungsverfahren können sehr unterschiedlich ausgestaltet sein. Das Spektrum reicht von der herkömmlichen schriftlichen Bewerbung, über die momentan vermehrt eingesetzte Online-Bewerbung, bis hin zu einem anonymisierten Bewerbungsverfahren. Unbedingt ist die jeweils gewünschte Form innerhalb der angegebenen Bewerbungsfrist einzuhalten. Andere Bewerbungsformen oder verspätet zugegangene Bewerbungen werden bereits ausgeschlossen. Die Bewerbungsfrist bezeichnet den letztmöglichen Zugang der Unterlagen, nicht das Datum der Aufgabe zur Post (den Poststempel). Am Ende jeder Anbahnungsphase steht die Entscheidung, wer geht mit wem ein Arbeitsverhältnis ein. Hierbei sind die Vertragsparteien grundsätzlich frei, ob und mit wem sie ein Arbeitsverhältnis begründen möchten. Dies wird auch als Abschlussfreiheit bezeichnet.

Letztlich erfolgt die Entscheidung für oder gegen einen Bewerber anhand des vorangegangenen Informationsaustausches beider Parteien. Der Arbeitgeber will möglichst viele Informationen über den Bewerber erhalten und umgekehrt, um seine Entscheidung zu treffen. Anschließend erfolgt eine Abwägung der Chancen und Risiken einer arbeitsvertraglichen Bindung. Insoweit ist es während der Vertragsanbahnung (Bewerbungsverfahren) besonders wichtig, viele »werterhöhende« Informationen über sich dem Arbeitgeber mitzuteilen und möglichst wenige »wertmindernde« Informationen preiszugeben.

7.5.3 Vorstellungsgespräch und Fragerecht/ Mitteilungspflicht

Ein wichtiges Instrumentarium für einen beidseitigen Informationsaustausch ist das Vorstellungsgespräch. Hier stehen sich erstmals beide Parteien unmittelbar gegenüber und haben die Möglichkeit, über den persönlichen Eindruck hinaus gezielt durch Fragen Informationen zu erhalten. Aber nicht jede Frage ist zulässig und muss auch wahrheitsgemäß beantwortet werden. Den Rahmen bilden hier die Offenbarungs- und Aufklärungspflichten sowie der Schutz der Privatsphäre.

Grundsätzlich zulässig sind alle Fragen, die in einem unmittelbaren Zusammenhang mit der künftigen Tätigkeit stehen und somit von berechtigtem Interesse sind. Dabei darf es sich nicht nur um nützliche Informationen handeln. Zulässige Fragen muss der Bewerber auch wahrheitsgemäß beantworten.

Unzulässig sind Fragen, die verfassungsrechtlich geschützte Rechtspositionen tangieren oder den Intimbereich des Bewerbers betreffen. Solche unzulässigen Fragen kann der Bewerber sanktionslos nicht oder wahrheitswidrig beantworten. Die Kenntnis über die Zulässigkeit einer Frage kann in der Praxis somit von großer Bedeutung sein.

Zulässige Fragen bei einem Bewerbungsgespräch betreffen:

- beruflichen Werdegang
- berufliche Erfahrungen
- weitere Beschäftigungsverhältnisse
- Person und Ausbildung
- Schwangerschaft bei Beschäftigungsverbot
- Prüfungsergebnisse
- akute oder ansteckende Erkrankungen mit Relevanz zur Tätigkeit
- HIV-Infektion (= Behinderung, so in EuGH, NZA 2006, 839) bei erhöhtem Ansteckungsrisiko der Tätigkeit, denkbar im Gesundheitswesen
- Behinderungen, sofern Relevanz zur Tätigkeit
- aktuelle Lohn- und Gehaltspfändungen
- Vermögensverhältnisse bei leitenden Positionen mit wirtschaftlicher Verantwortung
- Vorstrafen mit Relevanz zur Tätigkeit
- Wettbewerbsverbote.

Unzulässige Fragen bei einem Bewerbungsgespräch betreffen:

- Gewerkschaftszugehörigkeit
- Parteizugehörigkeit, Ausnahme bei Tendenzbetrieben
- politische Überzeugung
- Religionszugehörigkeit, religiöse oder weltanschauliche Ansichten, Ausnahme bei Tendenzbetrieben
- Absicht einer Eheschließung
- Kinderwunsch
- Familienstand, Familienverhältnisse
- sexuelle Ausrichtung
- Schwangerschaft, aktuell oder geplant
- Schwerbehinderteneigenschaft
- HIV-Infektion
- Raucher-/Nichtrauchereigenschaft
- genetische Veranlagungen oder Erkrankungen
- frühere Erkrankungen
- Vermögensverhältnisse
- früherer Verdienst, Ausnahme: der Arbeitnehmer verlangt ihn als Mindestentgelt
- Vorstrafen ohne Bezug zur konkreten Tätigkeit.

Werden zulässige Fragen nicht wahrheitsgemäß beantwortet, kann dies rechtliche Folgen auslösen. In der wahrheitswidrigen Beantwortung liegt eine Arglistige Täuschung, die zur Anfechtung und fristlosen Beendigung des Arbeitsverhältnisses gem. §§ 123, 124 BGB führen kann. Eine Anfechtung ist ausgeschlossen, wenn die unrichtige Beantwortung für das Arbeitsverhältnis bedeutungslos ist bzw. wurde (so auch BAG, NZA 1999, 975). Darüber hinaus verlangt die ständige Rechtsprechung des Bundesarbeitsgerichts eine ungefragte Mitteilung des Bewerbers über solcher Umstände, die »die Erfüllung der arbeitsvertraglichen Leistung unmöglich macht oder für den in Betracht kommenden Arbeitsplatz von ausschlaggebender Bedeutung sind« (Urt. BAG vom 6. September 2012, 2 AZR 270/11; Urt. BAG vom 28. Februar 1991, 2 AZR 357/90). Werden solche Tatsachen verschwiegen, kommt ebenfalls eine Anfechtung wegen Arglistiger Täuschung gem. § 123 BGB in Betracht (Urt. BAG vom 12. Mai 2011, 2 AZR 479/09, AP BGB § 123, Nr. 69 = EzA BGB 2002 § 123, Nr. 10).

Aber auch den Arbeitgeber treffen Aufklärungspflichten während der Anbahnungsphase. So muss er den Bewerber über die wesentlichen Anforderungen der künftigen Tätigkeit unterrichten. Dies bezieht sich nicht auf typische Merkmale der ausgeschriebenen Tätigkeit, sondern auf Umstände, die nicht ersichtlich sind. Bspw. ist auf überdurchschnittliche Anforderungen oder Belastungen hinzuweisen.

Auch muss ein Arbeitgeber den Bewerber über Gefahren, die mit einem Vertragsschluss verbunden sind, informieren, sofern diese nicht ersichtlich werden. Diese Gefahren können bspw. den Bestand des Arbeitsplatzes selbst oder auch der Entgeltzahlungen betreffen. Über wirtschaftliche Zwänge oder Schwierigkeiten muss der Arbeitgeber jedoch nur in einem Ausnahmefall aufklären. Ebenfalls können geplante Betriebsübergänge oder Umstrukturierungen zu einer Aufklärungspflicht des Arbeitgebers führen.

7.5.4 Schutzpflichten des Arbeitgebers

Auch muss der Arbeitgeber die Bewerbungsunterlagen der Bewerber/innen vertraulich behandeln, da diese den Bestimmungen des Datenschutzes unterliegen. Sie dürfen daher weder offen sichtbar für andere Mitarbeiter/innen oder Besucher/innen einer Einrichtung aufbewahrt, noch von Dritten innerhalb oder außerhalb des Unternehmens eingesehen werden. Ebenfalls unzulässig sind Mitteilungen an Dritte über die Person des Bewerbers. Bewerbungen müssen diskret behandelt werden.

Auch eine dauerhafte oder langanhaltende Aufbewahrung der Bewerbungsunterlagen ist unzulässig. Personenbezogene Daten sind gem. § 35, Abs. 2, Nr. 3 Bundesdatenschutzgesetz (BDSG) zu löschen, wenn sie für eigene Zwecke verarbeitet werden, sobald ihre Kenntnis für die Erfüllung des Zwecks der Speicherung nicht mehr erforderlich ist. Der Arbeitgeber erhebt und speichert die Daten des Bewerbers für sein Auswahlverfahren. Wenn ein Bewerber ausscheidet, entfällt der Zweck einer möglichen Besetzung der Stelle mit diesem Bewerber. Die Daten sind somit zu löschen. Dem entgegen sind keine gesetzlichen Aufbewahrungspflichten normiert. Allenfalls könnte der Arbeitgeber ein berechtigtes Interesse während der

Durchführung bis zum Abschluss eines ordnungsgemäßen Bewerbungsverfahrens haben. Dazu können die Bewerbungsunterlagen aller Bewerber/innen erforderlich sein, um ggf. Diskriminierungsvorwürfe ausräumen zu können. Daher wird eine Aufbewahrungsfrist von maximal ca. drei Monaten angenommen. Darüber hinausgehend muss eine gesonderte Vereinbarung geschlossen werden.

7.5.5 Ersatz der Vorstellungskosten

Unabhängig von einem sich anschließenden Vertragsschluss können Bewerber/innen die Kosten für ihre Vorstellung gegenüber dem Arbeitgeber gem. § 670 BGB geltend machen. Voraussetzung für eine Kostenerstattung ist, dass der Bewerber zum Vorstellungsgespräch aufgefordert und die Kostenerstattung nicht ausgeschlossen war. Zu erstatten sind die notwendigen Vorstellungskosten. Dazu zählen die Fahrtkosten und auch Übernachtungskosten, sofern die An- und Abreise an einem Tag nicht möglich sind. Auch können Verpflegungskosten ersatzpflichtig sein. Nicht zu ersetzen sind Verdienstausfälle oder entgangene Urlaubstage.

7.6 Abschluss eines Arbeitsvertrages

Der Arbeitsvertrag bildet die Grundlage für das Arbeitsverhältnis und regelt die Rechte und Pflichten der Vertragsparteien. Er ist ein gegenseitiger Vertrag zwischen Arbeitgeber/innen und Arbeitnehmer/innen, der mit einem Angebot und einer Annahme zustande kommt. Jeder Arbeitsvertrag ist ein besonderer Dienstvertrag gem. § 611 BGB. In diesem Vertrag stehen sich die Arbeitsleistung und das Arbeitsentgelt in einem gegenseitigen Austauschverhältnis gegenüber. Das Hauptmerkmal dieses besonderen Dienstvertrages ist Erbringung eines »unselbständigen Dienstes«.

Beide Vertragsparteien sind frei in ihrer Entscheidung, ob und mit wem sie ein Arbeitsverhältnis eingehen. Dies wird auch als Abschlussfreiheit bezeichnet. Beachtlich in diesem Zusammenhang können die Diskriminierungsverbote des AGG sein. Dessen Anwendungsbereich erstreckt sich neben der Stellenausschreibung gem. § 2, Abs. 1, Nr. 1 bis 4 AGG auf alle Bereiche der Erwerbstätigkeit.

---

§ 2 AGG »Anwendungsbereich«

(1) Benachteiligungen aus einem in § 1 genannten Grund sind nach Maßgabe dieses Gesetzes unzulässig in Bezug auf:

1. die Bedingungen, einschließlich Auswahlkriterien und Einstellungsbedingungen, für den Zugang zu unselbstständiger und selbstständiger Erwerbs-

---

tätigkeit, unabhängig von Tätigkeitsfeld und beruflicher Position, sowie für den beruflichen Aufstieg,

2. die Beschäftigungs- und Arbeitsbedingungen einschließlich Arbeitsentgelt und Entlassungsbedingungen, insbesondere in individual- und kollektivrechtlichen Vereinbarungen und Maßnahmen bei der Durchführung und Beendigung eines Beschäftigungsverhältnisses sowie beim beruflichen Aufstieg,

3. den Zugang zu allen Formen und allen Ebenen der Berufsberatung, der Berufsbildung einschließlich der Berufsausbildung, der beruflichen Weiterbildung und der Umschulung sowie der praktischen Berufserfahrung,

4. die Mitgliedschaft und Mitwirkung in einer Beschäftigten- oder ArbeitgeberInnenvereinigung oder einer Vereinigung, deren Mitglieder einer bestimmten Berufsgruppe angehören, einschließlich der Inanspruchnahme der Leistungen solcher Vereinigungen,

Darüber hinaus sind die Vertragsparteien auch in der Gestaltung des Arbeitsverhältnisses frei. Das heißt sie können den Inhalt selbst bestimmen oder vielmehr aushandeln. Diese inhaltliche Gestaltungsfreiheit ist in § 105 GewO geregelt.

§ 105 GewO »Freie Gestaltung des Arbeitsvertrages«

ArbeitgeberInnen und ArbeitnehmerInnen können Abschluss, Inhalt und Form des Arbeitsvertrages frei vereinbaren, soweit nicht zwingende gesetzliche Vorschriften, Bestimmungen eines anwendbaren Tarifvertrages oder einer Betriebsvereinbarung entgegenstehen. Soweit die Vertragsbedingungen wesentlich sind, richtet sich ihr Nachweis nach den Bestimmungen des Nachweisgesetzes.

Allerdings ist die inhaltliche Gestaltungsfreiheit durch eine Vielzahl von Schutzbestimmungen für die Arbeitnehmer/innen stark eingeschränkt. Dazu zählen u. a. das ArbZG, ArbSchG, BUrlG, JArbSchG, SGB IX, KSchG etc. Darüber hinaus legen Tarifverträge oder Betriebsvereinbarungen einen Gestaltungsspielraum fest. Deshalb werden die arbeitsrechtlichen Rechtsquellen oftmals auch als Gestaltungsfaktoren bezeichnet.

Für den Abschluss eines Arbeitsvertrages gilt weiter auch der Grundsatz der Formfreiheit. Eine bestimmte Form ist gerade nicht vorgeschrieben. Daher können entgegen einer weiterverbreiteten Annahme Arbeitsverträge schriftlich, mündlich oder auch durch konkludentes Handeln wirksam geschlossen werden. Die Vorgaben aus § 2 Nachweisgesetz (NachweisG) sind keine Formvorschriften, sodass sie die Formfreiheit als solche nicht berühren. Sie sollen lediglich eine Beweiserleichterung schaffen und damit zur Rechtssicherheit beitragen.

§ 2 NachweisG »Nachweispflicht«

(1) Der Arbeitgeber hat spätestens einen Monat nach dem vereinbarten Beginn des Arbeitsverhältnisses die wesentlichen Vertragsbedingungen schriftlich niederzulegen, die Niederschrift zu unterzeichnen und dem Arbeitnehmer auszuhändigen. In die Niederschrift sind mindestens aufzunehmen:

1. der Name und die Anschrift der Vertragsparteien,
2. der Zeitpunkt des Beginns des Arbeitsverhältnisses,
3. bei befristeten Arbeitsverhältnissen: die vorhersehbare Dauer des Arbeitsverhältnisses,
4. der Arbeitsort oder, falls der Arbeitnehmer nicht nur an einem bestimmten Arbeitsort tätig sein soll, ein Hinweis darauf, daß der Arbeitnehmer an verschiedenen Orten beschäftigt werden kann,
5. eine kurze Charakterisierung oder Beschreibung der vom Arbeitnehmer zu leistenden Tätigkeit,
6. die Zusammensetzung und die Höhe des Arbeitsentgelts einschließlich der Zuschläge, der Zulagen, Prämien und Sonderzahlungen sowie anderer Bestandteile des Arbeitsentgelts und deren Fälligkeit,
7. die vereinbarte Arbeitszeit,
8. die Dauer des jährlichen Erholungsurlaubs,
9. die Fristen für die Kündigung des Arbeitsverhältnisses,
10. ein in allgemeiner Form gehaltener Hinweis auf die Tarifverträge, Betriebs- oder Dienstvereinbarungen, die auf das Arbeitsverhältnis anzuwenden sind.

Der Nachweis der wesentlichen Vertragsbedingungen in elektronischer Form ist ausgeschlossen.

7.7   Regelungen im Arbeitsvertrag

Die Gestaltung von Arbeitsverträgen kann sehr unterschiedlich ausfallen. Gesetzliche Vorgaben für einen Mindestinhalt eines Arbeitsvertrages gibt es nicht. Den Vertragsparteien steht eine Vielzahl von Gestaltungsfaktoren aus verschiedenen Rechtsquellen zur Verfügung, um einen im Einzelfall passenden Arbeitsvertrag zu entwickeln. Im Einzelfall kommt es auf das Aufgabengebiet, auf betriebliche Besonderheiten oder Erforderlichkeiten sowie auch auf die Anwendung tariflicher Regelungen an. In der Regel orientieren sich die Inhalte von Arbeitsverträgen an § 2, Abs. 1 Nachweisgesetz. Sind einzelne Regelungen nicht ausdrücklich enthalten, muss auf die gesetzlichen Vorgaben oder eine Auslegung zurückgegriffen werden. Darüber hinaus werden häufig u. a. die folgenden Inhalte geregelt:

- Probezeit
- Schweige- und Geheimhaltungspflichten, Verstöße können Schadenersatzansprüche auslösen
- Weiterbildungsverpflichtungen
- Überstundenregelungen
- Sonderzahlungen wie Weihnachts- oder Urlaubsgeld
- Vorgehen bei Erkrankung des Arbeitnehmers
- Wettbewerbsverbote
- Abrede über Nebentätigkeiten
- Nutzung eines Dienstwagens
- Betriebsferien.

Werden Arbeitsverträge formularmäßig, also für eine Vielzahl von Einzelfällen genutzt, finden auch die Regelungen über die Zulässigkeit von Allgemeine Geschäftsbedingungen Anwendung. Diese sind in den Vorschriften der §§ 305 bis 310 BGB geregelt. Dies führt dazu, dass auch ein Arbeitsvertrag dahingehend überprüft werden kann, ob einzelne Vertragsklauseln den Arbeitnehmer unangemessen benachteiligen. Solche benachteiligenden Klauseln sind unwirksam und dann ggf. durch die meist günstigeren gesetzlichen Regelungen ersetzt. Eine solche Überprüfung erfolgt durch die Arbeitsgerichte, sofern ein Arbeitnehmer diese im Klageweg herbeiführt.

7.8 Haupt- und Nebenpflichten im Arbeitsverhältnis

Der Arbeitsvertrag ist ein gegenseitiger Vertrag, der einen Austausch der Hauptpflichten beinhaltet, die in § 611 BGB geregelt sind.

7.8.1 Die Hauptpflicht des Arbeitnehmers

Die Hauptpflicht des Arbeitnehmers ist die Erbringung der vertraglich vereinbarten Arbeitsleistung. Der Inhalt der Tätigkeit, der Arbeitsort und die Arbeitszeit unterliegen den Regelungen des Arbeitsvertrages oder können durch das Weisungsrecht des Arbeitgebers gem. § 106 GewO näher bestimmt werden.

Oftmals ist die inhaltliche Ausgestaltung der Tätigkeit nicht dem Arbeitsvertrag zu entnehmen. Dort findet sich meist exemplarisch eine allgemeine Tätigkeitsbezeichnung oder Beschreibung.

Beispiel 1

§ 3 Tätigkeit
Die Arbeitnehmerin wird als Heilpädagogin eingestellt.

Beispiel 2

§ 3 Tätigkeit
Der Arbeitnehmerin wird als Heilpädagogin eingestellt und vor allem mit folgenden Arbeiten beschäftigt:

* individuelle organisatorische und praktische Unterstützung der Bewohner/innen im Alltag
* Zusammenarbeit mit Angehörigen, gesetzlichen Betreuer/innen und anderen Fachkräften
* Beobachtung und Dokumentation

Die weitere Ausgestaltung der Tätigkeit erfolgt in diesem Rahmen des Weisungsrechtes des Arbeitgebers.

Konkretisiert der Arbeitsvertrag die vereinbarte Tätigkeit sehr eng, ist die Übernahme anderer Tätigkeiten immer abhängig von einer Zustimmung des Arbeitnehmers. Im Einzelfall kann dies durchaus positiv sein, aber auch die täglichen Abläufe erschweren. Ferner birgt es Gefahren für den Arbeitnehmer. So könnte bei einem Personalüberhang eine Versetzung in einen anderen Tätigkeitsbereich deshalb unterbleiben, weil dieser außerhalb der vereinbarten Konkretisierung liegt.

Diese Arbeitspflicht hat der Arbeitnehmer gem. § 613 BGB regelmäßig persönlich zu erbringen, d. h. er ist nicht verpflichtet oder berechtigt, die Erbringung seiner Arbeitsleistung an einen Dritten zu übertragen.

§ 613 BGB »Unübertragbarkeit«

Der zur Dienstleistung Verpflichtete hat die Dienste im Zweifel in Person zu leisten. Der Anspruch auf die Dienste ist im Zweifel nicht übertragbar.

Der Umfang der Arbeitsleistung hängt zunächst von der vereinbarten Arbeitszeit oder den Regelungen eines Tarifvertrages bzw. einer Betriebsvereinbarung ab. Darüber hinaus ist die Höchstarbeitszeit durch das Arbeitszeitgesetz begrenzt. In diesem Gesetz sind sowohl tägliche als auch wöchentliche Höchstarbeitszeiten, Ruhezeiten und diverse Ausnahmeregelungen bestimmt. Diese Arbeitszeitregelungen sind Schutzvorschriften für die Arbeitnehmer/innen. Sie sind öffentlich-rechtliche Regelungen und insoweit bindend.

Eine Verpflichtung zur Leistung von Überstunden muss gesondert vereinbart werden. Unter Überstunden ist die Überschreitung der vertraglich oder tariflich geschuldeten regelmäßigen Arbeitszeit des Arbeitnehmers zu verstehen. Fehlt eine Regelung zur Überstundenverpflichtung, so kann der Arbeitgeber nicht im Rahmen seines Weisungsrechtes Überstunden verlangen. Der Arbeitsvertrag legt bindend den Rahmen der Arbeitsbedingungen und damit auch den Umfang der Arbeitsleistung fest. Anderenfalls könnte der Arbeitgeber einseitig die vereinbarten Arbeitsbedingungen zu seinen Gunsten verändern, was den Arbeitnehmer unangemessen benachteiligen würde. Nur in sehr engen Grenzen kann ein Arbeitgeber bei Vorlage dringender betrieblicher Erfordernisse die Arbeitnehmer/innen zu Erbringung von Überstunden verpflichten. Eine Befreiung von der Arbeitsleistung ist gesetzlich für den Urlaub, die Mutterschutzfristen und Krankheit vorgesehen.

7.8.2 Die Hauptpflicht des Arbeitgebers

Die Hauptpflicht des Arbeitgebers ist die Vergütungspflicht gem. § 611 BGB. Sie bildet die Gegenleistung zur Arbeitsleistung des Arbeitnehmers und ist gem. § 614 BGB regelmäßig nach der Erbringung der Arbeitsleistung zu entrichten.

---

§ 614 BGB »Fälligkeit der Vergütung«

Die Vergütung ist nach der Leistung der Dienste zu entrichten. Ist die Vergütung nach Zeitabschnitten bemessen, so ist sie nach dem Ablauf der einzelnen Zeitabschnitte zu entrichten.

Meist erfolgt die Zahlung insoweit monatlich für den vorangegangenen Leistungszeitraum. Der Zahlungszeitpunkt kann aber auch abweichend vereinbart werden. Vielfach ist in Tarifverträgen oder Arbeitsverträgen eine Zahlung zum 15. des laufenden Monats vereinbart.

Die Höhe der Vergütung richtet sich nach dem Arbeitsvertrag oder bei einer beidseitigen Tarifbindung nach den tarifrechtlichen Vorschriften. Auch kann sich die Höhe der Vergütung aus zwingenden gesetzlichen Vorschriften wie Mindestlohnregelungen ergeben. Vertragliche Vereinbarung über die Vergütungshöhe dürfen weder tarifliche noch gesetzliche Mindestlohnvorgaben unterschreiten. Darüber hinausgehende Vereinbarungen sind immer möglich.

Sollte ausnahmsweise keine Regelung über die Vergütungshöhe getroffen worden sein, ist diese gem. § 612 BGB zu bemessen.

---

§ 612 BGB »Vergütung«

(1) Eine Vergütung gilt als stillschweigend vereinbart, wenn die Dienstleistung den Umständen nach nur gegen eine Vergütung zu erwarten ist.

(2) Ist die Höhe der Vergütung nicht bestimmt, so ist bei dem Bestehen einer Taxe die taxmäßige Vergütung, in Ermangelung einer Taxe die übliche Vergütung als vereinbart anzusehen.

Damit schuldet der Arbeitgeber die »übliche« Vergütung. Regelmäßig wird im Sozialen Beschäftigungssektor ein Zeitlohn geschuldet. Dies ist eine Vergütung bemessen nach Stunden, Wochen oder Monaten. Eine Vergütung nach anderen

Merkmalen, wie eine ausschließlich leistungsbezogene Vergütung, ist zwar grundsätzlich, jedoch nicht für den Bereich der Heilpädagogik denkbar.

Sofern Überstunden zu leisten sind, besteht auch für diese Überstunden ein Vergütungsanspruch. Der Anspruch besteht zunächst in Höhe der normalen Vergütung. Darüber hinaus können auch Überstundenzuschläge vereinbart sein. In Streitigkeiten über eine Überstundenvergütung vor dem Arbeitsgericht trägt der Arbeitnehmer die Darlegungs- und Beweislast. Er muss also beweisen, dass die Überstunden tatsächlich angeordnet und auch geleistet wurden.

Mit der Zahlung der Vergütung hat der Arbeitgeber gem. § 108, Abs. 1 GewO dem Arbeitnehmer eine schriftliche Abrechnung über den Abrechnungszeitraum und die Zusammensetzung des Arbeitsentgelts zu erteilen.

---

§ 108 GewO »Abrechnung des Arbeitsentgelts«

(1) Dem Arbeitnehmer ist bei Zahlung des Arbeitsentgelts eine Abrechnung in Textform zu erteilen. Die Abrechnung muss mindestens Angaben über Abrechnungszeitraum und Zusammensetzung des Arbeitsentgelts enthalten. Hinsichtlich der Zusammensetzung sind insbesondere Angaben über Art und Höhe der Zuschläge, Zulagen, sonstige Vergütungen, Art und Höhe der Abzüge, Abschlagszahlungen sowie Vorschüsse erforderlich.

(2) Die Verpflichtung zur Abrechnung entfällt, wenn sich die Angaben gegenüber der letzten ordnungsgemäßen Abrechnung nicht geändert haben.

Einen Anspruch auf Vergütung ohne eine vorangegangene Arbeitsleistung besteht für einen Arbeitnehmer während seiner ihm zustehenden Urlaubszeiten, an gesetzlichen Feiertagen und während einer krankheitsbedingten Arbeitsunfähigkeit im Rahmen des Entgeltfortzahlungsgesetzes (EFZG). Darüber hinaus hat der Arbeitgeber eine Beschäftigungspflicht während des Bestandes eines Arbeitsverhältnisses. Diese sich aus dem Allgemeinen Persönlichkeitsrecht des Arbeitnehmers ableitende Verpflichtung bedeutet, dass der Arbeitgeber den Arbeitnehmer tatsächlich beschäftigen muss.

Ein einseitiges Freistellungsrecht des Arbeitgebers ist nur in engen Ausnahmefällen zulässig und eine Interessenabwägung ist vorzunehmen. Gemeint sind hier insbesondere Fälle, in denen es dem Arbeitgeber nicht mehr zuzumuten ist, den Arbeitnehmer weiter zu beschäftigen. Unberührt davon bleibt die Freistellungsvereinbarung unter Anrechnung des noch ausstehenden Urlaubs, die in der Praxis oftmals in Kündigungsschutzprozessen vorkommt. Die Hauptpflichten der Vertragsparteien werden durch weitere Nebenpflichten aus dem Arbeitsverhältnis ergänzt.

7.8.3 Die Nebenpflichten des Arbeitnehmers

Dem Arbeitnehmer trifft neben seiner Hauptflicht eine Reihe von Nebenpflichten. Diese Nebenpflichten werden auch als Treuepflichten bezeichnet und leiten sich aus dem Grundsatz von Treu und Glauben gem. §§ 241, Abs. 1, 242 BGB ab.

§ 241 BGB »Pflichten aus dem Schuldverhältnis«

(1) Kraft des Schuldverhältnisses ist der Gläubiger berechtigt, von dem Schuldner eine Leistung zu fordern. Die Leistung kann auch in einem Unterlassen bestehen.

(2) Das Schuldverhältnis kann nach seinem Inhalt jeden Teil zur Rücksicht auf die Rechte, Rechtsgüter und Interessen des anderen Teils verpflichten.

§ 242 BGB »Leistung nach Treu und Glauben«

Der Schuldner ist verpflichtet, die Leistung so zu bewirken, wie Treu und Glauben mit Rücksicht auf die Verkehrssitte es erfordern.

Danach ist der Arbeitnehmer verpflichtet, sich vertragstreu zu verhalten. Damit ist gemeint, dass er seiner Arbeitspflicht so nachkommt und seine Rechte in der Weise wahrnimmt, wie es unter Berücksichtigung der Interessen der Beteiligten nach Treu und Glauben zu erwarten ist. Er muss also auf die berechtigten Belange des Vertragspartners Rücksicht nehmen. Im Rahmen der Treuepflichten kommen insbesondere in Betracht:

- Verschwiegenheitspflicht
- sorgsamer Umgang mit Arbeitsmitteln
- Wahrung des Betriebsfriedens
- Anzeige drohender Schäden
- schadensabwehrende Tätigkeiten
- Unterlassung schädlicher Handlungen/Äußerungen
- keine Annahme von Schmiergeldern
- Beachtung des Wettbewerbsverbots.

Für Tätigkeiten im sozialen Bereich ist die Verschwiegenheitspflicht/Schweigepflicht von besonderer Bedeutung. Sie bezieht sich auf alle Sozialdaten und ist ein wichtiger Bestandteil pädagogischer Arbeit mit Kindern, Jugendlichen und Erwachsenen. Dazu gehören alle Informationen über die Klienten wie Geburtsdaten, Anschriften, Telefonnummern, behandelnde Ärzte oder Therapeuten, der jeweilige Gesundheitszustand, charakterliche Besonderheiten, Vorlieben oder auch Familienverhältnisse. Neben den Klienten besteht auch eine Verschwiegenheitspflicht in Bezug auf alle geschäftlichen Vorgänge der Einrichtungen oder Träger sowie »vertraulichen« Informationen. Davon eingeschlossen sind Geschäftsbeziehungen mit Dritten, mitarbeitende Personen oder Vorgesetzte und ihrer Verhaltensweisen. In einem engen Zusammenhang mit der Verschwiegenheitspflicht steht auch die Pflicht, rufschädigende Äußerungen zu unterlassen. Damit ist die Loyalitätspflicht des Mitarbeiters gemeint. Dies kann eine interne oder auch eine außerbetriebliche Meinungsäußerung des Arbeitnehmers betreffen.

Grundsätzlich sind die Meinungsäußerungen der Arbeitnehmer/innen durch Art. 5, Abs. 1 GG geschützt. Jedoch begrenzt die Rücksichtnahmepflicht in einem

Arbeitsverhältnis das Recht auf eine freie Meinungsäußerung. So können ehrverletzende, grob beleidigende oder gar menschenverachtende Äußerungen gegenüber anderen Mitarbeitern/Mitarbeiterinnen, Vorgesetzten oder Dritten gegen die Treuepflicht eines Arbeitnehmers verstoßen.

Beispiel

Ein Mitarbeiter einer Wohngruppe erzählt während seiner Dienstzeit menschenverachtende »Witze«.

Aber auch außerdienstliches Verhalten kann einen Verstoß gegen die Treuepflicht des Arbeitnehmers darstellen.

Arbeitnehmer/innen können grundsätzlich ihr Privatleben frei und ohne arbeitsvertragliche Einschränkungen gestalten. Einschränkungen können dann bestehen, wenn sich das private Verhalten des Arbeitnehmers auf den Ruf des Arbeitgebers negativ auswirkt. Dies kann durch negative/kritische öffentliche Stellungnahmen oder Äußerungen über den Arbeitgeber erfolgen. Öffentlich sind in diesen Fällen auch Äußerungen in sozialen Netzwerken. Allerdings muss es sich um erheblich verletzende Äußerungen handeln. In jedem Einzelfall sind die Gesamtumstände der Meinungsäußerung zu prüfen, ob sie von der Meinungsfreiheit geschützt ist oder eine Nebenpflichtverletzung darstellt. Nicht jede kritische Äußerung ist zugleich eine Nebenpflichtverletzung.

Besondere Einschränkungen der privaten Lebensführung können für Mitarbeiter/innen kirchlicher Einrichtungen als Tendenzbetriebe gelten. Dies folgt aus der Religionsfreiheit und dem Selbstbestimmungsrecht der Kirchen. Danach können die Kirchen selbst entscheiden, welche Anforderungen sie an die Lebensführung ihrer Mitglieder stellen und wie sich diese auf die Ausübung der Meinungsfreiheit ihrer Mitarbeiter/innen auswirkt.

Ein kirchlicher Arbeitnehmer darf daher nicht gegen die Interessen und Belange der Kirche verstoßen. Ein solcher Verstoß könnte bspw. ein Kirchenaustritt oder auch eine Abtreibung darstellen. Denkbar sind ebenfalls entsprechende öffentliche Meinungsäußerungen. Aber auch hier ist eine Einzelfallprüfung unter Abwägung der beiderseitigen Interessen und unter Berücksichtigung der beruflichen Stellung des Arbeitnehmers vorzunehmen. Führungskräfte müssen hierbei stärkere Einschränkung ihres Privatlebens hinnehmen als bspw. die Reinigungshilfe in einer katholischen Einrichtung.

Eine Verletzung der Nebenpflicht kann Schadensersatzansprüche des Arbeitgebers auslösen, eine Abmahnung nach sich ziehen oder sogar zur Beendigung des Arbeitsverhältnisses führen.

7.8.4 Die Nebenpflichten des Arbeitgebers

Den Arbeitgeber trifft ebenfalls eine Reihe von Nebenpflichten. Diese werden auch als Fürsorgepflicht bezeichnet. Sie ist das Gegenstück zur Treuepflicht des Arbeitnehmers und leitet sich ebenfalls aus §§ 241, Abs. 2, 242 BGB ab.

Die Fürsorgepflicht des Arbeitgebers dient vorrangig dem Schutz der Arbeitneh-mer/innen. Im Rahmen der Fürsorgepflicht kommen verschiedene Bereiche in Be-tracht:

- Schutz von Leben und Gesundheit des Arbeitnehmers
- Schutz der Persönlichkeit des Arbeitnehmers
- Schutz von Vermögen und eingebrachter Sachen des Arbeitnehmers

Die Pflicht, das Leben und die Gesundheit des Arbeitnehmers zu schützen, findet ihre Rechtsgrundlage in § 618, Abs. 1 BGB.

---

§ 618 BGB »Pflicht zu Schutzmaßnahmen«

(1) Der Dienstberechtigte hat Räume, Vorrichtungen oder Gerätschaften, die er zur Verrichtung der Dienste zu beschaffen hat, so einzurichten und zu unter-halten und Dienstleistungen, die unter seiner Anordnung oder seiner Leitung vorzunehmen sind, so zu regeln, dass der Verpflichtete gegen Gefahr für Leben und Gesundheit soweit geschützt ist, als die Natur der Dienstleistung es ge-stattet.

Konkretisiert wird diese Pflicht durch zahlreiche öffentlich-rechtliche Arbeits-schutzbestimmungen. Hier bestehen medizinische, technische und soziale Schutz-vorschriften, die für den Arbeitgeber verbindlich sind. Dazu zählen:

- Gesetz über Betriebsärzte, Sicherheitsingenieure und andere Fachkräfte für Arbeitssicherheit (ASiG)
- Arbeitszeitgesetz (ArbZG)
- Jugendarbeitsschutzgesetz (JArbSchG)
- Gesetz zum Elterngeld und zur Elternzeit (BEEG)
- Mutterschutzgesetz (MuSchG)
- Unfallverhütungsvorschriften
- ArbeitssstättenVO
- Betriebssicherheitsverordnung (BetriebSichV).

Der zweite Bereich betrifft die Pflicht, die Persönlichkeit des Arbeitnehmers zu schützen und seine Intimsphäre zu wahren. Sie umfasst ebenso vielfältige Themen-bereiche, die nicht immer gesetzlich geregelt sind. Dazu zählen:

- Abhörverbot von Telefongesprächen
- Verbot von heimlichen Videoaufnahmen
- Einhaltung des Datenschutzes der personenbezogenen Daten
- Schutz vor Mobbing
- Schutz vor sexuellen Übergriffen und Belästigungen am Arbeitsplatz
- Beachtung des Gleichbehandlungsgebots
- Benachteiligungsverbot.

In Bezug auf das Benachteiligungsverbot sieht § 12 AGG vielfältige, auch präventive Maßnahmen vor.

---

§ 12 AGG »Maßnahmen und Pflichten des Arbeitgebers«

(1) Der Arbeitgeber ist verpflichtet, die erforderlichen Maßnahmen zum Schutz vor Benachteiligungen wegen eines in § 1 genannten Grundes zu treffen. Dieser Schutz umfasst auch vorbeugende Maßnahmen.

(2) Der Arbeitgeber soll in geeigneter Art und Weise, insbesondere im Rahmen der beruflichen Aus- und Fortbildung, auf die Unzulässigkeit solcher Benachteiligungen hinweisen und darauf hinwirken, dass diese unterbleiben. Hat der Arbeitgeber seine Beschäftigten in geeigneter Weise zum Zwecke der Verhinderung von Benachteiligung geschult, gilt dies als Erfüllung seiner Pflichten nach Absatz 1.

(3) Verstoßen Beschäftigte gegen das Benachteiligungsverbot des § 7 Abs. 1, so hat der Arbeitgeber die im Einzelfall geeigneten, erforderlichen und angemessenen Maßnahmen zur Unterbindung der Benachteiligung wie Abmahnung, Umsetzung, Versetzung oder Kündigung zu ergreifen.

(4) Werden Beschäftigte bei der Ausübung ihrer Tätigkeit durch Dritte nach § 7 Abs. 1 benachteiligt, so hat der Arbeitgeber die im Einzelfall geeigneten, erforderlichen und angemessenen Maßnahmen zum Schutz der Beschäftigten zu ergreifen.

(5) Dieses Gesetz und § 61b des Arbeitsgerichtsgesetzes sowie Informationen über die für die Behandlung von Beschwerden nach § 13 zuständigen Stellen sind im Betrieb oder in der Dienststelle bekannt zu machen. Die Bekanntmachung kann durch Aushang oder Auslegung an geeigneter Stelle oder den Einsatz der im Betrieb oder der Dienststelle üblichen Informations- und Kommunikationstechnik erfolgen.

Dieser Bereich ist mit dem AGG konkretisiert und verpflichtet den Arbeitgeber, sich aktiv für den Schutz der Persönlichkeit des Arbeitnehmers einzusetzen. Darüber hinaus hat der Arbeitgeber die Pflicht, jedem Arbeitnehmer oder Auszubildenden zum Ende seiner Beschäftigung oder Ausbildung ein Arbeitszeugnis zu erteilen. Diese Pflicht ergibt sich aus § 630 BGB i. V. m. § 109 GewO.

---

§ 630 BGB »Pflicht zur Zeugniserteilung«

Bei der Beendigung eines dauernden Dienstverhältnisses kann der Verpflichtete von dem anderen Teil ein schriftliches Zeugnis über das Dienstverhältnis und

---

dessen Dauer fordern. Das Zeugnis ist auf Verlangen auf die Leistungen und die Führung im Dienst zu erstrecken. Die Erteilung des Zeugnisses in elektronischer Form ist ausgeschlossen. Wenn der Verpflichtete ein ArbeitnehmerInnen ist, findet § 109 der Gewerbeordnung Anwendung.

§ 109 GewO »Zeugnis«

(1) Der Arbeitnehmer hat bei Beendigung eines Arbeitsverhältnisses Anspruch auf ein schriftliches Zeugnis. Das Zeugnis muss mindestens Angaben zu Art und Dauer der Tätigkeit (einfaches Zeugnis) enthalten. Der Arbeitnehmer kann verlangen, dass sich die Angaben darüber hinaus auf Leistung und Verhalten im Arbeitsverhältnis (qualifiziertes Zeugnis) erstrecken.

(2) Das Zeugnis muss klar und verständlich formuliert sein. Es darf keine Merkmale oder Formulierungen enthalten, die den Zweck haben, eine andere als aus der äußeren Form oder aus dem Wortlaut ersichtliche Aussage über den Arbeitnehmer zu treffen.

Dieser Anspruch besteht unabhängig von der Art und dem Umfang des Beschäftigungsverhältnisses und lässt sich ebenfalls aus der Fürsorgepflicht des Arbeitgebers ableiten. Ein Arbeitszeugnis ist schriftlich zu erstellen, da ein digitales Zeugnis gem. § 109, Abs. 3 GewO ausgeschlossen ist.

Unterschieden wird zwischen einem einfachen und einem qualifizierten Arbeitszeugnis. Ein einfaches Arbeitszeugnis bezeichnet lediglich den Zeugnisempfängers, die ausgeübte Tätigkeit sowie die Art und Dauer des Arbeitsverhältnisses. Ein qualifiziertes Zeugnis ist umfassender und enthält weitere Angaben und Beurteilungen auch bezüglich des Verhaltens des Arbeitnehmers. Gemäß § 630 BGB i. V. m. § 109, Abs. 1 GewO hat der Arbeitnehmer immer einen Anspruch auf die Erteilung eines qualifizierten Arbeitszeugnisses.

Arbeitszeugnisse unterliegen allgemeinen Regelungen, die auch einzuhalten sind. Zunächst müssen sie klar, deutlich und verständlich formuliert sein. Eine verklausulierte »Geheimsprache« ist gem. § 109, Abs. 2 GewO ebenso unzulässig wie Merkmale oder Zeichen, die einen anderen als aus dem Wortlaut zu entnehmenden Inhalt über den Arbeitnehmer darstellen. Das Arbeitszeugnis muss wahrheitsgemäß und wohlwollend erteilt werden. Unter Berücksichtigung der Wahrheitspflicht darf das weitere Fortkommen des Arbeitnehmers durch das Zeugnis nicht ungerechtfertigt erschwert werden.

Auch müssen Zeugnisse vollständig sein. Damit ist gemeint, dass alle wesentlichen Tatsachen und Bewertungen in einer Gesamtschau enthalten sein sollen. Unwesentliche oder untergeordnete Angaben und Bewertungen können unberücksichtigt bleiben.

Eine Verletzung der Nebenpflichten kann zu einem Schadenersatzanspruch des Arbeitgebers gem. § 280, Abs. 1 BGB oder sogar zu einer Beendigung des Arbeitsverhältnisses führen.

---

§ 280 BGB »Schadensersatz wegen Pflichtverletzung«

(1) Verletzt der Schuldner eine Pflicht aus dem Schuldverhältnis, so kann der Gläubiger Ersatz des hierdurch entstehenden Schadens verlangen. Dies gilt nicht, wenn der Schuldner die Pflichtverletzung nicht zu vertreten hat.

7.9 Pflichtverstöße und ihre Konsequenzen

Pflichtverstöße sowohl der Haupt- als auch Nebenpflichten können zu teilweise sehr weitreichenden arbeitsrechtlichen Konsequenzen führen. Welche Konsequenz zulässig und auch erforderlich ist, muss im Einzelfall in einer Gesamtschau aller Umstände geprüft werden. Konkrete gesetzliche Vorgaben gibt es auch in diesem Bereich nicht, sodass auf die vielfältige Rechtsprechung der Arbeitsgerichtsbarkeit zurückgegriffen werden kann und muss. Danach sind mögliche und häufige Konsequenzen u. a.

- Personalgespräche
- Aus-, Weiter- oder Fortbildung
- Personalmaßnahmen (Umsetzung, Abordnung, Versetzung, Zuweisung, Entzug von Führungsaufgaben)
- Belehrungen, meist mündlich
- Ermahnungen
- Abmahnung
- ordentliche Kündigung
- außerordentliche Kündigung
- Schadensersatz.

Immer muss die Verhältnismäßigkeit zwischen dem Pflichtverstoß und der Konsequenz gewahrt bleiben. Dazu stehen dem Arbeitgeber eine Vielzahl von möglichen Konsequenzen bzw. Maßnahmen in abgestufter Form zur Verfügung.

Abmahnung

In der Praxis wird häufig auf jeden Verstoß mit einer Abmahnung reagiert. Dieses Arbeitgeberverhalten führt dann im Streitfall oft zu einer arbeitsgerichtlichen Überprüfung und ggf. zur Feststellung der Rechtswidrigkeit dieser angewendeten Konsequenz, auch wenn ein Pflichtverstoß bestand. Die Abmahnung ist die letzte arbeitsrechtliche Konsequenz vor einer Kündigung, also der Beendigung des Arbeitsverhältnisses. Auch ist sie Voraussetzung für eine Vielzahl sich anschließender Kündigungen, da sie unter Berücksichtigung der Verhältnismäßigkeit das mildere Mittel darstellt. Ihre Rechtsgrundlage für eine außerordentliche Kündigung findet die Abmahnung in § 314, Abs. 2 BGB.

---

§ 314 BGB »Kündigung von Dauerschuldverhältnissen aus wichtigem Grund«

(2) Besteht der wichtige Grund in der Verletzung einer Pflicht aus dem Vertrag, ist die Kündigung erst nach erfolglosem Ablauf einer zur Abhilfe bestimmten Frist oder nach erfolgloser Abmahnung zulässig. Für die Entbehrlichkeit der Bestimmung einer Frist zur Abhilfe und für die Entbehrlichkeit einer Abmahnung findet § 323 Absatz 2 Nummer 1 und 2 entsprechende Anwendung. Die Bestimmung einer Frist zur Abhilfe und eine Abmahnung sind auch entbehrlich, wenn besondere Umstände vorliegen, die unter Abwägung der beiderseitigen Interessen die sofortige Kündigung rechtfertigen.

Diese Grundsätze sind ebenso für eine ordentliche Kündigung anwendbar. Nur in Ausnahmefällen ist eine Abmahnung für eine Kündigung entbehrlich. Eine Abmahnung kann im Einzelfall entbehrlich sein, wenn:

- es dem Arbeitgeber aufgrund der Art und Schwere des Vertragsverstoßes nicht zumutbar ist, das Vertragsverhältnis fortzusetzen,
- einer Abmahnung die Erfolgsaussichten fehlen (der Arbeitnehmer sich künftig entweder nicht vertragstreu verhalten will oder dazu nicht in der Lage ist).

Mit einer einschlägigen Abmahnung wird die Kündigung für den Wiederholungsfall angedroht und vorbereitet. Sie erfüllt die Dokumentations-, Hinweis- und Warn- bzw. Androhungsfunktion.

Häufig wird behauptet, dass es drei Abmahnungen geben muss, bevor der Arbeitgeber eine Kündigung aussprechen darf. Dieses immer wieder aufkommende Gerücht ist falsch. In der Regel erschweren mehrfache Abmahnungen die Kündigungsmöglichkeit für den Arbeitgeber. Erhält ein Arbeitnehmer häufiger Kündigungsandrohungen, ohne dass diese dann auch umgesetzt werden, umso weniger werden diese Androhungen ernst genommen und verlieren an Stärke.

Konsequenzen müssen immer im Einzelfall angemessen sein, und es sollte das mildeste, wirksame Mittel eingesetzt werden. Dazu ist immer zunächst eine Aufklärung der wesentlichen Umstände erforderlich. Auch können soziale Aspekte oder die Ausübung der arbeitgeberseitigen Fürsorgepflicht von Bedeutung sein.

Regelmäßig soll dem Arbeitnehmer aufgezeigt werden, dass in seinem Verhalten ein Pflichtverstoß vorliegt und was der Arbeitgeber künftig erwartet. So erhält der Arbeitnehmer die Möglichkeit auf einen Pflichtverstoß zu reagieren und ihn ggf. abzustellen oder nicht zu wiederholen. Dies betrifft allerdings nur Pflichtverstöße, die in einem veränderbaren Verhalten des Arbeitnehmers begründet sind.

7.10 Beendigung des Arbeitsverhältnisses

Ein Arbeitsverhältnis endet regelmäßig durch den Tod des Arbeitnehmers, die Kündigung durch eine Vertragspartei oder einen Befristungsablauf (zeitlich oder sachlich). Weitere mögliche Beendigungstatbestände sind:

- Aufhebungsvertrag
- Anfechtung
- Erreichung Rentenalter, soweit als Beendigungstatbestand vereinbart
- auflösende Bedingung
- gerichtliche Auflösung.

Nicht hingegen enden Arbeitsverhältnisse durch den Tod des Arbeitgebers, die Veräußerung des Betriebes oder die Insolvenz des Arbeitgebers. Die häufigsten Beendigungstatbestände, auf die auch hier eingegangen werden soll, sind die Kündigung und der Aufhebungsvertrag.

7.10.1 Aufhebungsvertrag

Ein Aufhebungsvertrag ist eine weitere Möglichkeit, ein Arbeitsverhältnis einvernehmlich zu beenden. Er unterliegt den allgemeinen Regelungen des BGB und beruht auf der Vertragsfreiheit.

Ein Aufhebungsvertrag muss gem. § 623 BGB schriftlich geschlossen werden. Anders als die Begründung eines Arbeitsverhältnisses ist die Beendigung immer an dieses Formerfordernis gebunden. Anderenfalls ist der Aufhebungsvertrag nichtig, entfaltet also von Beginn keine Wirkung. Das Arbeitsverhältnis besteht fort.

Eine Beendigung des Arbeitsverhältnisses durch einen Aufhebungsvertrag kann sich jedoch für den Arbeitnehmer auch negativ auswirken. Mit einem Aufhebungsvertrag beendet ein Arbeitnehmer freiwillig sein Arbeitsverhältnis. Daran können sozialversicherungsrechtliche Nachteile geknüpft werden, sofern der Arbeitnehmer im Anschluss arbeitslos wird. Beispielsweise kann der Abschluss eines Aufhebungsvertrages zu einer Sperrzeit gem. § 159, Abs. 1, Nr. 1 SGB III bei der Beantragung von Arbeitslosengeldes führen, da der Arbeitnehmer seine Arbeitslosigkeit selbst herbeigeführt hat.

---

§ 159 SGB III »Ruhen bei Sperrzeit«

(1) Hat die Arbeitnehmerin oder der Arbeitnehmer sich versicherungswidrig verhalten, ohne dafür einen wichtigen Grund zu haben, ruht der Anspruch für die Dauer einer Sperrzeit. Versicherungswidriges Verhalten liegt vor, wenn

1. die oder der Arbeitslose das Beschäftigungsverhältnis gelöst oder durch ein arbeitsvertragswidriges Verhalten Anlass für die Lösung des Beschäftigungs-

---

> verhältnisses gegeben und dadurch vorsätzlich oder grob fahrlässig die
> Arbeitslosigkeit herbeigeführt hat (Sperrzeit bei Arbeitsaufgabe), [...]

Die Sperrfrist dauert im Allgemeinen zwölf Wochen, was einen erheblichen finanziellen Nachteil für den Arbeitnehmer bedeutet.

Sozialversicherungsrechtliche Nachteile treten nicht ein, wenn der Arbeitnehmer einen wichtigen Grund für die Beendigung seines Arbeitsverhältnisses nachweisen kann. Ein wichtiger Grund liegt dann vor, wenn dem Arbeitnehmer eine nicht verhaltensbedingte, rechtmäßige Kündigung durch den Arbeitgeber als Alternative droht.

Grundsätzlich müsste der Arbeitnehmer dann gegenüber der Arbeitsagentur diese Voraussetzungen nachweisen. Dieser Nachweis ist insbesondere in Bezug auf die Rechtmäßigkeit der Kündigung sehr schwer zu führen. Die Arbeitsagentur gewährt aufgrund der Rechtsprechung des Bundessozialgerichts (BSG) eine gewisse Erleichterung in der Nachweisführung. Auch hier kann die Fürsorgepflicht des Arbeitgebers zu einer Aufklärungspflicht über diese nachteiligen Folgen führen, wenn der Arbeitgeber erkennt, dass sich der Arbeitnehmer darüber nicht im Klaren ist.

7.10.2 Kündigung

Das Arbeitsverhältnis kann von beiden Vertragsparteien durch eine Kündigung beendet werden. Eine Kündigung ist eine einseitige empfangsbedürftige Willenserklärung, die den Willen einer Vertragspartei, das Arbeitsverhältnis zu beenden, enthält. Diese Erklärung muss gem. § 623 BGB schriftlich erfolgen und der anderen Vertragspartei zugehen.

> ### § 623 BGB »Schriftform der Kündigung«
>
> Die Beendigung von Arbeitsverhältnissen durch Kündigung oder Auflösungsvertrag bedürfen zu ihrer Wirksamkeit der Schriftform; die elektronische Form ist ausgeschlossen.

Als zugegangen gilt eine solche Erklärung, wenn sie in den Machtbereich des Empfängers gelangt und unter regelmäßigen Umständen mit einer Kenntnisnahme zu rechnen ist. Damit ist gemeint, dass der Kündigungsempfänger die Möglichkeit hat, von ihrem Inhalt Kenntnis zu nehmen. Regelmäßig ist dies der Fall, wenn sie übergeben wurde oder in den Briefkasten gelangt. Ob der Empfänger tatsächlich von dem Inhalt Kenntnis nimmt, die Kündigung also liest, ist unerheblich. Die reine Möglichkeit der Kenntnisnahme ist für den Zugang ausreichend.

Auch die vorübergehende Abwesenheit bspw. wegen einer Urlaubsreise und ein Krankenhausaufenthalt verhindern nicht den Zugang und damit die Wirksamkeit. Es liegt in der Sphäre des Abwesenden, dafür zu sorgen, dass er Kenntnis über alle Erklärungen in seinem Macht- also Einflussbereich erlangt. In der Praxis ist daher erforderlich, dass die Post aus dem Briefkasten genommen und der Inhalt von dem

Empfänger zur Kenntnis genommen wird. Die Kündigung eines Arbeitsverhältnisses kann in verschiedenen Formen erfolgen. Hier werden zunächst die ordentliche und die außerordentliche Kündigung unterschieden.

Ordentliche arbeitnehmerseitige Kündigung

Eine ordentliche Kündigung kann sowohl durch einen Arbeitnehmer als auch durch einen Arbeitgeber erfolgen. Da das Arbeitsrecht ein Schutzrecht des Arbeitnehmers ist, bestehen dennoch unterschiedliche Anforderungen solcher Kündigungen. Eine arbeitnehmerseitige, ordentliche Kündigung erfordert keinen besonderen Kündigungsgrund. Jedoch kann er die Kündigung nur unter Einhaltung einer Kündigungsfrist aussprechen. Damit endet das Arbeitsverhältnis erst nach Ablauf dieser Frist. Die Kündigungsfrist für einen Arbeitnehmer beträgt gem. § 622, Abs. 1 BGB vier Wochen zum 15. oder zum Ende eines Monats.

> ### § 622 BGB »Kündigungsfristen bei Arbeitsverhältnissen«
>
> (1) Das Arbeitsverhältnis eines Arbeiters oder eines Angestellten (Arbeitnehmers) kann mit einer Frist von vier Wochen zum Fünfzehnten oder zum Ende eines Kalendermonats gekündigt werden.

Abweichende Regelungen können vertraglich vereinbart werden. Sie darf in diesen Fällen aber nicht länger sein als die arbeitgeberseitige Kündigungsfrist.

> ### § 622 BGB »Kündigungsfristen bei Arbeitsverhältnissen«
>
> (6) Für die Kündigung des Arbeitsverhältnisses durch den Arbeitnehmer darf keine längere Frist vereinbart werden als für die Kündigung durch den Arbeitgeber.

Die verlängerten Kündigungsfristen des § 622, Abs. 2 BGB findet auf eine arbeitnehmerseitige Kündigung keine Anwendung. Innerhalb einer verkürzten Kündigungsfrist gem. § 622, Abs. 3 BGB kann ein Arbeitsverhältnis während der Probezeit gekündigt werden. Die Kündigungsfrist beträgt während einer vereinbarten Probezeit von maximal sechs Monaten zwei Wochen. Diese Zwei-Wochen-Frist ist unabhängig von der Mitte oder dem Ende des Monats.

> ### § 622 BGB »Kündigungsfristen bei Arbeitsverhältnissen«
>
> (3) Während einer vereinbarten Probezeit, längstens für die Dauer von sechs Monaten, kann das Arbeitsverhältnis mit einer Frist von zwei Wochen gekündigt werden.

Beispiel

Die Heilpädagogin Charlotte Schnell arbeitet seit drei Monaten bei dem Rundum e. V. in Berlin. Täglich muss sie 70 km von ihrer Wohnung zu ihrer Einrichtung fahren. Dieser enorme Fahrweg ist sehr kostenintensiv und dauert täglich zwei bis drei Stunden. Mit dem Arbeitsvertrag hat sie eine Probezeit von sechs Monaten vereinbart. Nun erhält sie an ihrem Geburtstag, dem 3. Januar, von einer ehemaligen Arbeitskollegin das Angebot, in der integrativen Grundschule im Nachbarort zu arbeiten. Beginn des Arbeitsverhältnisses wäre jedoch schon der 20. Januar. Am 5. Januar übergibt sie ihrem Arbeitgeber ihre Kündigung zum 19. Januar und beginnt am 20. Januar bei ihrem neuen Arbeitgeber zu arbeiten.

Ordentliche arbeitgeberseitige Kündigung

Auch der Arbeitgeber kann ein Interesse an der Beendigung eines Arbeitsverhältnisses haben. Auch er kann grundsätzlich eine Kündigung ohne einen besonderen Grund aussprechen und muss ebenfalls eine Kündigungsfrist einhalten. Die regelmäßigen Kündigungsfristen werden in § 622, Abs. 2 BGB geregelt und sind abhängig von der Dauer des Beschäftigungsverhältnisses.

§ 622 BGB »Kündigungsfristen bei Arbeitsverhältnissen«

(2) Für eine Kündigung durch den Arbeitgeber beträgt die Kündigungsfrist, wenn das Arbeitsverhältnis in dem Betrieb oder Unternehmen

1. zwei Jahre bestanden hat, einen Monat zum Ende eines Kalendermonats,
2. fünf Jahre bestanden hat, zwei Monate zum Ende eines Kalendermonats,
3. acht Jahre bestanden hat, drei Monate zum Ende eines Kalendermonats,
4. zehn Jahre bestanden hat, vier Monate zum Ende eines Kalendermonats,
5. zwölf Jahre bestanden hat, fünf Monate zum Ende eines Kalendermonats,
6. 15 Jahre bestanden hat, sechs Monate zum Ende eines Kalendermonats,
7. 20 Jahre bestanden hat, sieben Monate zum Ende eines Kalendermonats.

Bei der Berechnung der Beschäftigungsdauer werden Zeiten, die vor der Vollendung des 25. Lebensjahrs des Arbeitnehmers liegen, nicht berücksichtigt.

Die Regelung des § 622, Abs. 2, Satz 2 BGB, dass Beschäftigungszeiten vor der Vollendung des 25. Lebensjahres nicht für die Fristbestimmung angerechnet werden, ist nunmehr aufgrund des europarechtlichen Verbots der Altersdiskriminierung nicht mehr anwendbar (EuGH, Urt. vom 19. Januar 2010, C-555/07 – Kücükdeveci). Auch hier sind abweichende Vereinbarungen zulässig. Für den Arbeitgeber ist ebenfalls die verkürzte Kündigungsfrist gem. § 622, Abs. 3 BGB während der Probezeit anwendbar.

Dieser Grundsatz wird jedoch durch den allgemeinen Kündigungsschutz des Kündigungsschutzgesetzes (KSchG) und den Kündigungsschutz besonders schutzwürdiger Arbeitnehmergruppen durchbrochen. Der allgemeine Kündigungsschutz erfordert die Anwendbarkeit des Kündigungsschutzgesetzes (KSchG). Dafür ist gem. § 1 KSchG der Bestand des Arbeitsverhältnisses von länger als sechs Monaten und eine Beschäftigung von mehr als zehn Arbeitnehmer in diesem Betrieb erforderlich. Fällt eine Kündigung in den Anwendungsbereich des KSchG, muss eine Kündigung sozial gerechtfertigt sein, d. h. es muss ein Kündigungsgrund i. S. v. § 1, Abs. 2, Satz 1 KSchG vorliegen.

---

§ 1 KSchG »Sozial ungerechtfertigte Kündigungen«

(1) Die Kündigung des Arbeitsverhältnisses gegenüber einem Arbeitnehmer, dessen Arbeitsverhältnis in demselben Betrieb oder Unternehmen ohne Unterbrechung länger als sechs Monate bestanden hat, ist rechtsunwirksam, wenn sie sozial ungerecht-fertigt ist.

(2) Sozial ungerechtfertigt ist die Kündigung, wenn sie nicht durch Gründe, die in der Person oder in dem Verhalten des Arbeitnehmers liegen, oder durch dringende betriebliche Erfordernisse, die einer Weiterbeschäftigung des Arbeitnehmers in diesem Betrieb entgegenstehen, bedingt ist.

Damit fasst der Gesetzgeber die möglichen Kündigungsgründe in drei Kategorien zusammen und unterscheidet:

Tab. 1: Kündigungsgründe

Personenbedingte Gründe	Verhaltensbedingte Gründe	Betriebsbedingte Gründe

• Gründe liegen in der Person des Arbeitnehmers
• kein Verschulden des Arbeitnehmers
• Arbeitsleistung nicht (mehr) möglich
• häufige Fallgruppen
  – häufige Kurzerkrankungen
  – langandauernde Erkrankung
  – dauerhafte Leistungsunfähigkeit
  – erhebliche krankheitsbedingte Leistungsminderung
	• Gründe liegen im Verhalten des Arbeitnehmers
	• erhebliche Verletzung einer Vertragspflicht
	• regelmäßig schuldhaft
	• negative Prognose künftiger Vertragsverletzungen oder Störung schwerwiegend
	• Interessenabwägung
	  – vorausgegangene einschlägige Abmahnung
	  – Abmahnung ausnahmsweise entbehrlich
		• Unternehmerentscheidung führt zur fehlenden Weiterbeschäftigungsmöglichkeit des Arbeitnehmers
		• außerbetriebliche Faktoren erfordern Arbeitsplatzwegfall
		  – Auftragsrückgang
		  – Umsatzrückgang
		• innerbetriebliche Faktoren erfordern Arbeitsplatzwegfall
		  – Stilllegung des Betriebs oder eines Betriebsteils
		  – Rationalisierungsmaßnahmen

Tab. 1: Kündigungsgründe – Fortsetzung

Personenbedingte Gründe	Verhaltensbedingte Gründe	Betriebsbedingte Gründe

• Erforderlich: negative Gesundheitsprognose, erhebliche Beeinträchtigung der Interessen des Arbeitgebers und beidseitige Interessenabwägung		• fehlende anderweitige Beschäftigungsmöglichkeit für den Arbeitnehmer
		• Sozialauswahl erforderlich
		  – Betriebszugehörigkeit
		  – Lebensalter
		  – Unterhaltspflichten
		  – Schwerbehinderung

Eine weitere Erleichterung einer Betriebsbedingten Kündigung sieht § 1a KSchG vor. Damit wurde erstmalig ein gesetzlicher Abfindungsanspruch der Arbeitnehmer für den Fall der betriebsbedingten Kündigung geschaffen. Danach erhält ein Arbeitnehmer eine Abfindung, wenn eine Kündigung aus betriebsbedingten Gründen erfolgt und der Arbeitnehmer keine Kündigungsschutzklage erhebt.

---

§ 1a KSchG »Abfindungsanspruch bei betriebsbedingter Kündigung«

(1) Kündigt der Arbeitgeber wegen dringender betrieblicher Erfordernisse nach § 1 Abs. 2 Satz 1 und erhebt der Arbeitnehmer bis zum Ablauf der Frist des § 4 Satz 1 keine Klage auf Feststellung, dass das Arbeitsverhältnis durch die Kündigung nicht aufgelöst ist, hat der Arbeitnehmer mit dem Ablauf der Kündigungsfrist Anspruch auf eine Abfindung. Der Anspruch setzt den Hinweis des Arbeitgebers in der Kündigungserklärung voraus, dass die Kündigung auf dringende betriebliche Erfordernisse gestützt ist und der Arbeitnehmer bei Verstreichenlassen der Klagefrist die Abfindung beanspruchen kann.

Dieses Abfindungsangebot muss bereits in der schriftlichen Kündigungserklärung des Arbeitgebers enthalten sein und beträgt 0,5 Monatsverdienste für jedes Beschäftigungsjahr.

---

§ 1a KSchG »Abfindungsanspruch bei betriebsbedingter Kündigung«

(2) Die Höhe der Abfindung beträgt 0,5 Monatsverdienste für jedes Jahr des Bestehens des Arbeitsverhältnisses. § 10 Abs. 3 gilt entsprechend. Bei der Ermittlung der Dauer des Arbeitsverhältnisses ist ein Zeitraum von mehr als sechs Monaten auf ein volles Jahr aufzurunden.

Außerordentliche Kündigungen

Eine außerordentliche Kündigung kann ebenfalls von beiden Vertragsparteien erklärt werden. In der Praxis wird sie häufig durch den Arbeitgeber ausgesprochen. Eine außerordentliche Kündigung führt zur Beendigung des Arbeitsverhältnisses ohne die Einhaltung der gesetzlichen oder vereinbarten Kündigungsfristen. Eine außerordentliche Kündigung kann auch in Betracht kommen, wenn es sich um unkündbare Arbeitsverhältnisse handelt. Geregelt ist die außerordentliche Kündigung in § 626 BGB. Sie erfordert immer einen wichtigen Grund und muss ebenfalls schriftlich erklärt werden.

---

§ 626 BGB »Fristlose Kündigung aus wichtigem Grund«

(1) Das Dienstverhältnis kann von jedem Vertragsteil aus wichtigem Grund ohne Einhaltung einer Kündigungsfrist gekündigt werden, wenn Tatsachen vorliegen, auf Grund derer dem Kündigenden unter Berücksichtigung aller Umstände des Einzelfalles und unter Abwägung der Interessen beider Vertragsteile die Fortsetzung des Dienstverhältnisses bis zum Ablauf der Kündigungsfrist oder bis zu der vereinbarten Beendigung des Dienstverhältnisses nicht zugemutet werden kann.

(2) Die Kündigung kann nur innerhalb von zwei Wochen erfolgen. Die Frist beginnt mit dem Zeitpunkt, in dem der Kündigungsberechtigte von den für die Kündigung maßgebenden Tatsachen Kenntnis erlangt. Der Kündigende muss dem anderen Teil auf Verlangen den Kündigungsgrund unverzüglich schriftlich mitteilen.

Ein wichtiger Grund ist anzunehmen, wenn besonders schwerwiegende rechtswidrige Pflichtverletzungen vorliegen, sodass es dem Kündigenden nicht zugemutet werden kann, die Kündigungsfrist abzuwarten. Beispiele wichtiger arbeitgeberseitiger Gründe:

- eigenmächtige Urlaubsnahme
- unentschuldigtes Fehlen
- Manipulation der Arbeitszeiterfassung
- Androhung künftiger Erkrankungen
- grobe Beleidigungen von Vorgesetzten
- Mobbing
- geschäftsschädigende(s) Äußerungen/Verhalten
- sexuelle Belästigung
- Straftaten zum Nachteil des Arbeitgebers.

Beispiele wichtiger arbeitnehmerseitiger Gründe:

- wiederholte verspätete Zahlung der Vergütung
- Nichtabführung von Sozialabgaben

- sexuelle Belästigung
- Missachtung der Arbeitsschutzvorschriften
- Beleidigungen.

Darüber hinaus muss eine außerordentliche Kündigung auch verhältnismäßig sein. Daher ist hier ebenso eine Interessenabwägung unter Einbeziehung aller Umstände des Einzelfalles vorzunehmen. Insbesondere darf es kein milderes Mittel geben, da die außerordentliche Kündigung das letzte Mittel darstellt. Aufgrund dieser Unzumutbarkeit muss eine außerordentliche Kündigung gem. § 626, Abs. 2 BGB innerhalb von zwei Wochen erklärt werden. Diese Zwei-Wochen-Frist beginnt mit Kenntnis des wichtigen Grundes.

7.11 Der Rechtsschutz im Arbeitsrecht

7.11.1 Arbeitsgerichtsbarkeit am Beispiel Brandenburg

Für die bürgerlichen Rechtsstreitigkeiten zwischen Arbeitnehmern und Arbeitgebern, die mit dem Arbeitsverhältnis in einem Zusammenhang stehen, ist regelmäßig der Rechtsweg zur Arbeitsgerichtsbarkeit eröffnet. Die Arbeitsgerichtsbarkeit umfasst drei Instanzen, wobei die erste Instanz, also die örtlich zuständigen Arbeitsgerichte, immer die Eingangsinstanz ist. Örtlich zuständig ist das Arbeitsgericht, in dessen Bezirk der Beklagte seinen allgemeinen Gerichtsstand hat. Bei natürlichen Personen ist das ihr Wohnsitz. Bei juristischen Personen, wie Vereinen, gGmbHs oder auch Stiftungen ist es ihr Sitz. Darüber hinaus kann ein Arbeitnehmer auch das Gericht anrufen, in welchem er seinen gewöhnlichen Arbeitsort hat, § 48, Abs. 1a Arbeitsgerichtsgesetz (ArbGG).

Der Instanzenzug ist stets einzuhalten. Er ist in allen Bundesländern identisch, lediglich die erste und zweite Instanz sind jeweils örtlich verschieden zugeordnet.

In einem Arbeitsgerichtsprozess gelten noch weitere Besonderheiten. Bspw. tragen die Parteien grundsätzlich ihre Kosten selbst. Eine Kostenerstattung für die obsiegende Partei findet nicht statt. Dies soll zwar verhindern, dass aufgrund des Kostenrisikos ein Arbeitnehmer von einer Klage Abstand nimmt, kann sich jedoch auch nachteilig auswirken. Die Kosten für einen prozessbevollmächtigten Rechtsanwalt können höher ausfallen, als der erstrittene Betrag selbst, sodass der obsiegenden Kläger letztendlich ein Minus verzeichnen muss.

Weiterhin ist besonders, dass sowohl die Gewerkschaften als auch die Arbeitgebervereinigungen ihren Mitgliedern meist kostenlos einen solchen Rechtsbeistand gewähren. Im Übrigen können solche Kosten auch von einer Rechtsschutzversicherung abgedeckt werden.

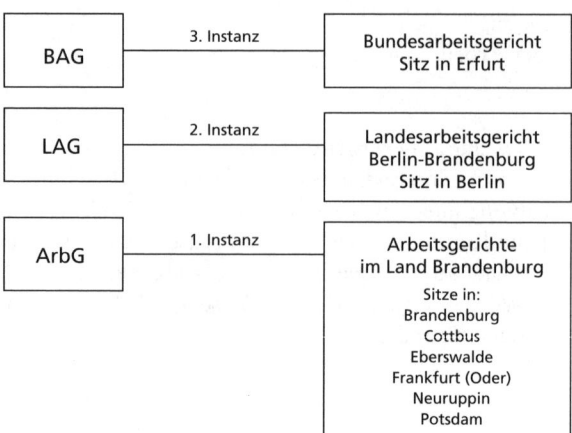

Abb. 19: Beispiel für den Instanzenzug im Land Brandenburg

Gegen das Urteil eines Arbeitsgerichts kann sich die unterlegene Partei ggf. mit einer Berufung zum jeweiligen Landesarbeitsgericht zur Wehr setzen. Eine Berufung ist insbesondere bei Kündigungsschutzklagen immer zulässig. Gegen das Urteil eines Landesarbeitsgerichts kann unter bestimmten Voraussetzungen eine Revision vor dem Bundesarbeitsgericht angestrengt werden. Hier sind jedoch besondere Zulassungsgründe erforderlich.

Zusammenfassung der rechtlichen Grundlagen der Heilpädagogik

Die Jurisprudenz als Nachbargebiet der Heilpädagogik sollte stärker Beachtung finden, wenn die Heilpädagogik ihr Mandat zwischen Assistenz und Anwaltschaft für Menschen wahrnehmen will. Betrachtet man etymologisch den Begriff und die über 150-jährige Geschichte der Heilpädagogik, muss konstatiert werden, dass die Heilpädagogik dieses Mandat der Assistenz und Anwaltschaft seit jeher innehat. Menschen in besonderen (erschwerten) Lebenslagen sind Adressaten der heilpädagogischen Arbeit. Diese Menschen zu unterstützen und ihnen zu helfen (im Sinne der heilpädagogisch begleitenden Assistenz) und diesen Menschen zu ihren Rechten zu verhelfen (im Sinne einer stellvertretenden Anwaltschaft) ist elementarer Bestandteil der Heilpädagogik. Gleichwohl hat die Heilpädagogik das Mandat, Auswirkungen durch gesellschaftliche und politische Entwicklungen, die sich benachteiligend auf die Lebenswirklichkeit der Menschen, die heilpädagogisch begleitet und gefördert werden, kritisch zu hinterfragen.

Das sogenannte »Rechtsdreieck der Heilpädagogik« (▶ Abb. 5) steht als Orientierung in der Auseinandersetzung mit der »trockenen« Materie der Jurisprudenz in der Heilpädagogik. Es wurde dargelegt, dass die »Spitzen« des »Rechtsdreiecks« unmittelbar miteinander zu tun haben. Kinder, Jugendliche und erwachsene Menschen mit Behinderung haben gesetzliche Vertreter/innen, welche für sie einstehen. Die wesentlichen Grundlagen hierzu wurden im Kapitel 3 erörtert.

Heilpädagogische Begleitung, Förderung und Betreuung von Kindern, Jugendlichen und erwachsenen Menschen mit Behinderung finden größtenteils in Einrichtungen der Frühförderung (Sozialpädiatrischen Zentren oder interdisziplinären Frühförderstellen), in Integrations-Kindertagesstätten, in heilpädagogischen Kinder- und Jugendheimen und/oder in vollstationären Wohneinrichtungen der Behindertenhilfe statt. Die besonderen konzeptionellen Merkmale, unter Berücksichtigung der Heilpädagogik, wurden im Kapitel 4 dargelegt.

Heilpädagoginnen, die in den zuvor genannten Einrichtungen entgeltlich beschäftigt sind, sind an gesetzliche Bedingungen gebunden. Die Aufsichtspflicht, der Sozialdatenschutz und zentrale Aspekte des Arbeitsrechts sind nur einige rechtliche Bedingungsfaktoren der Heilpädagogin in der jeweiligen Institution. Diese rechtlichen Grundlagen, welche alle Beschäftigte in der Einrichtung betreffen und beachtet bzw. umgesetzt werden müssen, wurden im Kapitel 5 abgehandelt.

Der »rote Faden« – das »Rechtsdreieck der Heilpädagogik« – als Orientierungshilfe der Jurisprudenz sollte nunmehr anschaulich dargestellt worden und somit jedem verständlich sein.

Literatur

Albers, Timm: Mittendrin statt nur dabei. Inklusion in Krippe und Kindergarten. München: Reinhardt, 2011.

Arbeitsstelle »Kinder- und Jugendhilfestatistik«: Monitor Hilfen zur Erziehung 2014. Dortmund: Eigenverlag Forschungsverbund DJI/TU Dortmund, 2014.

Ballhoff, Rainer: Kinder vor dem Familiengericht. München: Reinhardt, 2004.

Bauer, Joachim: Warum ich fühle, was du fühlst. Intuitive Kommunikation und das Geheimnis der Spiegelneurone. München: Heyne, 2012.

Beller, Kuno/Beller, Simone: Kuno Bellers Entwicklungstabelle. 5. Aufl. Berlin 2005.

Bernitzke, Fred: Heil- und Sonderpädagogik. 3. Aufl. Troisdorf: Bildungsverlag EINS, 2008.

Bleidick, Ulrich (Hrsg.): Allgemeine Behindertenpädagogik. Band 1. Neuwied/Berlin: Luchterhand, 1999.

Böhm, Thomas: Grundkurs Schulrecht II: Zentrale Fragen zur Aufsichtspflicht und zu Erziehungs- und Ordnungsmaßnahmen. Neuwied: Luchterhand, 2008.

Bronfenbrenner, Uri: Die Ökologie der menschlichen Entwicklung. Stuttgart: Klett-Cotta, 1981.

Brox, Hans/Rüthers, Bernd/Henssler, Martin: Arbeitsrecht (Studienbücher Rechtswissenschaft). 18. Aufl. Stuttgart: Kohlhammer, 2010.

Buber, Martin: Das dialogische Prinzip. 8. Aufl. Heidelberg: Lambert Schneider, 1997.

Bundesministerium für Familie, Senioren, Frauen und Jugend (BMFSFJ): Erster Bericht des Bundesministeriums für Familie, Senioren, Frauen und Jugend über die Situation der Heime und die Betreuung der Bewohnerinnen und Bewohner. Stand: 15.08.2006. Internet: http://www.bmfsfj.de/doku/Publikationen/heimbericht/root.html.

Bundschuh, Konrad: Allgemeine Heilpädagogik. Eine Einführung. Stuttgart: Kohlhammer, 2010.

Bunk, Ulrich: Spiel. Methoden in Heilpädagogik und Heilerziehungspflege. Troisdorf: Bildungsverlag EINS, 2004.

Crößmann, Gunter/Iffland, Sascha/Mangels, Rainer: Heimgesetz. Taschenkommentar. Hannover: Vincent, 2002.

Comenius, Johann Amos: Große Didaktik. Übers. und hrsg. von Andreas Flizner. 9. Aufl. Stuttgart: Klett-Cotta, 2000.

Dau, Dirk H./Düwell, Franz Josef/Haines, Hartmut (Hrsg.): Rehabilitation und Teilhabe behinderter Menschen. Lehr- und Praxiskommentar (LPK-SGB IX). Baden-Baden: Nomos, 2002.

Dederich, Markus in »Philosophie in der Heil- und Sonderpädagogik«, Kohlhammer-Verlag, Stuttgart, 2013

Degener Theresia/Diehl, Elke (Hrsg.): Handbuch Behindertenrechtskonvention. Teilhabe als Menschenrecht – Inklusion als gesellschaftliche Aufgabe. Bonn: Bundeszentrale für politische Bildung (bdp), 2015.

Deinert, Olaf/Welti, Felix: Behindertenrecht. Baden-Baden: Nomos, 2014.

Deutscher Verein für öffentliche und private Fürsorge/Berufs- und Fachverband für Heilpädagogik (Hrsg.): Inklusion und Heilpädagogik. Kompetenz für ein teilhabeorientiertes Gemeinwesen (Sozialhilfe und Sozialpolitik, S 13). Freiburg i. Br.: Lambertus, 2015.

Dieckmann, Friedrich: Heilpädagogische Unterstützung von erwachsenen Menschen mit Behinderung. In: Greving, Heinrich/Ondracek, Petr (Hrsg.): Spezielle Heilpädagogik. Eine Einführung in die handlungsorientierte Heilpädagogik. Stuttgart: Kohlhammer, 2009, 34–82.

Doll, Erhard: Praxisorientierte Heilerziehungspflege. Bausteine des Rechts. Hrsg. von Heinrich Greving und Dieter Niehoff. Troisdorf: Bildungsverlag EINS, 2005.

Doll, Erhard: Rechtskunde für sozialpädagogische Berufe. 7. Aufl. Troisdorf: Bildungsverlag EINS, 2014.

Dütz, Wilhelm/Thüsing, Gregor: Arbeitsrecht (Grundrisse des Rechts). 18. Aufl. München: Beck, 2013.

Edding, Cornelia/Schattenhofer, Karl (Hrsg.): Alles über Gruppen. Theorie, Anwendung, Praxis. Weinheim/Basel: Beltz, 2009.

Eitle, Werner: Basiswissen Heilpädagogik. Köln: Bildungsverlag EINS, 2012.

Ende, Michael: Momo oder die seltsame Geschichte von den Zeit-Dieben und von dem Kind, das den Menschen die gestohlene Zeit zurückbrachte. Ein Märchen-Roman. Stuttgart: Thienemann, 2015.

Flosdorf, Peter: Heilpädagogische Beziehungsgestaltung. Freiburg i. Br.: Lambertus, 2009.

Fuchs, Maximilian: Delikts- und Schadensersatzrecht. 8. Aufl. Berlin/Heidelberg: Springer, 2012.

Gabriel, Thomas/Winkler, Michael (Hrsg.): Heimerziehung. Kontexte und Perspektiven. München/Basel: Reinhardt, 2003.

Gartinger, Silvia/Janssen, Rolf (Hrsg.): Erzieherinnen + Erzieher. Band 1: Professionelles Handeln in sozialpädagogischen Berufsfeldern. Berlin: Cornelsen, 2014.

Gebur, Danielle: Erziehung im Wechselmodell. Trennungskinder und gelungene Erziehungspartnerschaft. Marburg: Tectum, 2014.

Georgens, Jan Daniel/Deinhardt, Heinrich M.: Die Heilpädagogik mit besonderer Berücksichtigung der Idiotie und der Idiotenanstalten (Giessener Dokumentationsreihe Heil- und Sonderpädagogik, Band 3). Nachdr. d. Ausg. Leipzig: Fleischer, 1861. Hrsg. von Walter Bachmann. Giessen: Institut für Heil- und Sonderpädagogik, 1979.

Graf, Günter/Kapferer, Elisabeth/Sedmak, Clemens (Hrsg.): Der Capabilty Approach und seine Anwendung. Wiesbaden: Springer, 2014.

Greving, Heinrich/Ondracek, Petr: Heilpädagogisches Denken und Handeln. Stuttgart: Kohlhammer, 2009a.

Greving, Heinrich/Ondracek, Petr (Hrsg.): Spezielle Heilpädagogik. Eine Einführung in die handlungsorientierte Heilpädagogik. Stuttgart: Kohlhammer, 2009b.

Greving, Heinrich/Schäper, Sabine (Hrsg.): Heilpädagogische Konzepte und Methoden. Orientierungswissen für die Praxis. Stuttgart: Kohlhammer, 2013.

Gröschke, Dieter: Praxiskonzepte der Heilpädagogik. 2. Aufl. München/Basel: UTB Reinhardt, 1997.

Haeberlin, Urs: Heilpädagogik als wertgeleitete Wissenschaft. Bern/Stuttgart/Wien: Haupt, 1996.

Haeberlin, Urs: Der gesellschaftliche Wandel und die Notwendigkeit einer wertgeleitenden Heilpädagogik in der Erziehung von Menschen mit Behinderung. In: Behinderte in Familie, Schule und Gesellschaft, 4/5, 2000, 40–48.

Heller, Theodor: Grundriss der Heilpädagogik. 3. Aufl. Leipzig: Engelmann, 1925.

Hellmann, Marianne: Heilpädagogische Unterstützung von Kindern und Jugendlichen mit Behinderung. In: Greving, Heinrich/Ondracek, Petr (Hrsg.): Spezielle Heilpädagogik. Eine Einführung in die handlungsorientierte Heilpädagogik. Stuttgart: Kohlhammer, 2009, 16–33.

Herriger, Norbert: Empowerment und Engagement. In: Soziale Arbeit, 9–10, 1996, 290–301.

Hundemeyer, Simon: Recht für Fachkräfte in Kindertageseinrichtungen, Heimen und der Jugendarbeit. Kronach: Link, 2013.

Hundmeyer, Simon/Prott, Roger: Pädagogischer Auftrag und Aufsichtspflicht der Kindertageseinrichtungen. In: Zentralblatt für Jugendrecht 92, 6, 2005, 232–237.

Jürgens, Andreas/Kröger, Detlef/Marschner, Rolf/Winterstein, Peter: Betreuungsrecht kompakt. 5. Aufl. München: Beck, 2002.

Kinderschutzzentren (Bundesarbeitsgemeinschaft): Kinder im Spannungsfeld elterlicher Konflikte. Köln: Bundesarbeitsgemeinschaft der Kinderschutzzentren, 2011.

Klafki, Wolfgang: Funk-Kolleg Erziehungswissenschaft. Band 1. Frankfurt a. M.: Fischer Taschenbuch, 1970.

Klein, Ferdinand: Inklusive Erziehungs- und Bildungsarbeit. Heilpädagogische Grundlagen und Praxishilfen. Troisdorf: Bildungsverlag EINS, 2010.

Köhn, Wolfgang: Heilpädagogische Erziehungshilfe und Entwicklungsförderung (HpE). 3. Aufl. Heidelberg: Winter, 2003.

Köhn, Wolfgang: Beziehung – Grundlage und Ziel der Heilpädagogischen Erziehungshilfe und Entwicklungsförderung (HpE). In: Greving, Heinrich/Schäper, Sabine (Hrsg.): Heilpädagogische Konzepte und Methoden. Orientierungswissen für die Praxis. Stuttgart: Kohlhammer, 2013, 73–96.

Kobi, Emil E.: Grundfragen der Heilpädagogik. Eine Einführung in heilpädagogisches Denken. 6. Aufl. Berlin: BHP, 2004.

Koeppel, Peter/O.-Kodjoe, Ursula: The Parental Alienation Syndrome (PAS). In: Der Amtsvormund, 1, 1998, 9–28.

Krebs, Heinz: Kommunikation zwischen Partnern. Wissenschaftliche Aspekte der Behindertenarbeit. Teil I: Gesamtüberblick. Düsseldorf: Bundesarbeitsgemeinschaft »Hilfe für Behinderte«, 1993.

Kroiß, Ludwig/Seiler, Christian: Das neue FamFG. Baden-Baden: Nomos, 2008.

Kuhn-Zuber, Gabriele/Bohnert, Cornelia: Recht in der Heilpädagogik und Heilerziehungspflege. Freiburg i. Br.: Lambertus, 2014.

Lachwitz, Klaus/Schellhorn, Walter/Welti, Felix (Hrsg.): Handkommentar zum Sozialgesetzbuch IX (HL-SGB IX). Rehabilitation und Teilhabe behinderter Menschen. Neuwied/Kriftel: Luchterhand, 2002.

Langen, Tanja von: Rechtsverhältnisse und Aufsichtspflichten in Kindertagesstätten (Kitapraxis). 2. Aufl. Wiesbaden: Kommunal- und Schul-Verlag, 2014.

Lohaus, Arnold/Vierhaus, Marc/Maass, Asja: Entwicklungspsychologie des Kindes- und Jugendalters. Berlin/Heidelberg: Springer, 2010.

Lotz, Dieter: Heilpädagogische Unterstützung von Familien und Kindern bei Erziehungsproblemen. In: Greving, Heinrich/Schäper, Sabine (Hrsg.): Heilpädagogische Konzepte und Methoden. Orientierungswissen für die Praxis. Stuttgart: Kohlhammer, 2013, 83–106.

Meysen, Thomas/Eschelbach, Diana: Das neue Bundeskinderschutzgesetz. Baden-Baden: Nomos, 2012.

Michaelis, Richard/Niemann, Gerhard: Entwicklungsneurologie und Neuropädiatrie. Grundlagen und diagnostische Strategien. Stuttgart: Thieme, 2010.

Möller, Hans-Jürgen/Laux, Gerd/Deister, Arno: Psychiatrie und Psychotherapie. Stuttgart: Thieme, 2005.

Moor, Paul: Heilpädagogik. Ein pädagogisches Lehrbuch. 4. Aufl. Bern/Stuttgart/Wien: Huber, 1974.

Müller-Glöge, Rudi/Hanau, Peter/Schaub, Guenter/Preis, Ulrich/Schmidt, Ingrid (Hrsg.): Erfurter Kommentar zum Arbeitsrecht (Beck'sche Kurz-Kommentare, Band 51). 13. Aufl. München: Beck, 2013.

Münder, Johannes/Armborst, Christian/Berlit, Uwe/Bieritz-Harder, Renate/Birk, Ulrich-Arthur/Brühl, Albrecht/Conradis, Wolfgang/Hofmann, Albert/Krahmer, Utz/Roscher, Falk/Schoch, Dietrich: Sozialgesetzbuch XII – Sozialhilfe. Lehr- und Praxiskommentar. 7. Aufl. Baden-Baden: Nomos, 2005.

Münder, Johannes/Meysen, Thomas/Trenczak, Thomas (Hrsg.): Frankfurter Kommentar zum SGB VIII – Kinder- und Jugendhilfe. 7. Aufl. Baden-Baden: Nomos, 2013.

Oy, Clara Maria von/Sagi, Alexander: Lehrbuch der heilpädagogischen Übungsbehandlung. Hilfen für das Kind mit Entwicklungsstörungen oder Behinderung. 14. Aufl. Heidelberg: Winter, 2011.

Palandt, Otto/Bassenge, Peter/Brudermüller, Gerd/Diederichsen, Uwe/Edenhofer, Wolfgang/Ellenberger, Jürgen/Grüneberg, Christian/Sprau, Hartwig/Thorn, Karsten/Weidenkaff, Walter: Bürgerliches Gesetzbuch (Beck'sche Kurz-Kommentare, Band 7). 69. Aufl. München: Beck, 2010.

Papenheim, Heinz-Gert/Baltes, Joachim/Tiemann, Burkhard: Verwaltungsrecht für die soziale Praxis. Frechen: Verlag für die soziale Praxis, 1998.

212

Petermann, Ulrike/Petermann, Franz/Koglin, Ute: Entwicklungsbeobachtung und -dokumentation EBD 3–48 Monate. Eine Arbeitshilfe für pädagogische Fachkräfte in Krippen und Kindergärten. 5. überarb. Aufl. Berlin: Cornelsen, 2015a.

Petermann, Ulrike/Petermann, Franz/Koglin, Ute: Entwicklungsbeobachtung und -dokumentation EBD 48–72 Monate. Eine Arbeitshilfe für pädagogische Fachkräfte in Krippen und Kindergärten. 3. überarb. Aufl. Berlin: Cornelsen, 2015b.

Praschak, Wolfgang: Bausteine der kooperativen Pädagogik. Stadthagen: Bernhardt-Pätzold, 1987.

Precht, Richard David: Wer bin ich und wenn ja, wie viele? Eine philosophische Reise. München: Goldmann, 2007.

Prott, Roger: Pädagogik, die Kunst mit Risiken umzugehen – nicht sie zu vermeiden. In: KINDER in Europa 10, 19, 2010, 20–21.

Raack, Wolfgang/Thar, Jürgen: Leitfaden Betreuungsrecht für Betreuer, Vorsorgebevollmächtigte, Angehörige, Betroffene, Ärzte und Pflegekräfte. 6., aktualisierte Aufl. Köln: Bundesanzeiger-Verlag, 2014.

Röh, Dieter: Soziale Arbeit in der Behindertenhilfe. München: UTB Reinhardt, 2009.

Röh, Dieter: Soziale Arbeit, Gerechtigkeit und das gute Leben. Eine Handlungstheorie zur daseinsmächtigen Lebensführung. Wiesbaden: Springer, 2013.

Schaub Günter/Koch, Ulrich/Linck, Rüdiger/Treber, Jürgen/Vogelsang, Hinrich: Arbeitsrechts-Handbuch. Systematische Darstellung und Nachschlagewerk für die Praxis. 15. Aufl. München: Beck, 2013.

Schiller, Friedrich: Über die ästhetische Erziehung des Menschen. Göttingen/Hamburg: Verlag »Öffentliches Leben«, 1949.

Schneck, Gotthard/Senge, Friedemann: Rechtskunde Heilpädagogik. Ein Lehrbuch. Freiburg i. Br.: Lambertus, 2000.

Sohns, Armin: Frühförderung. Ein Hilfesystem im Wandel. Stuttgart: Kohlhammer, 2010.

Speck, Otto: Qualitätsentwicklung unter Ökonomisierungsdruck. In: Vierteljahresschrift für Heilpädagogik und ihre Nachbargebiete 69, 3, 2000, 240–247.

Speck, Otto: System Heilpädagogik. Eine ökologisch reflexive Grundlegung. München: Reinhardt, 2003.

Speck, Otto/Warnke, Andreas (Hrsg.): Frühförderung mit den Eltern. München/Basel: Reinhardt, 1983.

Stahlmann, Martin: Der Schlüssel zum Erfolg. Metakompetenzen in der Heilpädagogik. Tagungsband des Berufsverbandes der Heilpädagogen (BHP) e. V. Berlin: BHP, 2005.

Statistisches Bundesamt (Destatis): Unbegleitete Einreisen Minderjähriger aus dem Ausland lassen Inobhutnahmen 2014 stark ansteigen. Pressemitteilung vom 16. September 2015 – 340/15. Internet: https://www.destatis.de/DE/PresseService/Presse/Pressemitteilungen/¬2015/09/PD15_340_225pdf.pdf?__blob=publicationFile (24.09.2015).

Tammerle-Krancher, Mathilde: Traumatisierte Kinder und Jugendliche. Erkennen, verstehen, handeln. Berlin: BHP, 2008.

Thesing, Theodor: Leitideen und Konzepte bedeutender Pädagogen. Freiburg i. Br.: Lambertus, 2001.

Watzlawick, Paul/Beavin, Janet/Jackson, Don: »Menschliche Kommunikation. Formen, Störungen, Paradoxien. 4. Aufl. Bern/Stuttgart/Wien: Huber, 1974.

Weber, Erik: Heilpädagoginnen und Heilpädagogen heute in Deutschland. Kommentierte Ergebnisse einer Berufsfeld- und Berufsqualifikationsanalyse des Berufs- und Fachverbandes Heilpädagogik (BHP) e. V. Berlin: BHP, 2011.

Weber, Erik: Inklusion und Heilpädagogik. Kompetenz für ein teilhabeorientiertes Gemeinwesen. Berlin: Deutscher Verein für öffentliche und private Vorsorge, 2015.

Weischedel, Wilhelm: Die philosophische Hintertreppe. München: Deutscher Taschenbuchverlag, 1999.

Wilmerstedt, Rainer/Liebig, Olaf: Der Wandel in der Politik für behinderten Menschen. In: Soziale Arbeit 51, 10–11, 2002, 370–381.

Winkler, Michael: Und die Zukunft der Erziehungshilfen? In: Gabriel, Thomas/Winkler, Michael (Hrsg.): Heimerziehung. Kontexte und Perspektiven. München/Basel: Reinhardt, 2003, 9–19.

Winterhoff, Michael: Warum unsere Kinder Tyrannen werden oder die Abschaffung der Kindheit. Gütersloh: Gütersloher Verlagshaus, 2008.

Wolfensberger, Wolf: Die Lebenswirklichkeit von Menschen mit geistiger Behinderung und die Theorie von der Valorisation der sozialen Theorien. In: Eisenberger, Jörg (Hrsg.): Menschen mit geistiger Behinderung auf dem Weg in die Gemeinde. Perspektiven aus Wissenschaft und Praxis. Reutlingen: Diakonie-Verlag, 1998, 247–298.

Barbara Schroer
Elke Biene-Deißler
Heinrich Greving

Das Spiel in der heilpädagogischen Arbeit

2016. 192 Seiten. Kart.
€ 32,–
ISBN 978-3-17-025890-7

auch als EBOOK

Praxis Heilpädagogik –
Konzepte und Methoden

Die Einbeziehung des kindlichen Spiels in heilpädagogische Förderangebote hat eine lange Tradition. Unter dem Leitbild der Inklusion wird die Spielpädagogik sogar noch an Gewicht als zentrales Konzept gewinnen: Das Spiel erweist sich dann als Ort der Begegnung zwischen Kindern mit und ohne heilpädagogischen Förderbedarf. Das Buch liefert eine philosophisch basierte und neuropsychologisch orientierte Einführung in das Grundphänomen Spiel. Die Spielentwicklung wird anhand der relevanten Spielformen wie Funktions-, Rollen-, Konstruktions- und Regelspiel differenziert dargestellt. Der Text zeigt auf, wie über die förderdiagnostische Spielbeobachtung und -auswertung Spielformen und -materialien entwickelt und letztendlich heilpädagogische Spielräume gestaltet werden können. Das Buch führt anschließend in etablierte spielbasierte Handlungskonzepte ein.

Barbara Schroer ist als Heilpädagogin in einem Sozialpädiatrischen Zentrum tätig und hat einen Lehrauftrag an der Katholischen Hochschule in Münster.
Elke Biene-Deißler ist Heilpädagogin und Supervisorin im Ruhestand.
Prof. Dr. Heinrich Greving lehrt an der KatHO sowie an der Universität Hamburg.

Leseproben und weitere Informationen unter www.kohlhammer.de

W. Kohlhammer GmbH · 70549 Stuttgart
vertrieb@kohlhammer.de

Kohlhammer